智能物流

吕锋　主编｜张志文　孙旭　副主编

化学工业出版社

·北京·

内 容 简 介

近年来，物流行业的发展有目共睹。智能物流作为数字化时代的物流创新之一，正引领物流行业的巨大变革。本书内容涵盖智能物流的基本理论；智能物流系统的结构，感知、识别、通信和数据处理等智能物流技术；智能运输装备、仓储装备、搬运装备和信息装备等智能物流设备；智能物流需求预测、设施布置、系统评价、相关软件以及智能物流的实践案例。

本书适宜从事智能物流系统相关工作的技术人员参考。

图书在版编目（CIP）数据

智能物流/吕锋主编；张志文，孙旭副主编．—北京：
化学工业出版社，2023.12
ISBN 978-7-122-44068-6

Ⅰ.①智⋯ Ⅱ.①吕⋯②张⋯③孙⋯ Ⅲ.①智能技术-应用-物流管理 Ⅳ.①F252.1-39

中国国家版本馆 CIP 数据核字（2023）第 161373 号

责任编辑：邢 涛 文字编辑：袁 宁
责任校对：宋 夏 装帧设计：韩 飞

出版发行：化学工业出版社（北京市东城区青年湖南街 13 号 邮政编码 100011）
印 装：三河市延风印装有限公司
710mm×1000mm 1/16 印张 16¼ 字数 269 千字
2024 年 2 月北京第 1 版第 1 次印刷

购书咨询：010-64518888 售后服务：010-64518899
网 址：http://www.cip.com.cn
凡购买本书，如有缺损质量问题，本社销售中心负责调换。

定 价：98.00 元

前 言

随着"工业4.0"和"互联网+"蓬勃兴起并逐步深化，物流开始进入了以智能化为特质的智能物流时代。随着"智慧地球"、"感知中国"、智慧城市等概念的提出及试行，以及物联网产业的不断发展，智能物流作为这股"智慧风暴"的重要着陆点，迎来了发展的黄金时期。

在此背景下，本书吸收了智能物流领域近年来的新成果，既重点介绍了智能物流基本理论，也兼顾了智能物流在实际运作中的应用。本书共分为八章。第1章主要对现代物流的演进、智能物流的概念和特征、智能物流的发展现状和趋势进行了概述性介绍；第2章为智能物流系统，阐述了智能物流系统的目标、特征和结构；第3章为智能物流技术，主要介绍智能物流技术架构、感知与识别技术、通信与网络技术、数据处理与计算技术；第4章为智能物流装备，主要包括智能运输装备、智能仓储装备、智能配送装备、智能流通加工装备、智能包装装备、智能装卸搬运装备、智能物流信息装备；第5章为智能物流需求预测，主要介绍了智能物流需求预测的基本理论、内容与步骤和智能物流需求预测方法；第6章为物流设施选址与布置设计，主要介绍了物流设施场址选择、物流设施布置设计和计算机辅助设施布置设计；第7章为智能物流系统评价，重点阐述了智能物流系统评价的程序、评价指标体系的构建和系统评价常用技术；第8章为智能物流应用案例，介绍了电商企业、汽车制造企业、钢铁企业、烟草企业、医药企业和生鲜农产品供应链实施和应用智能物流的实践案例。

本书由河南科技大学吕锋副教授主编，由其确定全书结构并统稿。参编人员如下：第1、5、6、7章由河南科技大学吕锋副教授负责编写；第2章由武汉大学龚丽敏副教授和郑州航空工业管理学院刘艳琼讲师负责编写；第3、4章由河南科技大学张志文副教授负责编写；第8章的8.1节和8.2节由河南科技大学王晓强教授负责编写，8.5节和8.6节由广东轻工职业技术学院孙旭教授负责编写，第8章其余内容由河南科技大学吕锋副教授负责编写。河南科技大学机电工程学院研究生张杨航、冯壮壮、刘纯、王保森进行了资料收集工作。

本书可以作为高等院校工业工程专业、物流类专业、智能制造专业等的课程教材，也可以作为相关专业工程技术人员和管理人员的参考书。

　　本书从策划到成稿得到了河南科技大学机电工程学院各位老师的无私帮助，编写过程中参考了同行的研究成果，在此一并表示真诚感谢。

　　限于编者水平，不妥之处敬请各位专家和读者批评指正。

吕锋

目 录

第1章　绪论　　1

1.1　现代物流的演进 ┈┈┈┈┈┈┈ 1

　　1.1.1　粗放型物流 ┈┈┈┈┈┈ 1

　　1.1.2　系统化物流 ┈┈┈┈┈┈ 2

　　1.1.3　电子化物流 ┈┈┈┈┈┈ 3

　　1.1.4　智能物流 ┈┈┈┈┈┈┈ 3

　　1.1.5　智慧物流 ┈┈┈┈┈┈┈ 4

1.2　智能物流的概念 ┈┈┈┈┈┈┈ 5

　　1.2.1　智能物流的基础理论 ┈┈┈ 5

　　1.2.2　智能物流的定义 ┈┈┈┈ 6

1.3　智能物流的特征 ┈┈┈┈┈┈┈ 8

1.4　智能物流的发展现状 ┈┈┈┈┈ 9

　　1.4.1　国外智能物流的发展现状 ┈┈┈ 9

　　1.4.2　国内智能物流的发展现状 ┈┈┈ 12

1.5　智能物流的发展趋势 ┈┈┈┈┈ 17

第2章　智能物流系统　　20

2.1　智能物流系统概述 ┈┈┈┈┈┈ 20

　　2.1.1　物流系统及其功能 ┈┈┈ 20

　　2.1.2　智能物流系统及组成 ┈┈┈ 21

　　2.1.3　智能物流系统的目标 ┈┈┈ 22

2.2　智能物流系统结构 ┈┈┈┈┈┈ 26

　　2.2.1　智能物流信息系统 ┈┈┈┈ 27

2.2.2 智能运输系统 ---------------------------------- 28

2.2.3 智能仓储系统 ---------------------------------- 28

2.2.4 智能配送系统 ---------------------------------- 30

2.2.5 智能流通加工系统 ------------------------------ 30

2.2.6 智能包装系统 ---------------------------------- 31

2.2.7 智能装卸搬运系统 ------------------------------ 32

第 3 章 智能物流技术 ⬤33

3.1 智能物流技术架构 -------------------------------- 33

3.1.1 智能物流感知层 -------------------------------- 33

3.1.2 智能物流网络层 -------------------------------- 35

3.1.3 智能物流应用层 -------------------------------- 36

3.2 智能物流感知与识别技术 -------------------------- 36

3.2.1 条码技术 -------------------------------------- 36

3.2.2 RFID 技术 ------------------------------------- 38

3.2.3 传感技术与传感网 ------------------------------ 40

3.2.4 跟踪定位技术 ---------------------------------- 41

3.2.5 区块链技术 ------------------------------------ 44

3.3 智能物流通信与网络技术 -------------------------- 45

3.3.1 近距离通信 ------------------------------------ 45

3.3.2 移动互联网 ------------------------------------ 48

3.3.3 无线局域网 ------------------------------------ 49

3.3.4 全 IP 方式（IPv6） ---------------------------- 50

3.3.5 物联网（车联网） ------------------------------ 51

3.4 智能物流数据处理与计算技术 ---------------------- 53

3.4.1 云计算技术 ------------------------------------ 53

3.4.2 大数据技术 ------------------------------------ 55

3.4.3 智能控制技术 ---------------------------------- 56

3.4.4 数据挖掘技术 ---------------------------------- 58

3.4.5 系统仿真技术 ---------------------------------- 59

4.1　智能物流装备概述 ⸺⸺⸺⸺⸺⸺⸺ 61

　4.1.1　智能物流装备的概念 ⸺⸺⸺⸺ 61

　4.1.2　智能物流装备的地位与作用 ⸺⸺ 62

4.2　智能运输装备 ⸺⸺⸺⸺⸺⸺⸺⸺⸺ 65

　4.2.1　智能网联汽车 ⸺⸺⸺⸺⸺⸺ 65

　4.2.2　无人驾驶轨道列车 ⸺⸺⸺⸺ 68

　4.2.3　智能船舶 ⸺⸺⸺⸺⸺⸺⸺ 69

4.3　智能仓储装备 ⸺⸺⸺⸺⸺⸺⸺⸺⸺ 71

　4.3.1　自动化立体仓库 ⸺⸺⸺⸺⸺ 71

　4.3.2　穿梭车式密集仓储系统 ⸺⸺⸺ 73

　4.3.3　仓储机器人 ⸺⸺⸺⸺⸺⸺ 74

4.4　智能配送装备 ⸺⸺⸺⸺⸺⸺⸺⸺⸺ 76

　4.4.1　无人配送车 ⸺⸺⸺⸺⸺⸺ 76

　4.4.2　配送无人机 ⸺⸺⸺⸺⸺⸺ 78

　4.4.3　智能快递柜 ⸺⸺⸺⸺⸺⸺ 80

　4.4.4　地下智能物流管网 ⸺⸺⸺⸺ 81

4.5　智能流通加工装备 ⸺⸺⸺⸺⸺⸺⸺ 83

　4.5.1　智能分拣输送装备 ⸺⸺⸺⸺ 83

　4.5.2　"人到货"拣选系统 ⸺⸺⸺⸺ 88

　4.5.3　"货到人"拣选系统 ⸺⸺⸺⸺ 92

4.6　智能包装装备 ⸺⸺⸺⸺⸺⸺⸺⸺⸺ 95

　4.6.1　智能包装机器人 ⸺⸺⸺⸺⸺ 95

　4.6.2　智能包装生产线 ⸺⸺⸺⸺⸺ 97

4.7　智能装卸搬运装备 ⸺⸺⸺⸺⸺⸺⸺ 98

　4.7.1　巷道式堆垛机 ⸺⸺⸺⸺⸺⸺ 98

　4.7.2　自动导引搬运车 ⸺⸺⸺⸺⸺ 101

　4.7.3　搬运机械臂 ⸺⸺⸺⸺⸺⸺ 102

4.8　智能物流信息装备 ⸺⸺⸺⸺⸺⸺⸺ 104

　4.8.1　智能物流识别与追溯装备 ⸺⸺ 104

　4.8.2　智能物流定位与跟踪装备 ⸺⸺ 110

4. 8. 3　智能物流监控装备 ----------------------- 112

第 5 章　智能物流需求预测　　　115

5. 1　智能物流需求预测理论 ----------------------- 115
　　5. 1. 1　物流需求的概念与特征 ----------------- 115
　　5. 1. 2　物流需求预测的内涵与特征 ------------- 117
5. 2　智能物流需求预测的主要内容 ----------------- 118
　　5. 2. 1　智能物流需求预测的内容 --------------- 118
　　5. 2. 2　智能物流需求预测的影响因素 ----------- 118
　　5. 2. 3　智能物流需求预测的步骤 --------------- 121
5. 3　智能物流需求预测方法 ----------------------- 122
　　5. 3. 1　定性预测方法 ------------------------- 122
　　5. 3. 2　定量预测方法 ------------------------- 123
5. 4　智能物流需求预测实例 ----------------------- 125
　　5. 4. 1　基于灰色预测模型的智能物流需求量
　　　　　　预测 ------------------------------- 125
　　5. 4. 2　基于组合预测法的农业智能物流装备
　　　　　　需求预测 ----------------------------- 130

第 6 章　物流设施选址与布置设计　　　137

6. 1　物流设施选址 ------------------------------- 137
　　6. 1. 1　物流设施选址含义 --------------------- 137
　　6. 1. 2　物流设施选址的一般阶段 --------------- 137
　　6. 1. 3　物流设施选址的影响因素 --------------- 139
6. 2　物流设施场址评价 --------------------------- 139
　　6. 2. 1　基于成本因素的评价方法 --------------- 139
　　6. 2. 2　基于综合因素的评价方法 --------------- 147
6. 3　物流设施布置设计 --------------------------- 152
　　6. 3. 1　物流设施布置设计概述 ----------------- 152
　　6. 3. 2　系统布置设计（流程）模式 ------------- 153
　　6. 3. 3　物流分析的技术工具 ------------------- 155

　　　6.3.4　作业单位相互关系分析 ···················· 158

　　　6.3.5　物流-作业单位相互关系综合分析······· 160

　　　6.3.6　面积相关图 ································· 161

　　　6.3.7　修正与拟订方案 ···················· 164

　　　6.3.8　方案评价与选择 ···················· 164

　6.4　计算机辅助设施布置设计 ····················· 166

　　　6.4.1　计算机辅助设施布置设计概述 ··········· 166

　　　6.4.2　计算机辅助设施布置的相关模型 ········· 166

　　　6.4.3　计算机辅助设施布置的相关算法 ········· 167

　　　6.4.4　计算机辅助设施布置的相关软件 ········· 169

第7章　智能物流系统评价　　176

　7.1　智能物流系统评价概述 ···················· 176

　　　7.1.1　智能物流系统评价的定义 ··········· 176

　　　7.1.2　智能物流系统评价的对象··············· 177

　　　7.1.3　智能物流系统评价的目的 ··········· 177

　　　7.1.4　智能物流系统的评价标准 ············ 178

　7.2　智能物流系统评价的程序 ··················· 178

　7.3　智能物流系统评价体系的构建 ··············· 180

　　　7.3.1　智能物流系统评价指标的选择 ········· 180

　　　7.3.2　智能物流系统评价指标体系确立的
　　　　　　原则 ···································· 182

　　　7.3.3　智能物流系统的一般评价指标 ········· 183

　7.4　智能物流系统评价的常用技术 ··············· 184

　　　7.4.1　关联矩阵法 ························· 184

　　　7.4.2　模糊综合评价法 ···················· 189

　　　7.4.3　层次分析法 ························· 193

第8章　智能物流应用案例　　202

　8.1　智能物流在电商企业中的应用 ··············· 202

　　　8.1.1　京东物流概述 ·························· 202

8.1.2　京东智能物流信息系统　-------------　203

8.1.3　京东智能仓储系统　-------------　205

8.1.4　京东无人仓　-------------　207

8.2　智能物流在汽车制造企业中的应用　-------------　210

8.2.1　吉利汽车的物流智能化转型概述　-------------　210

8.2.2　吉利汽车的多样化智能物流场景　-------------　212

8.2.3　春晓 KD 智慧车间内的智能物流体系
建设　-------------　214

8.2.4　OTWB 一体化物流信息平台　-------------　217

8.3　智能物流在钢铁企业中的应用　-------------　218

8.3.1　沙钢集团大物流智能调度系统
概述　-------------　218

8.3.2　大物流智能调度系统的核心业务
流程　-------------　219

8.3.3　大物流智能调度系统主体功能　-------------　220

8.3.4　大物流智能调度系统的集成　-------------　222

8.3.5　大物流智能调度系统的优势和
效果　-------------　223

8.4　智能物流在烟草企业中的应用　-------------　225

8.4.1　宁波卷烟厂卷烟制丝生产智能物流
系统概述　-------------　225

8.4.2　系统工艺流程研究与设计　-------------　226

8.4.3　系统仿真分析与设备的优化配置　-------------　232

8.4.4　应用效果　-------------　232

8.5　智能物流在医药企业中的应用　-------------　233

8.5.1　某医药企业仓储物流中心智能物流
系统概述　-------------　233

8.5.2　智能物流工艺流程　-------------　234

8.5.3　关键智能物流技术　-------------　235

8.5.4　智能物流系统成效　-------------　236

8.6　智能物流在生鲜农产品供应链中的应用　-------------　237

8.6.1　生鲜农产品供应链智能 NFC 数据

            采集终端系统概述 ----------------------------- 237

  8.6.2 数据采集终端需求分析及系统结构

          设计 --- 237

  8.6.3 系统核心硬件设计 ----------------------- 238

  8.6.4 系统软件设计及输出 --------------------- 241

  8.6.5 系统成效 ----------------------------------- 245

参考文献   **246**

第 1 章

绪　论

1.1　现代物流的演进

智能物流是物流发展的高级阶段，是现代信息技术发展到一定阶段的必然产物，是多项现代信息技术的聚合体。现代物流的演进经历了粗放型物流、系统化物流、电子化物流、智能物流和智慧物流 5 个阶段。粗放型物流是现代物流的雏形，系统化物流是现代物流的发展阶段，电子化物流是现代物流的成熟阶段，而现代物流的未来发展趋势是向智能物流和智慧物流发展。

1.1.1　粗放型物流

20 世纪 50 至 70 年代，物流发展处于粗放型物流阶段。第二次世界大战以后，世界经济迅速复苏，以美国为代表的发达资本主义国家进入了经济发展的黄金时期。以制造业为核心的经济发展模式给发达资本主义国家带来大量的财富，刺激了消费的大规模增长，大量生产、大量消费成为这个时代的标志。随着大量产品进入市场，大型百货商店和超级市场如雨后春笋般出现，如分别成立于 1959 年的家乐福和 1962 年的沃尔玛。

在大规模生产和消费的初始阶段，由于经济的快速增长，市场需求旺盛，企业将重心放在生产领域，对流通领域中物流的关注度不高，普遍认为产量最大化会导致利润最大化，因此产生了大量库存。20 世纪 60 年代，美国销售企业的备货时间达到 30 天。同时，企业实施分散式管理，如销售部门只负责销售数量和库存，运输部门只负责管理商品的运送，造成物流成本高，效率低下。

20世纪70年代，企业普遍意识到物流活动所提供的服务对于企业的重要性。1976年，美国国家物流管理委员会对物流的定义是：物流活动包括但不局限于为用户服务、需求预测、获取销售情报、库存控制、物料搬运、订货销售、零配件供应、工厂及仓库的选址、物资采购、包装、退还货物、废物利用及处置、运输及仓储等。但是，关注点仍停留在物流的具体功能上，没有上升到从原材料采购到产品销售整个过程。

粗放型物流时期的特点是专业型的物流企业很少，大部分企业都是自成体系，没有行业协作和大物流意识，盲目扩张生产的方式不能维持下去，迫使企业放弃原来的大规模生产消费型经营模式，寻找更适合的物流经营模式，以降低成本。

1.1.2　系统化物流

20世纪70年代末，世界经济出现国际化趋势，物流行业也逐渐从分散、粗放式管理阶段进入到系统管理阶段。1985年，美国物流管理协会对物流的定义为：以满足客户需求为目的，以高效和经济的手段来组织原料、在制品、制成品以及相关信息从供应到消费的运动和存储的计划、执行和控制的过程。美国物流管理协会对物流的定义反映了物流实践的发展，也进一步揭示了物流的本质，使得综合物流管理的概念得到广泛的认可和应用。这一观念的引入，使企业内部逐步改变了传统的财务、采购、销售、市场、研发等分解式管理的思维方式，取而代之的是系统整合的思想。

系统化物流得益于企业对物流行业重要性的认识，以及新技术和新模式的出现。这一时期，企业已经把物流作为一门综合性的学科来看待，同时企业的经营决策和发展战略也开始注重物流的成本和效益。这一时期的物流行业关注消减库存以降低运营成本，并提出了物流总成本的概念。新型物流技术的应用也迎合这股潮流，如实时生产系统（Just In Time，JIT）和集装箱运输等。另外，航空快递服务等新兴物流业务的出现也丰富了物流行业的服务模式。这些新兴的思想、技术、服务成为物流行业变革的契机和动力。值得一提的是，尽管这个时候信息技术革命尚在襁褓之中，但计算机辅助管理、模拟仿真系统、线性规划技术等开始大量运用到物流系统中。

系统化物流时期的特点是：由于新技术和新模式的出现，企业对物流的理解从简单分散的运输、保管、库存管理等具体功能，上升到从原材料采购到产品销售整个过程的统一管理，开始在物流成本和效益方面做文章。

1.1.3 电子化物流

从 20 世纪 90 年代中后期以来，随着经济和现代信息技术的迅速发展，现代物流的内容在不断地丰富。网络化时代到来，经济全球化、一体化，知识经济初露端倪，发展到供应链管理阶段，支撑物流学科发展的物流经济学科、物流管理学科、物流技术学科初步形成理论体系，综合性的物流学科正在发展。尤其是，随着信息技术的进步，人们更加意识到物流体系的重要性。以互联网在经济活动中的应用为主要表现形式的电子商务取得了快速的发展。同时，信息技术特别是网络技术的发展，为物流发展提供了强有力的支撑，使物流向信息化、网络化方向发展。在客户需求的拉动、技术进步的推动及物流产业自身发展需要的驱动等各方面力量的共同作用下，现代物流业迎来一个新的发展阶段——电子化物流阶段。

在电子化物流阶段，为了保障物流管理的效率和效果，信息技术开始为物流行业助力，并成为持续推动物流行业飞速发展的关键动力。20 世纪 70 年代诞生的条码技术和 80 年代诞生的 EDI（Electronic Data Interchange，电子数据交换）技术是其中最为典型的两项信息化技术。条码技术可对物品进行识别和描述，从而解决了数据录入和数据采集的问题，为物流管理提供了有力支持。EDI 可以提供一套统一的标准进行数据交互和处理，减少了纸张票据的使用。EDI 的应用范围可以覆盖物流各主要环节，如在线订货、库存管理、发送货管理、报关、支付等。

电子化物流时期的特点主要包括三点：第一，电子化物流需要借助互联网来开展业务运作；第二，电子化物流体系以满足客户对物流服务的需求为导向，让客户通过互联网参与物流运作过程，以更好地实现以客户为中心的物流服务发展目标；第三，电子化物流注重追求供应链整体的物流效果，供应链合作伙伴之间通过互联网建立起密切的业务联系，共同为提高供应链物流的效率和效益及降低物流运作的总体成本和时间占用而努力，强调共存共荣、互惠互利。

1.1.4 智能物流

随着智能技术的发展，物流也开始朝着智能化方向发展。特别是，随着智能标签、无线射频识别技术、电子数据交换技术、全球定位技术、地理信息系统、智能交通系统等应用的日益成熟，基于这些技术的各类智能物流应用相继出现，包括智能仓储物流管理、智能冷链物流管理、智能集装箱运输管理、智能危险品物流管理、智能电子商务物流等，智能物流日益被人们所了解。

基于以上背景，结合现代物流的发展过程，考虑到物流业是实现作业智能化、网络化和自动化的行业，2008 年，德国不来梅大学 Log Dynamics 实验室的 Dieter Uckelmann 指出：智能物流时期的物流运营呈现精确化、智能化、协同化的特点。精确化物流要求成本最小化和零浪费；物流系统需要智能化地采集实时信息，并利用物联网进行系统处理，为最终用户提供优质的信息和咨询服务，为物流企业提供最佳策略支持；协同化，是利用物联网平台协助，实现物流企业上下游之间的无缝连接。

1.1.5　智慧物流

"智慧物流"的概念源自于"智慧地球"。2008 年 11 月，IBM 提出了"智慧地球"的概念。2009 年 1 月，时任美国总统奥巴马公开肯定了 IBM "智慧地球"的思路，并提出将"智慧地球"作为美国国家战略。在我国，2009 年 8 月 7 日，温家宝总理在无锡提出了"感知中国"的理念，物联网被正式列为国家五大新兴战略性产业之一，此后被写入"政府工作报告"；11 月 3 日，温家宝总理再次指示要着力突破传感网、物联网关键技术。同年，国务院《物流业调整和振兴规划》提出：积极推进企业物流管理信息化，促进信息技术的广泛应用，积极开发和利用全球导航卫星系统（Global Navigation Satellite System，GNSS）、地理信息系统（Geographic Information System，GIS）、道路交通信息通信系统（Vehicle Information and Communication System，VICS）、不停车自动交费系统（Electronic Toll Collection，ETC）、智能交通系统（Intelligent Transportation System，ITS）等运输领域新技术，加强物流信息系统安全体系研究。在物流行业内部，很多先进的现代物流系统已经具备了信息化、网络化、集成化、智能化、柔性化、敏捷化、可视化、自动化等高技术特征。很多物流系统和网络采用了最新的红外、激光、无线、编码、认址、自动识别、定位、无接触供电、数据库、传感器、RFID（Radio Frequency Identification，射频识别）、卫星定位等高新技术，这种集光、机、电、信息等技术于一体的新技术在物流系统的集成应用就是物联网技术在物流业应用的体现。

　　基于以上背景，结合物流行业信息化发展现状，2009 年 12 月，中国物流技术协会信息中心、华夏物联网和《物流技术与应用》编辑部率先提出"智慧物流"的概念。智慧物流概念的提出，顺应历史潮流，也符合现代物流业发展的自动化、网络化、可视化、实时化、跟踪与智能控制的发展新趋势，对企业、整个物流行业乃至整个国民经济的发展具有至关重要的意义。智慧物流时代已经到来并且仍将继续，随着技术的不断进步和应用的不断成熟，智慧物流将更加完善。

1.2　智能物流的概念

1.2.1　智能物流的基础理论

　　智能物流的发展不是单纯物流产业的发展，学术界对智能物流发展的研究主要来源于三大理论。第一，"黑大陆"学说。国外早在 1962 年就将物流比喻为经济的黑大陆、未开垦的处女地，认为经济建设的流通领域是当时未能认识和了解的深刻领域。该学说对智能物流的发展具有重要的导向作用，是研究智能物流发展中比较主流的基础理论，主要的理论原理是智能物流作为新兴领域，还有很多未知的东西，需要不断发展智能物流的理论和实践。第二，效益背反学说。该学说认为物流成本和物流服务水平是背反关系，是一种非线性的相关关系。虽然物流高水平服务能实现企业的效益增长，但同时也会增加企业的物流成本；物流成本的投入却不一定会促进同等水平的物流服务提高。因此，物流产业发展中不能简单而刻意地降低物流成本。第三，"第三利润"理论。该理论认为传统经济发展中，企业的效益来自两大利润源。第一利润源主要是指企业可以通过降低人工和材料成本获得利润。第二利润源主要指在完成第一利润源以后，如果想要获得利润就必须扩大市场销售。在企业的第一和第二利润都难以促进企业发展，获得良好的效益时，物流活动成为企业的新利润源泉。物流利润代表的是生产率三要素中的劳动工具，比前两个利润具有更为全面的特点。智能物流体系通过高质高效的物流服务，能够促进社会经济体系的运行效益提升，在降低物流成本的同时，促进经济效益增长。

1.2.2 智能物流的定义

谈到智能物流，就不得不提智能物流系统和智慧物流。智能物流系统是智能物流的萌芽，是认识智能物流的初级阶段；智能物流是物流系统向智慧物流进化的重要阶段，是智慧物流体系实现的重要基础。

(1) 智能物流系统 (ILS)

国外对智能物流系统（Intelligent Logistics System，ILS）的研究与实际结合得十分紧密，主要从企业的实际出发，为企业提供 ILS 应用产品。Rema Padman（1986）集成知识工程，建立了解决石油工业中生产、配送、库存等领域相关问题的智能决策支持系统，这一系统融合了数学规划和计算机系统技术，解决了精炼成品油供应、配送以及销售过程中计划与运筹的问题。入月克已（1993）以货船配装和车辆调度为切入点，重点研究了专家系统在这两大领域内的应用，在此基础上，结合千叶钢厂"内航船只货运计划"与"产品出厂车辆调度系统"这两个实例，进一步探讨了专家系统在物流管理中的应用。北冈正敏（1996）提出，物流系统智能化包括智能系统高度信息化和机器智能化两个方面，其中机器智能化包括 AGV 自动仓库、自动拣选装置和搬运机器人等，其发展趋势是实现物流终端装置智能化，即由集中式智能转变为分散式智能；智能系统高度信息化等。此外，还指出了模糊理论、神经网络、遗传算法等计算模型在物流智能化中的发展前景。

国内的相关研究更偏于理论性。申金升等（2001）从智能运输系统（ITS）和电子商务（EC）出发，首次提出 ILS 的概念。认为 ILS 是在智能运输系统的基础上，电子商务化运作的物流服务体系。指出，ILS 通过智能运输系统实现物流作业的实时信息采集，并对获取的信息进行分析、加工与处理，进而通过各个物流环节中的信息传输，为货主提供详尽的信息和咨询服务；在 EC 的运营环境下，为客户提供增值性的物流服务。闻学伟等（2002）更关注其智能性，认为 ILS 是指利用系统集成技术，将物流系统人工智能化，使其具有感知、学习、思维、推理判断以及自行解决物流经营问题的能力，从而使物流系统高效、安全地处理复杂问题，为客户提供方便、快捷的服务。但也明确指出，ILS 需要智能技术的支撑，但不等同于智能技术的简单应用。刘志硕（2007）则强调技术集成，认为 ILS 是指以信息运动为主线，综合运用信息技术、系统集成技术、自动化技术和现代物流技术，特别是通过信息集成、物流全过程优化和资源优化，将物流信息、物流制品、物流活动、物流资源和物流规范有机集成并优化运行的实时、高效、合理的物流服务体系。指出，智能物流系统能有效提高企业的市场应变力和竞争力，为客户提供方便、快捷、及时、准确的服务。

（2）智能物流与智慧物流

赵立权（2005）认为：智能物流就是物品从供应方向需求方智能移动的过程，包括智能仓储、智能运输、智能配送、智能包装、智能装卸以及信息的智能获取、加工和处理等六项基本活动，是为使供方所得的利润最大、需方享受的服务最佳，同时实现自然和社会资源消耗最少、生态环境保护程度最大，而形成的完备的智能社会物流管理体系。李书芳（2010）在此定义的基础上将智能物流定义为，在物联网广泛应用基础上，利用先进的信息采集、信息处理、信息流通和信息管理技术，完成货物从供方向需方的流动。刁宏（2011）、岳建明（2012）从物流管理的角度出发，认为智能物流是利用集成智能化技术，通过对物流数据信息的实时计算分析，为物流系统的运行和决策提供有效支持。李海凤（2017）认为智能物流是利用集成智能化技术，使物流系统能模仿人的智能，具有思维、感知、学习、推理判断和自行解决物流中某些问题的能力，实现各物流功能的智能化。何玥（2018）将智能物流定义为：在互联网条件下通过运用大数据、云计算集成智能化技术，让物流系统对人的智能进行模仿，可以完成学习、感知、思考、决策及自行解决物流内存在问题。

智能物流是一直延续的概念，而"智慧物流"则是于 2009 年 12 月提出的。智慧物流，指的是基于物联网技术应用，实现互联网向物理世界延伸，互联网与物流实体网络融合创新，实现物流系统的状态感知、实时分析、精准执行，进一步达到自主决策和学习提升，拥有一定智慧能力的现代物流体系。这一概念是在很多物流系统采用了先进的激光、红外、无线射频、传感器、自动识别、编码、定位、数据库等高新技术的背景下提出的，这些先进的现代物流系统已基本具备了数字化、可视化、敏捷化、自动化、网络化、柔性化、集成化、信息化、智能化等科技特征。

在智慧物流的概念提出之后，学术界适应国内经济发展的变化，不断丰富智慧物流的内涵。章合杰（2011）基于现有研究及 IBM 公司对智慧物流的理解指出，智慧物流是以现代信息技术为支撑，在物流全过程中的仓储、运输、包装、装卸、配送、信息处理等各个物流作业环节实现系统感知、全面分析、实时处理及优化调整等功能，以实现物流的规整智慧、发现智慧、创新智慧和系统智慧的现代综合性物流系统。认为智慧物流有感知、规整、智能分析、优化决策、系统支持、自动修正、及时反馈等基本功能。童孟达（2011）则认为，智慧物流是指运用科学的思路、方法和先进技术迅速、灵活、正确地理解并解决物流问题，创造出更好社会经济效益的物流模式。他指出，智慧物流的本质是智慧，物流是智慧的应用客体，智慧物流的核心和灵魂是提供科学的物流解决方案，为客户和社会创造更好的综合效益。并强调，智慧物流在不同时代、不同国家、不同组织、不同物流企业、不同物流项目中有不同的表现形式。中国物联网校企联盟认为，智慧物流是利用集成智能化技术，使物流系统能模仿人的智能，具有思维、感知、学习、推理判断和自行解决物流中某些问题的能力。在流通过程中获取信息从而分析信息做出决策，使商品从源头开始被实施跟踪与管理，实现信息流快于实物流。可通过 RFID、传感器、移动通信技术等让配送货物自动化、信息化和网络化。

虽然智能物流强调实现物流系统的状态感知、实时分析、科学决策与精准执行，智慧物流进一步达到了自主决策和学习提升。但是，从本质上看，智能物流与智慧物流两者的内涵是一致的，只是时代背景和使用情景不同。通常智能物流与物联网相对应，而智慧物流与智慧城市、智慧地球等对应。智能物流是物流系统向智慧物流进化的重要阶段，是智慧物流体系实现的重要基础。因此，本书不过度强调智能物流和智慧物流的区别。

1.3 智能物流的特征

智能物流的产生是物流业发展的必然结果，智能物流理念的出现顺应历史潮流，也符合现代物流业发展的自动化、网络化、可视化、实时化跟踪和智能监控的新需求，符合物联网、大数据和云计算等发展的趋势。智能物流具有智能化、柔性化、一体化和社会化的显著特征。

（1）智能化

智能化是物流发展的必然趋势，是智能物流的典型特征，贯穿于物流活动的全过程。随着人工智能技术、自动化技术、信息技术的发展，其智能化的程度将不断提高。随着时代的发展，它不仅仅限于库存水平的确定、运输道路的选择、自动跟踪的控制、自动分拣的运行、物流配送中心的管理等问题，其将不断地被赋予新的内容。

（2）柔性化

柔性化本来是为实现"以顾客为中心"理念而在生产领域提出的，即真正地根据消费者需求的变化来灵活调节生产。物流的发展也是如此，必须按照客户的需要提供高度可靠的、特殊的、额外的服务。"以顾客为中心"服务的内容将不断增多，服务的重要性也将越来越大。如果没有智能物流系统，柔性化的目的是不可能达到的。

（3）一体化

智能物流活动既包括企业内部生产过程中的全部物流活动，也包括企业与企业、企业与个人之间的全部物流活动等。智能物流的一体化是指智能物流活动的整体化和系统化，它是以智能物流管理为核心，将物流过程中运输、存储、包装、装卸等诸环节集合成一体化系统，以最低的成本向客户提供最满意的物流服务。

（4）社会化

随着物流设施的国际化、物流技术的全球化和物流服务的全面化，物流活动并不仅仅局限于一个企业、一个地区或一个国家。为实现货物在国际的流动和交换，以促进区域经济的发展和世界资源优化配置，社会化的智能物流体系正在逐渐形成。构建智能物流体系对于降低商品流通成本将起到决定性的作用，并成为智能型社会发展的基础。

1.4　智能物流的发展现状

1.4.1　国外智能物流的发展现状

（1）政策扶持力度持续加大

欧盟委员会 2020 年 12 月公布的《可持续与智能交通战略》提出，要依靠数字技术创建一个全面运营的跨欧洲多式联运网络，为铁路、航空、公路、海运联运提供便利。规划特别强调了 5G 网络和无人机在智能交通系统中的作用，计划到 2025 年在欧洲主要陆路交通线上实现不间断的 5G 网络覆盖，并推进整个交通运输网络的 5G 部署，为智能运输创造技术条件。

法国在"物流 2025"国家战略中提出，要通过巩固本国及欧洲物流基础设施网络，依靠数字化转型，助力物流领域实现领先发展。2021 年 10 月，法国政府又提出加速绿色和智能物流发展战略，将拿出 2 亿欧元用于建设自动化、互联和低碳的运输服务基础设施，另有 9000 万欧元用于建设"物流 4.0"项目，加强送货机器人、无人机等物流方式的硬件设施配套建设。

德国 2019 年推出"物流 2030 创新计划"，提出加强建设"面向未来且灵活可拓展"的数字物流基础设施、数据处理和平台解决方案、数字供应链等，促进物流智能化、低碳化。计划包括推进"智能货车"项目，为货运列车数字化和自动化转型提供支持，加大对智能物流系统尤其是人工智能领域的研发资助等。

2021 年 5 月，韩国政府公布加速智慧物流服务模式开发和商业化路线图，提出将建立示范综合体，以测试自动包裹递送和自动化物流中心管理系统等服务。韩国国土交通部表示，已在全国范围内选定 6 个基础设施建设和服务模式示范项目，进一步开发智慧物流系统。

阿联酋 2021 年 11 月启动了"迪拜无人机运输计划"。迪拜硅谷绿洲管理局将划定一个创新应用试验区，供全球创新者和相关实体开发、测试无人机解决方案，并进一步制定相适应的法律规范。该计划将为社会提供更高效、更可持续的物流供应链服务。

（2）拥有良好的交通运输网络环境

一些国家政府积极打通物流通道，多式联运发展迅速，为智能物流发展提供了良好基础设施环境。一方面，一些国家政府积极推进流通基础设施的衔接。如欧盟从 1996 开始实施全欧交通网络计划（简称 TEN-T）。TEN-T 计划将衔接各国主要的公路、铁路、内河航道、机场、港口、交通管理系统，消除跨国境运输瓶颈，实现交通运输一体化。TEN-T 计划预计到 2050 年，将打通 9 条贯穿全欧洲的"核心运输通道"，其中包括 2 条南北走廊、3 条东西走廊、4 条对角线走廊。另一方面，积极推进多式联运发展。国外政府允许可由两种及以上的交通工具相互衔接，完成运输过程，推出一系列促进多式联运发展的行动计划，从而完善交通运输网络。如欧盟支持多式联运项目的马可波罗计划和组合运输试点示范的 PACT 计划等，并通过财政激励、关税豁免等手段对多种运输混合运营方式提供信用优惠，如德国政府对联运设施的资助比例最高可达 85％。国外政府通过推进流通基础设施的衔接性以及多式联运发展，实现国家之间及国内政府、区域、企业等各方面的协调与合作，为智能物流的发展提供了良好的基础设施环境。

（3）拥有雄厚的技术保障，物联网技术应用较广

国外企业积极参与并开发物联网技术，为智能物流的发展提供了技术基础。如美国 IBM 公司在 2008 年 11 月率先提出"智慧地球"战略，将感应器嵌入和装备到电网、铁路、桥梁、隧道、公路、建筑、大坝等各种物体中，实现普遍连接，形成物联网。2015 年，亚马逊无人机快邮系统初见雏形，摆脱第三方货运，实现独自拥有大量物流份额。此外，英国乐购（Tesco）、美国沃尔玛、德国麦德龙等企业都宣布自己的射频识别（RFID）计划，大多实力较强的物流公司如联邦快递、联邦包裹等都实现对物流跟踪和监控技术的应用，进而形成 RFID 的巨大市场和完整产业链。国外企业积极参与并不断开发新型技术，促使物联网技术发展较快。据市场调研机构 Technavio 数据显示，在欧洲地区，物联网稳步发展，年复合增长率平均超过 6%，这又反作用于智能物流的发展，为智能物流的发展提供了强有力的技术保障。

（4）拥有较完善的物流信息化基础设施和公共信息平台

政府在物流信息和数据采集上投入量大，使其智能物流发展拥有了较完善的信息化基础设施和公共信息平台。以美国为例，美国交通统计局与大学和物流公司加强合作，对不同运输方式及不同区域展开调查，形成集装箱货运站数据，为物流公司的发展起着积极引导作用，也为城市运输通道规划和物流大通道超前谋划提供重要参考。如 2002 年，美国交通局预测到 2020 年时公路将会超负荷运行，货运需求量较 2000 年将增长 50%～70%，公路网将出现严重拥堵。为此，2012 年美国政府制定 The Moving Ahead for Progress in the 21st Century Act 法案。依据此法案，美国政府建设了 4.1 万英里❶长的公路货运通道网络，其中主货运网络长达 2.7 万英里。同时，美国政府充分应用科学的信息化平台，对货运需求进行统计分析，为物流大通道规划、布局提供重要量化支撑。目前，美国政府通过工业互联网联盟来推动物联网发展，该联盟已包括思科、通用电气、IBM、AT&T、英特尔等 212 家成员。国外政府对物流信息化的投入，为智能物流发展提供了完善的物流信息化基础设施和公共信息平台。

---

❶　1 英里＝1.609 千米（km）。

（5）物流园区为智能物流发展带来极大的便利性

物流园区作为物流集疏方式，通过整体规划物流业服务功能、运输网络、信息网络，为智能物流发展提供了机遇，在发达国家得到了快速发展。以德国为例，在区位选择上，联邦政府出于各种运输方式衔接的可能性，根据经济布局、现有运输枢纽、交通干线，尽量选址处于公路、铁路、水路运输的交叉点上，以实现多式联运。空间布局上，通过科学规划现有物流园区布局、未来发展进程、发展规模，来布局物流园区，目的是增强物流园区企业集聚力。如德国不来梅货运村物流园区从1987年开始运营，到目前为止，企业总数从5家集聚到190多家，物流园区集聚效应非常明显。德国纽伦堡货运村当前已集聚多达250多家企业，可总面积还不到3.5平方公里，并且在物流园区建设过程中州政府、市政府扶持力度大，扮演主要投资人角色。如图林根物流园区，其建设投资比例分别为：市政府占42.5％，州经济开发部占35.5％，联邦铁路占14.7％，行业协会占7.3％。此外，德国政府强调物流园区企业之间信息网络建设，设立专门物流园区协会，协助并监督各物流园区运作，进而实现园区网络化。如德国排名前20的物流公司德迅、辛克、DHL等都依托物流园区形成自身网络系统，而实力相对较弱的物流企业通过组建联盟来形成共同网络。如Cargoline联盟由80家物流企业组成，各企业将联盟成员在各园区投资作为共享资源，按照议定的内部交易规则协作。依托各物流园区实行网络化的运作，也使各物流园区之间形成一个紧密连接的整体。

1.4.2 国内智能物流的发展现状

（1）智能物流的市场规模持续扩大

随着物联网、云计算、人工智能等在智能物流系统领域的持续应用，物流和制造各环节信息将进一步互联、共享，将进一步降低人工参与程度，提高系统运行效率，降低企业成本，我国智能物流行业迎来较大的发展机遇。数据显示，我国智能物流行业交易规模由2016年的229.1亿元增长至2020年的544.01亿元，复合年均增长率达24.14％。其中，2020年，输送及分拣设备的市场规模为168.85亿元，货架及存储设备的市场规模为217.90亿元，信息系统的市场规模为30.05亿元，电工类工业叉车的市场规模为43.01亿元，其他的市场规模为84.2亿元。我国的智能物流设备市场每年以20％以上的速度增长。

　　智能物流市场规模持续扩大，增速显著高于社会物流总费用和物流业总收入。从规模上看，"十三五"时期，我国社会消费品零售总额稳定增长，社会物流总费用、物流业总收入持续增长，物流业发展长期向好趋势未变。中国物流与采购联合会发布的数据显示，物流企业对智能物流的需求主要在物流数据、物流云、物流设备三大领域，2019 年我国智能物流市场规模达到 5000 亿元，预计到 2025 年，我国智能物流市场规模将超万亿元。从增速上看，2016—2019 年我国智能物流市场规模增速均保持在两位数，显著高于同期社会物流总费用增速（5.9%～6.7% 之间）和物流业总收入增速（4.6%～14.5% 之间）。高速增长的市场需求将进一步促进智能物流的快速发展。从市场主体来看，智能物流企业加速成长。《2019 年中国独角兽企业研究报告》显示，在 218 家上榜企业中智能物流领域企业数量最多，包括菜鸟网络、京东物流、丰巢科技、G7、货拉拉等约 20 家企业，涵盖物流网络、车货匹配、仓储网络、货运 O2O、同城配送等多个细分领域。据运联传媒数据，2020 年 1 至 10 月，我国物流领域共完成 58 笔融资，其中物流技术领域投融资交易数量、金额占比均为最高，智能物流新技术、新模式企业备受市场追捧。

　　（2）各类智能物流相关技术不断深化应用

　　当前，新一轮科技革命和产业变革方兴未艾，科技创新进入空前密集活跃期，依托互联网、物联网、大数据、云计算、人工智能、5G 网络、区块链等新一代信息技术的智能物流技术支撑体系将更趋成熟，对推动物流业降本增效、促进物流业高质量发展，具有重要而深远的意义。

　　借助传感器技术、射频识别技术等物联网技术，智能物流实现了对物流信息的高效自动感知和数据采集，以及相关物流作业的智能化和精准化操作。如我国已有超过 400 万辆重载货车安装北斗定位装置，还有大量托盘、集装箱、仓库和货物接入互联网，为降低物流成本，促进智能物流的快速发展奠定了基础。物联网技术的应用将产生大量的物流业务数据，为大数据技术在物流领域的应用奠定了基础。通过对大量物流数据的分析和挖掘，有助于实现对物流数据的高效整合、管理和调度，对于协同物流活动、分析物流需求、制定科学决策都具有重要作用，将大幅度提升智能物流的效率。最后，伴随着无人仓、无人车、无人机等各类基于人工智能的机器在物流领域的应用，物流作业环境正在发生重大转变。人工智能技术不仅能极大地减少人工作业，降低人工劳动强度，而且可以优化物流环节，提升物流行业的服务效率和服务质量，推动整个物流行业从劳动密集型服务行业向科技密集型服务行业转变。

（3）智能物流行业的政策环境持续改善

近年来，我国政府不断推动物流的发展，提出要发展智能物流建设。国家对智能物流业发展高度重视，从政策上加强引导，加大扶持力度，从"十五"规划的改造传统流通业到"十三五"规划重点建设物流枢纽、综合物流网络再到"十四五"规划重点推进物流信息化发展，密集发布智能物流刺激政策，推动智能物流技术进步及应用水平，加快传统物流向智能物流转型发展，实现物流业供给侧结构性改革。国家在政策上的持续跟进，既为智能物流的发展指明了方向，也为智能物流产业发展营造了良好的环境。

2021年，中共中央发布《中华人民共和国国民经济和社会发展第十四个五年规划和2035年远景目标纲要》，提出构建基于5G的应用场景和产业生态，在智能交通、智慧物流、智慧能源、智慧医疗等重点领域开展试点示范。

2021年12月，快递业发展"十四五"规划全面建设"普惠快递、智慧快递、安全快递、诚信快递和绿色快递"。持续推进高效能治理，为建设高标准市场体系、全面建设社会主义现代化国家贡献力量。

2021年11月，《综合运输服务"十四五"发展规划》着力构建协同融合的综合运输一体化服务系统、快速便捷的城乡客运服务系统、舒适顺畅的城市出行服务系统、集约高效的货运与物流服务系统、安全畅通的国际物流供应链服务系统，重点打造清洁低碳的绿色运输服务体系、数字智能的智慧运输服务体系、保障有力的安全应急服务体系、统一开放的运输服务市场体系、精良专业的从业人员保障体系，推进综合运输服务发展和提质增效。

2020年8月，《推动物流业制造业深度融合创新发展实施方案》推动物流业制造业融合发展，是深化供给侧结构性改革，推动经济高质量发展的现实需要；是进一步提高物流发展质量效率，深入推动物流降本增效的必然选择；是适应制造业数字化、智能化、绿色化发展趋势，加快物流业态模式创新的内在要求。

2020年5月，《关于进一步降低物流成本的实施意见》加快发展智慧物流。积极推进新一代国家交通控制网建设，加快货物管理、运输服务、场站设施等数字化升级。推进新兴技术和智能化设备应用，提高仓储、运输、分拨配送等物流环节的自动化、智慧化水平。

2019 年 11 月，《关于推动先进制造业和现代服务业深度融合发展的实施意见》促进现代物流业和制造业高效融合。鼓励物流、快递企业融入制造业采购、生产、仓储、分销、配送等环节，持续推进降本增效。优化节点布局，完善配套设施，加强物流资源配置共享。鼓励物流外包，发展零库存管理、生产线边物流等新型业务。推进智能化改造和上下游标准衔接，推广标准化装载单元，发展单元化物流。鼓励物流企业和制造企业协同"走出去"，提供安全可靠服务。

2019 年 3 月，《关于推动物流高质量发展促进形成强大国内市场的意见》加快数字化终端设备的普及应用，实现物流信息采集标准化、处理电子化、交互自动化。

（4）企业积极开展智能物流实践

构建智能物流已成为众多企业的共识，无论是阿里巴巴、京东等电子商务企业，还是顺丰、申通等快递企业，都开始探索并尝试打造智能物流系统，在与自身需求相关的智能物流技术上积极布局，有效地促进了智能物流的快速发展。例如，以顺丰、申通等为代表的快递物流企业，在无人机、仓内 AGV 机器人等应用前景明确、与自身需求相关的智能物流技术上积极布局；以京东、阿里等为代表的电子商务企业从构建智能物流产业生态的视角切入，提升在仓储、运输、分拨配送等物流运作环节的智能化水平。

除电子商务和快递物流外，汽车、医药、服装等行业亦积极开展智能物流的实践。

汽车行业激烈的竞争形势促使整车制造商不断加快新车型、新技术的推出和产业化，在此背景下，汽车零部件生产技术革新成为汽车零部件企业供应商满足整车厂商竞争需要的关键，智能物流的重要性不断凸显。汽车行业应用智能物流和智能制造系统以实现物料到自动生产线的高效、精准搬运，提高汽车生产线供应物料、生产线成品出库的效率，从而提高整个汽车生产的效率。如一汽大众佛山工厂将 FIS 系统、PLP 系统、iWMS 系统、RCS 系统集成，实现了生产与物流管理的系统化、一体化、透明化和智能化，形成从产线到仓库、覆盖全厂的物流自动化搬运能力，在提升物流效率、降低用工成本的同时，提高了物流系统的柔性。

服装行业具有时效性，对供应链的快速反应能力提出了更高要求，需要提高运营资产的周转率以降低库存。因此，服务行业公司采用智能物流装备满足小批量、多品种、短交期的市场需求。

家居行业领域现阶段企业数量多而规模小，信息化程度低，家居行业物流的痛点主要包括配送工人作业强度大、搬运作业多、库存管理难度高、配送量及配送环节多等。目前智能物流在家居行业开始起步应用。

医药行业领域，需要有效提高拣选效率，降低仓储成本，节省仓储空间，提升医药企业生产和配送效率。智能物流系统开始广泛应用于医药企业的生产车间、药品仓库和药店连锁企业集中配送中心等。

我国智能物流的发展已取得一定成绩，智能物流的作用已得到广泛认可。但是，目前我国智能物流发展仍处于初期阶段，受系统涉及范围广、物流元素多、突变原因复杂等因素影响，在发展过程中仍存在以下问题。

① 智能物流基础建设不健全。智能物流离不开物流基础设施的支撑。近年来，我国不断加大物流基础设施建设的投入，物流基础设施不断完善。但整体而言，现有基础设施仍不能支撑智能物流的快速发展。一方面，现有物流基础设施仍存在区域发展不均衡、基础设施网络不健全等问题。受制于我国统一大市场建设水平不足，区域保护主义依然严重，全国物流基础设施"一盘棋"流于形式，各地物流基础设施水平参差不齐。如物流企业运用的物流设备比较落后，即使是一些大型物流企业，能够直接接入物流信息系统的物流设备也不足 40%；在生鲜农产品物流领域，我国冷藏车辆仅为 100 万辆，冷库库容仅仅能满足 35% 左右的生鲜农产品冷藏需求；一直以来我国物流最后一公里问题十分突出，无论是农村物流还是城市社区物流，都难以满足智能物流的发展需要。另一方面，现有物联网、高速信息通信等基础设施和装备条件与支撑智能物流高速发展的要求仍存在较大差距。我国物流企业大多重设备、设施投入，轻信息化建设投入，高效的货物仓库管理系统、货物跟踪系统等信息化平台建设严重不足，能够涵盖全国或区域物流企业的信息化平台还没有建成，致使物流企业之间的信息共享效率不高，限制了智能物流的快速普及与发展。

② 智能物流产业标准化建设有待加强。智能物流是建立在物流信息标准化基础之上的，在我国目前的物流行业发展阶段中，有关智能物流的相关标准缺乏，阻碍了智能物流的发展。一方面，物流行业自身标准化体系不健全，在物流设备、物流信息化等许多方面的物流标准不统一，物流作业各环节、各种物流设施设备之间缺乏有效衔接，造成了物流成本偏高，物流资源得不到充分利用；另一方面，智能物流是物流业与物联网等行业相融合的产物，尚未有针对智能物流的统一技术标准规范出现，不利于智能物流的未来发展。

③ 部分企业缺乏发展智能物流的实力。虽然智能物流已在我国部分企业开始实践，并取得相应成效，但我国大部分企业规模偏小，现有的物流配套设施设备较为落后，且不健全，受资金、技术、人才等方面的限制，缺乏建设智能物流系统的能力，限制了智能物流在企业中的应用发展。

④ 智能物流整体发展不均衡。我国智能物流整体发展不均衡，限制和影响了智能物流的推广和发展。一方面，虽然部分企业在某些物流环节实现了智能化，提升了某环节的物流效率，但往往缺乏统一规划，各环节间沟通衔接不畅，造成企业内部资源浪费，没有实现物流效率整体最大化；另一方面，部分企业智能物流的实施已达到一定的水平，但与其合作的相关企业智能物流水平偏低，企业间的资源和信息共享程度不高，缺乏有效的资源和信息共享平台和协作机制，很难实现企业间资源有效整合。

⑤ 智能物流专业人才不足。智能物流急需各类专业性的人才，人才短缺已制约我国物流业进一步发展突破。一方面，目前我国现有的物流人才主要以应对常规物流业务运作、物流系统运营与维护的工作为主，缺乏既具备物流运作能力，又掌握物联网技术等各类先进技术的综合性人才。根据我国物流业发展规划，物流从业人员年均增长目标为 6.2%，但我国现有专业人才培养只能满足 4%～4.5% 的需求，且其中只有不到 20% 的物流人才可以转为智能物流人才。即便是在东部沿海发达地区，除了一些较大的物流企业以及近年来出现的、专门从事智能物流的企业，大多数物流企业从业人员对智能物流缺乏认知。另一方面，在人才培养方面，大部分高校物流专业的培养目标仍以培养从事物流操作、管理的传统物流人才为主，对于和物联网、大数据、人工智能等新技术融合的新型物流人才培养还处于起步阶段，智能物流专业人才的供给不足，限制了智能物流的健康发展。

1.5 智能物流的发展趋势

当前，我国正处于新一轮科技革命和产业变革的关键时期。智能物流通过平台化升级、短链化升级、无界化升级、连接升级、数据升级、模式升级、体验升级、智能升级、供应链升级和绿色升级将深刻影响社会生产与流通方式，促进产业结构调整与动能转换，推动供给侧结构性改革，为物流业发展创造新机遇。

（1）平台化升级

传统的物流体系中，掌握更多的货运量和线路等资源的企业是供应链的核心。随着技术的进步，供应链核心逐步转向技术更为先进、生产效率更高的企业。移动化和数据化把平台经济提升到了前所未有的新高度。互联网平台通过业务在线化和数据挖掘促进供需双方精确匹配，提高效率，同时改进供需信息不对称等问题，平台经济由此产生。专业化企业依托平台，直接可以和用户产生高效率的联系。通过平台，智能物流体系可以发挥更大的作用。

（2）短链化升级

物流的供应链越长，无法控制的因素就会越多，导致风险的概率也会越大。传统的渠道模式需要适应变化，向短链化的方向发展，缩短供给侧和需求侧之间的距离，降低信息不对称，使之既能精确满足客户的需求，又拥有更加灵活的体系，实现供需双方的价值共创。

在大数据、区块链技术支撑下，物流企业能够直接获取客户的信息，从大数据里找到企业存在的真正价值。实际上最终产品的使用者和消费者才是真正的客户，其他的都是中间商或者都属于供给侧。随着消费者需求场景越来越即时化、碎片化，产业端将要建立起一套灵活的物流和供应链体系应对这样的趋势。以往多层分销的渠道模式必须改变，使得供应链短链化，能够快速精准地把握消费者的需求，做到灵活调整和快速反应。

（3）无界化升级

智能物流除了自身的体系外，还会涉及生产、流通、消费等多个环节。智能物流将以无界的方式，嵌入到生产、流通、消费的各个环节，用户实现所想即所得。万物互联、超级机器人仓、智慧物流小镇、智慧物流大脑等科技的发展，将改变智能物流的发展模式。顾客越来越注重自身个性的表达，在消费的过程中甚至希望参与到产品的设计和生产过程，在更加多元、即时、分散的场景下实现购买活动。为适应场景多元化，物流服务不仅要覆盖生活中所有的场景，为消费者提供小批量、定制化的生产和供应体系，还要求物流服务商的网络能够垂直贯通线上线下渠道、生产商与终端消费者，能够承接仓储、运输、配送等一体化的服务需求业务。

（4）连接升级

新一代的信息技术，如物联网、云计算和大数据，会逐步成熟。物流人员、装备和货物将全面连接到互联网，显现指数级增长趋向，形成全面覆盖和广泛连接的物联网。

（5）数据升级

数据连接的实现和手持终端的传播，使得物流数据将被全面收集、记录、传输和分析。随着物流数字化程度的提高，信息孤岛和信息不对称现象将成为行业的突破口。

（6）模式升级

随着众包、众筹、共享等新型分工协作方式的兴起，传统的分工体系产生了革命性变革，企业业务流程和经营模式发生根本性改变，"创新驱动"将成为智能物流发展的动力。

（7）体验升级

预测未来分布式的物流互联网等信息技术发展到一定程度，形成开放共享的物流网络，使得顾客个性化需求能够得到最大满足，让顾客的体验感受幸福指数达到最大化，"体验经济"创造智能物流的价值。

（8）智能升级

随着人工智能技术的发展和完善，预测未来机器人将在众多岗位上取代人工。不久的将来，物流机器人的使用率将明显提高，预计可达到每万人 5 台。传统物流的创新和智能改变将改变智能物流格局。

（9）供应链升级

智能物流将推动数智化供应链创新发展。智能物流将发挥其贴近用户的优势，推动互联网覆盖产业链上下游，深化产业链各环节与用户需求的融合，助力加快形成"合作共享"生态系统。

（10）绿色升级

绿色环保是物流行业可持续发展的目标，物流环保在物流行业的发展中占据着重要地位，在未来 5 年的智能物流发展中，快递的包装、仓储以及运输的绿色环保水平都会得到大幅度的提升与推广应用。对社会闲置资源进行再利用，从而减少物流行业的能源耗费。随着人们环保理念的提升，绿色低碳的智能物流是未来发展的必然趋势，符合全球绿色可持续发展的要求与使命。

第2章

智能物流系统

2.1 智能物流系统概述

2.1.1 物流系统及其功能

物流系统是指在一定的时间和空间里，由所需输送的物料和包括有关设备、输送工具、仓储设备、人员以及通信联系在内，若干相互制约的动态要素构成的、具有特定功能的有机整体。物流系统受内部环境以及外部环境的双重影响，使物流系统整体构成十分复杂，其外部存在多种不确定因素，其内部存在着相互依赖的物流功能因素。

物流系统和一般系统一样，具有输入、处理及输出三大功能。物流系统的输入包括自然资源（土地、设施、设备）、人、财务和信息资源。物流系统的处理过程就是通过管理主体对物流活动以及这些活动所涉及的资源进行计划、执行、控制，最终高效完成物流任务的过程。物流系统输出的就是物流服务，包括组织竞争优势、时间和空间效用以及物资（原材料、在制品、制成品）向客户的有效移动。物流系统处理过程的物流活动是增值性经济活动，又是增加成本、增加环境负担的经济活动。

建立物流系统的目的主要是获得宏观和微观两方面的效益。物流系统的宏观经济效益是指一个物流系统的建立对全社会经济效益的影响。物流系统的微观经济效益是指物流系统本身在运行后所获得的企业效益。其直接表现形式是通过有效地组织"物"的流动，在提高客户服务的同时降低物流运营成本。

物流系统一般由作业系统和信息系统组成，如图2-1所示。

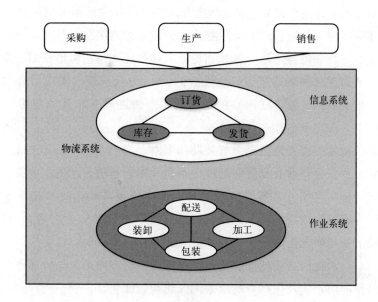

图 2-1　物流系统组成

2.1.2　智能物流系统及组成

智能物流系统是以智能交通系统（Smart Transportation System，STS）和相关信息技术为基础，在集成环境下进行物流作业信息采集、传输、分析和处理，提供高效物流运作和详尽信息服务的现代物流系统。智能物流系统一般由智能思维系统、信息传输系统和智能执行系统组成。

智能思维系统是物流系统的大脑，其中大数据是智能思维系统的资源，云计算是智能思维系统的引擎，人工智能是智能思维系统的核心。智能思维系统目前已经全面进入数字化阶段，物流企业都开始重视物流数据收集、分析与应用。目前我国智能物流的智能思维系统正在从数字化向程控化演进，未来演进方向是智能化。

信息传输系统是物流系统的神经网络，其中物联网是信息感知的起点，也是信息从物理世界向信息世界传输的末端神经网络；"互联网＋"是信息传输基础网络，是物流信息传输与处理的虚拟网络空间；信息物理系统（Cyber-Physical-Systems，CPS）反映的是虚实一体的智能物流信息传输、计算与控制的综合网络系统，是互联网＋物联网的技术集成与融合发展。在智能物流信息传输系统方面，随着物联网技术的广泛应用，以条码为基础的自动识别技术、卫星导航追踪定位技术、RFID技术、传感器技术得到普遍应用，互联网开始延伸到实体网络阶段，推动了物流业务流程的透明化。目前，物流信息传输系统正处于物联网技术逐步普及、物流末端神经网络初步形成的阶段，需要进一步向全面深化网络连接与信息融合的CPS方向演进，实现信息联网、物品联网、设备联网、计算联网、控制联网，全面进入互联互通与虚实一体的阶段。

智能执行系统是物理世界中智能物流具体运作的体现，呈现的是自动化、无人化的自主作业，核心是智能硬件设备在仓储、运输、配送、包装、装卸搬运等领域的全面应用。在智能执行系统方面，物流自动化技术获得了快速发展，配送终端的智能货柜、无人机、机器人技术开始进入应用阶段，自动驾驶卡车、地下智能物流配送系统等技术成为关注热点。目前，智能执行系统正在从机械化、自动化向智能硬件全面发展演进，演进方向是系统级和平台级的智能硬件组网应用，实现执行系统全面无人化与智能化。

2.1.3　智能物流系统的目标

智能物流系统的目标是实现物流系统的横向和纵向两个方向的集成，达到物流系统的全局最优化和效益最大化。

（1）横向集成

横向集成又称为水平集成，即企业内部各部门或智能物流系统中同级企业之间对于各日常运作系统的集成，是对同一类资源、同类型业务体系进行识别、选择、运作、协调，主要强调优势资源沿横向汇总提升，主要体现于两个层次。

一是智能物流系统的企业内部。表现为生产制造商、经营贸易商、物流服务商内部的并行工程、准时生产、准时采购和物流作业协同等，各企业通过对自身内部各部门间的业务关系进行协调，对同类资源进行协调、整合，在部门之间建立密切的工作联系。

二是智能物流系统的企业之间。表现为加盟企业在合作的基础上共享物流优势资源，形成"强强联合，优势互补"的战略联盟，构建利益共同体去参与市场竞争。按照横向集成过程中的核心要素可将横向集成划分为企业集成和组织集成两种类型，如图2-2所示。

① 企业集成。企业集成主要实现系统中同级的企业与售出产品之间、企

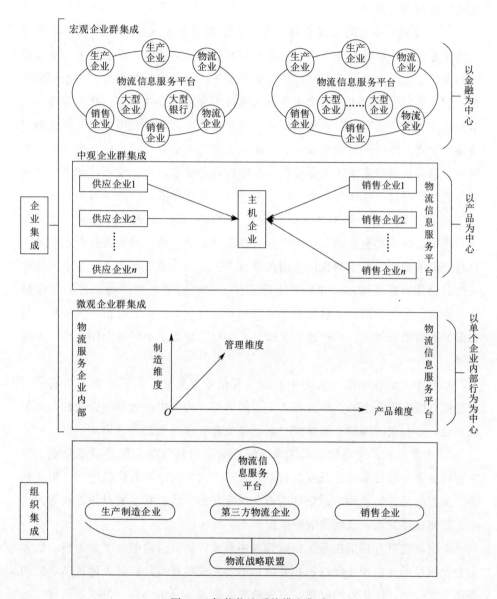

图 2-2　智能物流系统横向集成

业与企业之间的协同。对生产制造商来说，同级或同类的上游供应商或下游分销商之间的集成则属于横向企业集成；对于物流服务企业来说，具有相同业务类型、相同运输服务能力的企业之间的集成也属于横向企业集成；对于企业自身来说，其内部的业务信息在部门之间的贯通也是一种横向的企业集成。企业集成可分为三类模型。

a. 以金融为中心的宏观企业群集成。智能物流系统中的生产制造企业或物流服务企业，松耦合或紧耦合地集成在智能物流系统中，在金融上相互支援或相互统筹；在大型企业或供应链协同背景下，可在银行的支持下与银行集成在一起，形成宏观集成。宏观企业群集成的主要形式有两种：一种是围绕"大型银行＋大型企业"的企业集成形式；另一种是由"多个大型企业"形成的企业集成形式。这两种形式形成的大集团或大型物流企业之间是相互竞争而非垄断的关系，且这种竞争主要是在同行业中，竞争基本适度，属良性竞争，此种竞争有利于促进产品或服务质量的不断进步、价格降低，使消费者受益。

b. 以产品为中心的中观企业群集成。中观企业群集成是以物流信息服务平台为中心的一群企业的集成，由一大群生产制造企业、批发贸易企业和专业化物流服务企业集成于物流信息服务平台之上。在该集成形式下，企业围绕单一产品设计物流服务链，并向上下游延伸。以产品为集成中心，各企业在采购、库存、生产、销售、财务等多方面相互配合和支持，通过信息服务平台与物流服务商紧密联合，用快速、灵敏、智能化的物流活动将各个作业环节无缝衔接。

c. 以单个企业内部行为为中心的微观企业群集成。微观企业群集成是在物流信息服务平台上的以物流服务企业的内部行为为中心的单个企业的内部集成，是一个企业内部的产品维度、制造维度和管理维度之间的集成。

② 组织集成。智能物流系统的组织集成是指其与各个生产制造企业、第三方物流企业通过契约、股权参与或合资等方式共同建立的信息透明、渠道畅通、配置优化、角色特定、规则明确、风险共担、收益共享的以线上业务为核心的战略伙伴关系，或物流战略联盟。

组织集成更有利于在系统集成管理中形成以物流信息服务平台为核心的多个企业相互依存、相互促进、相互协作的物流战略联盟，能极大地提高联盟的资产重组效率，优化资源配置，有效地获取资源、利用资源、发展新资源，避免联盟内部竞争，开展协同运营，从而降低物流产业的运营成本，提高绩效。

（2）纵向集成

智能物流系统的纵向集成主要是指以平台为核心，对加盟企业的市场供应能力、生产制造计划、物流服务能力等进行平衡。

这种集成方式能够将平台的服务能力以及上游企业供应能力和意愿，反映到下游企业的需求意愿中。其目的在于保持企业间的协调同步，从而达到整体产业的高效率、高效益。从智能物流系统集成的深度和广度来看，纵向集成可分为三个级别：信息流集成、业务集成、全面的物流服务链集成。如图 2-3所示。

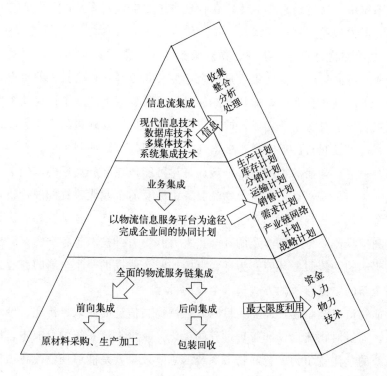

图 2-3　智能物流系统的纵向集成

① 信息流集成。物流服务链主要由商流、物流、信息流和资金流共同驱动，对于物流服务链的集成以这四部分资源作为集成源头，是必要且可行的，其中最为重要的是信息流集成。

智能物流系统信息流集成是指运用现代信息技术、数据库技术、多媒体技术、系统集成技术等，开发智能物流信息管理软件，实现整个系统各方面信息的收集、整合、分析和处理，对产品服务中各项业务进行预测和辅助决策，对中间服务环节进行实时监督和控制，降低整体管理成本，提高管理效率。

② 业务集成。智能物流系统中的业务集成主要体现为以物流信息服务平台为途径完成企业间协同计划。协同计划是物流服务链上的成员企业针对生产计划、市场需求和作业联动所采取的联合设计和执行计划，根据共享的信息所

进行的生产运营措施。协同计划主要包括生产计划、库存计划、分销计划、运输计划、销售计划、需求计划、产业链网络计划和战略计划等。

协同计划的实现方式包括同步的产品设计和试制，以及大规模定制化生产。物流信息服务平台将个性化、定制化的订单和新产品需求信息快速导入信息集成系统中，通过信息集成体现在管理系统之中，实现柔性、灵活与高效率的统一，即大规模定制的模式。

③ 全面的物流服务链集成。物流服务链纵向集成按照延伸方向主要分为前向集成和后向集成。前向集成是指企业拥有和控制它自己投入的生产，大多数出现于生产制造企业中，即从基本原材料的采购到生产加工，再从零部件的生产到组装均由自身企业完成，或由自身合资或持股或外包的企业完成；后向集成是企业可控制自己的客户，多出现于包装回收等延伸服务中。

综合来看，全面的物流服务链集成是尽可能地在部分集成的基础上结合前向集成和后向集成，真正将整个物流服务中涉及的企业优势资源进行整合，充分发挥智能物流系统的信息互通、资源共享、计划同步、技术互补的优势，最大限度利用物流服务中所涉及的资金、人力、物力、技术等各类资源，建造一个良好集成的物流服务环境，为平台上的加盟企业提供一个全新的商业运作模式，以全新的、更有效的方式追求企业的目标。

智能物流以满足客户需要为目的，强调提高信息的获取、传递、处理及利用能力，通过对物流运作和管理过程的优化，减少物流系统的总成本，提高供应链系统的整体竞争力。智能物流系统的总体效果就是能够使物流各项资源发挥最大效能，为客户提供便捷、及时、准确的服务。

2.2　智能物流系统结构

智能物流系统是基于物联网技术，在系统中实现信息收集、信息传输和智能决策的智能化的物流系统，随着用户主体和服务主体的不同，智能物流系统的功能、层次、规模、结构都将不同，难以用简单的系统结构图加以统一描述。

根据传统物流系统的动态要素构成，将智能物流系统分解成智能物流信息子系统、智能运输子系统、智能仓储子系统、智能配送子系统、智能流通加工子系统、智能包装子系统和智能装卸搬运子系统等七大系统，如图 2-4 所示。

七大系统并不是各自独立运行的,系统间相互交融、相互协调、相互配合,实现采购、入库、出库、调拨、装配、运输等环节的精确管理,完成各作业环节间的完美衔接。

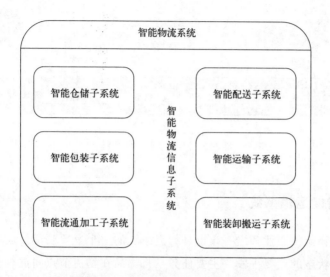

图 2-4 智能物流系统的构成

2.2.1 智能物流信息系统

智能物流信息系统是智能物流系统的主要组成部分,它的功能贯穿于物流各子系统业务活动之中,或者说是物流信息系统支持着物流各项业务活动。它不仅将运输、储存、包装、配送等物流活动联系起来,而且还能对所获取的信息和知识加以处理和利用,进而优化和决策。因此智能物流信息系统不等同于一般的信息系统,它是整个大系统的具有智能意义的神经系统,决定着智能物流系统的成败。

智能物流信息系统的构成如图 2-5 所示,智能物流信息系统依靠 RFID 技术、条码技术等获得产业信息及物流各作业环节的信息(信息采集),通过计算网络完成信息传输及发布(信息传递),运用专家系统、人工智能等处理信息并给出最佳实施方案。同时,利用产品追踪子系统还可以对产品从生产到消费的全过程进行监控,从源头开始对供应链各个节点的信息进行控制,为供应链各环节信息的溯源提供服务。

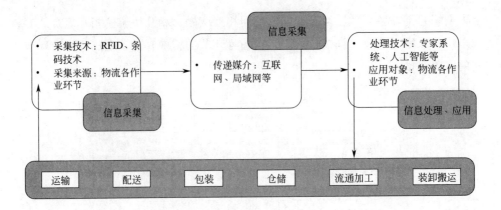

图 2-5　智能物流信息系统

2.2.2　智能运输系统

运输是物流核心业务之一，也是物流系统的一个重要功能。运输服务是改变物品空间状态的主要手段，主要任务是将物品在物流节点间进行长距离的空间移动，从而为物流创造场所效用，通常有铁路运输、公路运输、航空运输、水路运输和管道运输 5 种运输服务方式。智能物流系统的运输服务功能是在现代综合运输体系的基础上实现的，智能交通技术是完成运输服务的主要手段。智能运输系统的目标是降低货物运输成本，缩短货物送达时间。其核心是集成各种运输方式，应用移动信息技术、车辆定位技术、车辆识别技术及通信与网络技术等高新技术，建立一个高效运输系统。

智能运输系统按功能要求可划分为以下几个模块：先进的交通信息服务子系统、先进的交通管理子系统、先进的公共交通子系统、先进的车辆控制子系统、货运管理子系统、电子收费子系统和紧急救援管理子系统等。区别于传统运输，智能运输系统通过在运输工具和货物上安装追踪识别装置，依靠先进的交通信息系统，可以实时采集车辆位置及货物状态信息，向客户提供车辆预计到达时间，为物流中心的配送计划、仓库存货战略的确定提供依据。智能运输系统运行示意图，如图 2-6 所示。

2.2.3　智能仓储系统

仓储包括对进入物流系统的货物进行堆存、管理、保管、保养、维护等一系列活动。随着经济的发展，物流由少品种、大批量物流时代进入到多品种、小批量或多批次、小批次物流时代，如今的仓储作业已十分复杂化、多样化，如果像传统作业那样靠人工记忆和手工录入，不但费时费力，而且容易出错。在智能仓储系统中应用 RFID 等自动识别技术，实现商品登记、扫描与监控的自动化，可以增强作业的准确性和快捷性，节省劳动力和库存空间，并且显著减少由于商品误置、送错、偷窃、损害和库存记录错误所造成的损耗。

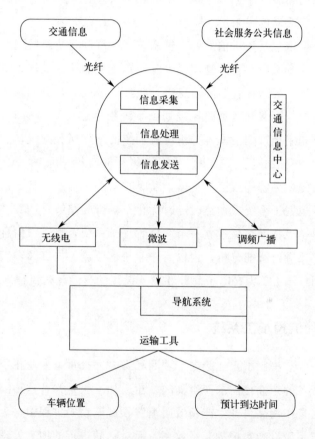

图 2-6 智能运输系统运行示意图

智能仓储系统由智能仓储信息子系统、仓储管理子系统等组成，其中仓储管理子系统包括进货管理、出货管理、库存管理和存储费用管理等功能模块。该系统可以实现自动精确地获得产品信息和仓储信息；自动形成并打印入库清单和出库清单；动态分配货位，实现随机存储；产品库存数量、库存位置、库存时间和货位信息查询；随机抽查盘点和综合盘点；汇总和统计各类库存信息，输出各类统计报表。

2.2.4 智能配送系统

配送服务是按照用户的订货要求及时间计划，在物流节点进行理货、配货工作，并将配备好的货物送交收货人的物流服务活动，可以看作是运输服务的延伸，但它和运输服务不同，它是短距离、小批量、多品种、高频率的货物运输服务，是物流活动的最末端。

智能配送系统包括配送信息处理子系统、配载和送货路径规划子系统、配送车辆智能追踪子系统、客户管理子系统。首先配送信息处理子系统将"取货信息、送货信息、配送信息"等信息进行收集、整理后，分发到配载和送货路径规划子系统中；配载和送货路径规划子系统根据运送货物的地理位置分布，应用地理编码和路径规划技术，分析出每辆车的最佳行驶路线，然后根据行驶路线来规划货物配载；通过 GPRS 系统将移动的车辆信息纳入信息网，并将该系统与地面信息系统构成一个整体，及时收集路面信息、行驶信息，帮助配载和送货路径规划子系统根据路况随时优化车辆行驶路线；本着"以顾客为中心"的原则，还应在配送后建立一个客户管理子系统，将客户信息及配送信息纳入数据库，并进行智能分析，为以后作业流程改进、提高顾客满意度和系统优化提供帮助。图 2-7 为在电子商务环境下设计的智能配送流程。

2.2.5 智能流通加工系统

规模经济效益决定了企业趋向于"商品少、大批量、专业化"的大生产模式，而与消费者的个性化需求产生隔阂，流通加工正是弥补这种隔阂的有效手段。流通加工是在物品离开生产领域向消费领域流动的过程中，为了促进产品销售、维护产品质量和实现物流高效率，而对物品进行的加工处理，使物品发生物理或化学变化。流通加工的内容有装袋、定量化小包装、挂牌子、贴标签、配货、挑选和刷标记等。

这种在流通过程中对商品进一步的辅助性加工，可以给批量化生产的同一产品装饰不同的包装，还可以根据市场特征对产品进行组装（如为打印机组装符合不同电压标准的变压器），满足不同用户的需求，更好地衔接生产的需求环节，使流通过程更加合理化，是物流活动中的一项增值服务。

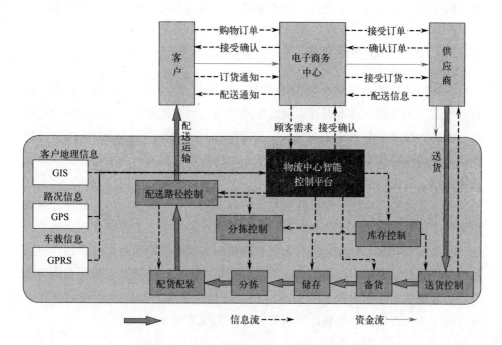

图 2-7 电子商务环境下的智能配送流程

智能流通加工系统利用物联网技术和设备监控技术加强对加工过程的信息管理和服务创新，即时正确地采集生产线数据，实时掌握加工流程，提高加工过程的可控制性，减少生产线上的人工干预，并合理制订加工计划和进度。

2.2.6 智能包装系统

包装服务是物品在搬运、运输、配送以及仓储等服务活动过程中，为保持一定的价值及状态而采用合适的材料或容器来保护物品所进行的工作总称。通常包括商业包装服务（销售包装、小包装）和工业包装服务（运输包装、大包装）两种。

智能包装系统主要应用信息型智能包装技术，通过在包装上加贴标签，如条形码、RFID 标签等，一方面利用化学、微生物和动力学的方法，记录在仓储、运输、销售期间，商品因周围环境影响引起的质量改变，监控产品质量；另一方面可管理被包装物的生产信息和销售分布信息，提高产品的可追溯性。这样顾客能够掌握商品的使用性能及其流动过程，而生产商可以根据销售信息

31

掌握市场动态，及时调整生产、库存策略，缩短整个供应链周期，节约成本。

2.2.7 智能装卸搬运系统

装卸搬运是随运输和仓储而产生的必要物流活动，是对运输、仓储、包装、流通加工等物流活动进行衔接的中间环节，也包括在仓储作业中为进行检验、维护、保养所进行的装卸活动，如货物的装上卸下、移送、拣选、分拣等。在物流活动的全过程中，装卸搬运是出现频率最高的一项活动，也是造成货物破损、散失、损耗的主要环节。

智能装卸搬运系统会将装卸货物、存储上架、拆垛补货、单件分拣、集成化物品等任务信息收集并传递到智能决策子系统，决策子系统将任务分解成人员、物品需求计划，合理选择与配置装卸搬运方式和装卸搬运机械设备，尽可能减少装卸搬运次数，以节约物流费用，获得较好的经济效益。根据系统功能要求，智能装卸搬运系统主要由输送机、智能穿梭车、智能装卸搬运信息系统、通信系统、控制系统和计算机管理监控系统等部分组成。

第 3 章

智能物流技术

3.1 智能物流技术架构

智能物流是基于物联网技术在物流业的应用而提出的。物联网技术架构一般分为感知层、网络层和应用层三个层次。感知层负责信息的采集和初步处理;网络层负责信息的可靠传输;应用层负责数据的统计分析与应用。从智能物流领域应用的角度来看,智能物流的技术架构遵循物联网的三层技术架构,如图 3-1 所示。

3.1.1 智能物流感知层

感知层是智能物流系统实现对货物、运行环境、物流设施设备感知的基础,是智能物流的起点。具体而言,又可划分为物流识别、追溯感知层,物流定位、跟踪感知层和物流监控、控制感知层三个层次。

物流识别、追溯感知层主要解决货物信息的数字化管理问题。传统方式下多采用单据、凭证等为载体,手工记录、电话沟通、人工计算、邮寄或传真等方法,对物流信息进行采集、记录、处理、传递和反馈,极易出现差错、信息滞后,使得管理者对物资在流动过程中的各个环节难以统筹协调,不能系统控制,更无法实现系统优化和实时控制,从而造成效率低下和人力、运力、资金、场地的大量浪费。智能物流环境下,借助条码、RFID、区块链等技术可以快速对货物进行识别和追溯。

物流定位、跟踪感知层主要解决货物运输过程的透明化问题。现代物流对货物的位置感知需求越来越迫切,只有知道了货物的确切位置才能进行更加有

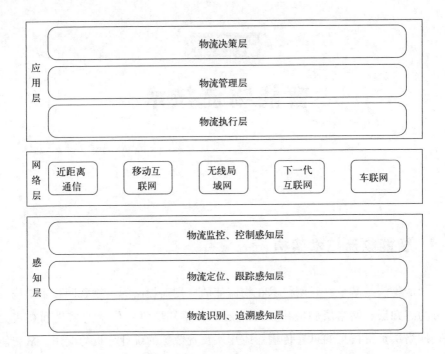

图 3-1 智能物流的技术架构图

效的物流调度。目前,定位感知技术根据定位需求和应用场景,划分为室外定位和室内定位。全球定位系统(Global Positioning System,GPS),是室外定位技术的典型代表,已经在物流领域得到了有效应用。我国目前也在积极发展自己的卫星定位系统,随着北斗二代卫星的不断升空,北斗定位的精度也在不断提高,应用的领域也在不断拓宽,必将成为我国物流室外定位首选技术。室内定位技术是指以 Wi-Fi 无线定位系统为代表的无线定位技术,卫星定位技术由于受建筑物对其信号的干扰甚至阻断,无法对室内物品进行准确定位,因此,Wi-Fi 室内定位、超宽带(Ultra Wide Band,UWB)室内定位、RFID 定位等室内定位技术已经成为目前弥补卫星定位技术功能缺陷的有效手段。几种定位技术的对比分析如表 3-1 所示。

表 3-1 定位技术对比分析

项目	卫星定位	RFID 精确定位	Wi-Fi RTLS	Wi-Fi RFID	UWB
抗干扰/阻挡能力	强	标签必须封装	强	强	强
通信频率/GHz	卫星信号	有线通信	2.4 802.11	2.4 802.15.4a	2.4 802.15.4a

项目	卫星定位	RFID精确定位	Wi-Fi RTLS	Wi-Fi RFID	UWB
定位精度/m	15	3～5	3～5 与无线访问节点（AP） 密度有关	1～3	0.6
测量距离/m	无限	0.8	200	5～60	5～60
定位时长/s	3～10	<1	1	1	1
覆盖范围	室外、全球	局部	局部	局部	局部

物流监控、控制感知层为智能物流过程中的安全提供了有效的支撑手段，是物流监控信息化的重要组成部分，通过获取物流过程的实时视频、实时数据交换，及时、有效地采集信息，并通过与物流视频监控、报警设备有机结合，实时掌握物流环节的运营环节，分析物流过程状况，及时发现问题、解决问题，从而实现对物流过程的无缝监管。

3.1.2　智能物流网络层

智能物流网络层是智能物流的神经网络，连接着感知层和应用层，其功能为"传送"，即通过通信网络进行信息传输。通信层由各种私有网络、互联网、有线和无线通信网等组成，负责将感知层获取的信息安全可靠地传输到应用层，然后根据不同的应用需求进行信息处理。

智能物流网络层包含传输网和接入网，分别实现传输功能和接入功能。传输网由公网与专网组成，典型传输网络包括电信网（固网、移动通信网）、广电网、互联网、专用网（数字集群）。接入网包括光纤接入、无线接入、以太网接入、卫星接入等各类接入方式，实现底层的传感器网络、RFID网络最后一公里的接入。

在智能物流作业过程中，既有大范围的物流运输与调度，也有以仓储系统与拣选系统为主的智能物流中心的物流系统作业与运筹。面对复杂的、流动的"物"，要实现在"物流"过程中的联网，智能物流的网络层基本上综合了已有的全部网络形式，来构建更加广泛的"互联"。每种网络都有自己的特点和应用场景，互相组合才能发挥出最大的作用，因此在实际应用中，信息往往经由任何一种网络或几种网络组合的形式进行传输。

同时，随着智能物流的不断发展，网络层承担着巨大的数据量，并且面临更高的服务质量要求，因此还需要对现有网络进行融合和扩展，利用新技术以实现更加广泛和高效的互联功能。目前，在智能物流中使用比较广泛的通信和网络技术主要有 5G 移动通信网络、IPv6、车联网、Wi-Fi 和 WiMAX、蓝牙、ZigBee 等。

3.1.3　智能物流应用层

应用层是智能物流的应用系统，借助物联网感知技术，感知到前端的物流运行状态，在应用层执行物流操作或产生决策指令。根据物流作业层次，应用层可划分为决策层、管理层和执行层三个层次。

决策层面向物流高层决策人员，主要是以物流系统为应用背景，对物流系统进行智能化整合，为物流决策者提供有力支持。

管理层由物流管理信息系统组成，主要是针对具体的物流活动进行管理和控制，如仓储管理系统、分拣管理系统、运输管理系统等，管理层具有承上启下的作用。该层通过应用流程集成平台与上层决策管理系统进行集成，通过数据集成平台与各种物流设备控制器进行数据交换，从而对具体的物流活动进行管理和控制。

执行层由物流执行系统组成，主要是通过传输层与物流感知设备进行数据接收和控制。该层通过数据集成平台接收来自物流管理层的调度控制指令，并及时反馈物流设备的指令执行情况和设备故障信息；在物流设备支持下，通过控制总线连接各种物流设备控制器，提供与物流设备集成的基础界面。一些物流设备可以通过专有的或标准的设备总线同设备控制器进行连接。

综合来看，智能物流过程中常用的智能技术有智能分析与控制技术、云计算技术、移动计算技术和数据挖掘技术等。

3.2　智能物流感知与识别技术

智能物流领域常用的感知技术主要包括条码技术、RFID 技术、传感技术、卫星定位技术、视频识别与监控技术和智能嵌入式技术等。

3.2.1　条码技术

条码技术是自动识别与数据采集技术最典型和最普及的应用技术之一。它是为实现对信息的自动扫描而设计的，它是实现快速、准确而可靠地采集数据的有效手段。条码技术的应用解决了数据录入和数据采集的瓶颈问题，为物流管理提供了有力的技术支持。条码是一种信息代码，用特殊的图形来表示数字、字母信息和某些符号，由一组宽度不同、反射率不同的条和空按规定的编码规则组合起来，用以表示一组数据。每一组完整的条码由下列几部分组成。

① 起始符。这是一组特定的条码，一般位于完整条码的头部。阅读时，首先扫过起始符，表示该组条码开始读入。起始符可以避免连续阅读时几组条码互相混淆，或由于阅读不当丢失前面的条码。

② 终止符。它与起始符作用类似，是条码终止的标志。

③ 数据（信息）符。紧接着起始符的是数据符，它用来表示一定的数据。这是条码的核心，是所要传递的主要信息。

④ 校验位。数据符之后是校验位。它通过对数据符的一种算术运算，对所译出的条码进行校验，以确认所阅读信息的正确性。

⑤ 头、尾空白区。为了保证条码扫描器的光束到达第一个条纹之前能够达到较稳定的速度，黑白相间条纹的头部与尾部画有一空白区域是必要的。条码一般可以双向阅读，因此，尾部空白区的作用与头部空白区相同。

常见的条码有一维条码和二维条码。

一维条码是由一组规则排列的条、空以及对应的字符组成的标记，"条"指对光线反射率较低的部分，"空"指对光线反射率较高的部分，这些条、空组成的数据表达一定的信息，并能够用特定的设备识读，转换成与计算机兼容的二进制和十进制信息。

随着现代高新技术的发展，要求条码技术做到在有限的几何空间内表示更多的信息，从而满足千变万化的信息需求。其中二维条码就是一种充分利用一维条码在垂直方向上的冗余，向二维方向扩展而形成的新的条码。二维条码用某种特定的按一定规律在平面（二维方向）上分布的条、空相间的图形来记录数据符号信息，它具有条码技术的共性，即每种码制有其特定字符集，每个字符占有一定的宽度，具有一定的校验功能等。二维条码分为层排式二维条码（Stacked bar code）和矩阵式二维条码（Dot matrix bar code）两大类型。

条码起源于 20 世纪 40 年代，应用于 70 年代，普及于 80 年代。条码技术是在计算机应用和实践中产生并发展起来的，广泛应用于商业、邮政、图书管理、仓储、工业生产过程控制、交通等领域的一种自动识别技术，具有输入速度快、准确度高、成本低、可靠性强等优点，在当今的自动识别技术中占有重要的地位。条码技术的主要特点是快速、准确、成本低，可靠性高，误码率小，首读率可达98％，并且适应性强，应用领域广，推广普及方便。条码技术打破了计算机应用中数据信息采集的"瓶颈"，提高了数据信息获取和传输的速度及准确性，是信息管理系统和管理自动化系统的基础。条码技术有机地联系了各行各业的信息系统，使信息流可以同步于实物流，有效地提高了供应链管理的效率，是实现电子商务、物流管理现代化等的必要前提。

目前条码自动识别技术已被广泛应用于物流领域，物流条码已被人们广泛使用。如生产企业内部物流通常采用条码进行管理，运输企业也通常使用条码自动识别技术进行车辆调度，仓储、装卸、搬运、包装、加工、配送等环节都在广泛使用条码识别系统，组织形成物流节点信息。在物流领域，条码技术就像一条纽带，把产品生命周期各阶段产生的信息连接在一起，可跟踪产品从生产到销售的全过程。通过手持式条码终端，可以实现数据采集、数据传送、数据删除和系统管理等功能。其主要应用领域有：仓储及配送中心中的应用，包括商品的入库验收、出库发货和库存盘点等；商品卖场中的应用，包括自动补充订货、到货确认和盘点管理等。

3.2.2 RFID 技术

RFID技术是利用射频信号及空间耦合和传输特性进行的非接触双向通信，实现对静止或移动物体的自动识别，并进行数据交换的一项自动识别技术。RFID技术是从20世纪90年代开始兴起并应用于物品跟踪等民用领域的。RFID是非接触式的自动识别技术，RFID具有不受环境限制、使用寿命长、识读距离远、识读速度快、可读写性好、可实现多目标识别与运动目标识别等优点。随着RFID技术的不断进步和成本的不断降低，RFID技术开始进入物流、供应链管理领域。目前，RFID在汽车/火车等交通监控、高速公路自动收费系统、仓储管理、安全检查、车辆防盗等方面得到广泛应用。

RFID系统的数据存储在射频标签中，其能量供应以及读写器之间的数据交换不是通过电流而是通过磁场或电磁场进行的。RFID系统通常由电子标签和读写器等组成。电子标签内存有一定格式的标识物体信息的数据。该技术能够轻易嵌入或附着于物体，并对所附着的物体进行追踪定位；读取距离远，存取数据时间短；标签的数据存取有密码保护，安全性更高。RFID目前有很多频段，集中在13.56MHz频段；而900MHz频段多用于远距离识别，如车辆管理、产品防伪等领域。射频读写器与电子标签可按通信协议互传信息，即读写器向电子标签发送命令，电子标签根据命令将内在的标识性数据回传给射频读写器。最后射频读写器通过天线向计算机系统发送射频信号，由计算机接收信号进行信息处理。

RFID 可以用来追踪和管理几乎所有物理对象。采用 RFID 最大的好处是可以对物流进行高效管理，以有效降低成本。因此对于物流管理应用而言，RFID 技术是一项非常适合的技术。

产品电子代码（Electronic Product Code，EPC）产品电子码及 EPC 系统的出现，使 RFID 技术向跨区域、跨国界物品识别与跟踪领域的应用迈出了划时代的一步。EPC 与 RFID 之间既有共同点，也有不同之处。从技术上来讲，EPC 系统包括物品编码技术、RFID 技术、无线通信技术、互联网技术等多种技术，而 RFID 技术只是 EPC 系统的一部分，主要用于 EPC 系统数据存储与数据读写，是实现系统其他技术的必要条件；对 RFID 技术来说，EPC 系统应用只是 RFID 技术的应用领域之一，EPC 的应用特点，决定了射频标签的价格必须降低到市场可以接受的程度，而且某些标签必须具备一些特殊的功能（如保密功能等）。所以，并不是所有的 RFID 射频标签都适合做 EPC 射频标签，只有符合特定频段的低成本 RFID 射频标签才能应用到 EPC 系统。

RFID 技术与互联网、通信等技术相结合，可实现全球范围内物品跟踪与信息共享。但其技术发展过程中也遇到了一些问题，主要是芯片成本，其它的如 RFID 反碰撞防冲突、工作频率的选择及安全隐私等问题，都在一定程度上制约了该技术的发展。

智能物流可以通过 RFID 技术实现物资从仓储到使用者的全程管理。任何商品在生产后，都存在着商品的自身信息，这些信息可以以条码和 RFID 电子标签的方式存储。在商品的流通过程中，可以通过扫描枪或 RFID 读卡器等方式读取这些信息，通过商品流通中的信息的获取，可以完全跟踪物资的位置，直接使物资流通到最终使用者手中。

很多人认为 RFID 技术主要存在三个方面的问题：一是成本相对较高，二是隐私问题，三是安全问题。此外，还有人担心会受到电磁波的辐射。但随着 RFID 技术的不断成熟及其使用成本日益降低，它必将代替条码技术，真正让万物都具有唯一的身份标识，让万物真正可以联网，使现代物流真正成为智能物流。

3.2.3 传感技术与传感网

（1）传感器技术

传感器是人类五官的延伸，又被称为"电五官"。传感器是获取信息的主要途径与手段。在工业领域和国防领域，高度自动化装置、控制系统、工厂和设备都离不开传感器。从工业自动化中的柔性制造系统、计算机集成制造系统、几十万千瓦的大型发电机组、连续生产的轧钢生产线、无人驾驶汽车、多功能武器指挥系统，直至宇宙飞船或星际、海洋探测器等，无不装置着数以千计的传感器。传感器昼夜发出各种各样的工况参数，以达到监控运行的目的，成为运行精度、生产速度、产品质量和设备安全的重要保障。

根据输入量类型，传感器分为物理传感器和化学传感器两类。按传感器用途分类，可分为压敏传感器、位置传感器、液面传感器、能耗传感器、速度传感器、热敏传感器、加速度传感器、射线辐射传感器、振动传感器、湿敏传感器、磁敏传感器、气敏传感器、真空度传感器、生物传感器和视频传感器等。现在使用的传感器一般是无线传感器，如图 3-2 所示。和传统传感器不同，无线传感器节点不仅包括了传感器部件，还集成了微型处理器和无线通信芯片等，能够对感知的信息进行分析处理和网络传输。

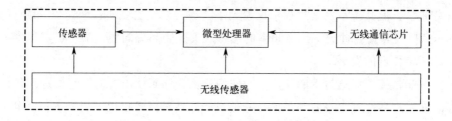

图 3-2　无线传感器节点构成

传感器技术是智能物流发展的基础技术之一，是实现智能化管理的关键。如今，传感器技术已经在物流的各个环节实现广泛应用。就仓储作业来说，自动化仓储系统应用正不断增加，而其依靠的核心技术之一便是传感器技术；除此之外，传感器技术在输送分拣环节的应用更是不可或缺，例如，采用光电传感技术或者光幕传感技术对输送线上的物品扫描进行信息读取、检测及复核已得到了广泛应用。

（2）无线传感网

无线传感网是基于无线通信、数字电子学、微机电系统等的综合技术。无线传感网由大量分布的无线传感器节点组成。节点装有嵌入式传感器，彼此间互相合作，其位置不必预先确定，协议和算法支持自组织。无线传感网的关键技术首先是功能部件，包括处理单元、电源、通信单元。其次是核心问题的解决方案，包括能源及其管理、定位、仿真等。无线传感网的结构包括应用层、传输层、网络层、数据链路层、物理层。应用层是根据任务构建的应用软件；传输层维护数据流；网络层关注数据路由；数据链路层的 MAC 协议用于了解能量消耗，并减小与邻节点广播的冲突；物理层包括简单可靠的调制、发射、接收技术。

无线传感网的通信系统可以按照功能划分为能量管理平面、移动管理平面、任务管理平面三个平面。能量管理平面管理节点如何利用能量，如节点收到消息后可断开接收器。当节点能量较低时，节点对邻节点广播，报告不能路由信息。剩余能量保留作传感用。移动管理平面监测和注册节点的移动，维持到用户的路由，节点可跟踪它的邻节点。任务管理平面平衡和调度在给定区域的传感任务，根据能量水平决定哪些节点执行传感任务。

物流领域是无线传感网技术发展最快的应用领域。在智能物流系统中，无线传感网技术已经在仓储管理、仓库安防、库存管理和运输监控等领域得到广泛应用。例如，大粒度商品物流管理、集装箱和集卡车的智能化管理、封闭仓库中的货物定位等。

3.2.4　跟踪定位技术

跟踪定位技术是对物品进行准确定位并实现对其位置状况进行监控的技术。随着科技的进步，现代物流对定位服务的要求越来越高。提到定位技术，我们首先想到的是卫星定位技术，这种技术在户外环境的定位中得到应用。然而，由于混凝土等障碍物对电磁波的阻挡，它在室内环境中完全失效。随着无线通信技术的发展，新兴的无线定位技术逐渐填补了这一空白。

（1）卫星定位技术

卫星定位是指利用卫星和接收机的双向通信来确定接收机的位置，可以实现全球范围内实时为用户提供准确的位置坐标及相关的属性特征。卫星定位的基本原理是：围绕地球运转的人造卫星连续向地球表面发射经过编码调制的连续波无线电信号，编码中载有卫星信号准确的发射信号，以及不同时间卫星在空间的准确位置（星历）。载于海陆空各类运载体上的卫星导航接收机在接收到卫星发出的无线电信号后，如果它们有与卫星钟准确同步的时钟，便能测量出信号的到达时间，从而能算出信号在空间的传播时间。再用这个传播时间乘以信号在空间的传播速度，便能求出接收机与卫星之间的距离。

全球卫星导航系统国际委员会公布的全球 4 大卫星导航系统供应商，包括中国的北斗卫星导航系统（BeiDou Navigation Satellite System，BDS）、美国的全球定位系统（GPS），俄罗斯的格洛纳斯卫星导航系统（GLONASS）和欧盟的伽利略卫星导航系统（GALILEO）等。美国的 GPS 是卫星定位技术的典型代表，是美国继阿波罗登月计划、航天飞机之后的第三大航天工程，是一种全球性、全天候、连续的卫星无线电导航系统，可提供实时的三维位置、三维速度和高精度的时间信息。

我国于 1994 年启动了北斗卫星导航试验系统的建设，在 2000 年形成了区域有源定位服务能力；2004 年启动了北斗卫星导航系统建设，在 2012 年形成了区域无源定位服务能力；截至 2018 年年底，北斗三号基本系统建成并提供全球服务，包括"一带一路"国家和地区在内的世界各地均可享受到北斗系统服务；在 2020 年，北斗卫星导航系统已经具备全球无源定位服务能力。

卫星定位技术特性能够与物流特性有机结合，并有效实现 4 个方面的物流功能：物流实时监控、双向通信功能、动态调度功能、数据存储和分析功能。

（2）红外线室内定位技术

红外线室内定位技术的定位原理是：红外线（Infrared Ray，IR）标识发射调制的红外线，通过安装在室内的光学传感器接收后对携带标识的物体进行定位。虽然红外线具有相对较高的室内定位精度，但是由于光线不能穿过障碍物，使红外线仅能视距传播，直线视距和传输距离较短这两大主要缺点使其室内定位的效果很差。当标识放在口袋里或者有墙壁或其他遮挡时就不能正常工作，需要在每个房间、走廊安装接收天线，造价高。因此，红外线只适合短距离传播，而且容易被荧光灯或者房间内的灯光干扰，在精确定位上有局限性。

（3）超声波定位技术

超声波定位技术主要采用反射式测距法，通过三角定位等算法确定物体的位置，即发射超声波并接收由被测物产生的回波，根据回波与发射波的时间差计算出待测距离。超声波定位系统可由若干个应答器和一个主测距器组成，主测距器放置在被测物体上，在微机指令信号的作用下向位置固定的应答器发射同频率的无线电信号，应答器收到无线电信号后同时向主测距器发射超声波信号，得到主测距器与各个应答器之间的距离。当同时有 3 个或 3 个以上不在同一直线上的应答器做出回应时，可以根据相关计算确定出被测物体所在的二维坐标下的位置。超声波定位整体定位精度较高，结构简单，但超声波受多径效应和非视距传输影响很大，同时需要大量的底层硬件设施投资，成本很高。

（4）RFID 定位技术

RFID 定位技术利用射频方式进行非接触式双向通信交换数据以达到识别和定位目的。这种技术作用距离短，一般最长为几十米，但它可在几毫秒内得到厘米级定位精度的信息，且传输范围很大，成本较低。同时由于其非接触和非视距等优点，可望成为优选的室内定位技术。RFID 标识的体积比较小，造价比较低，但是作用距离近，不具有通信能力，而且不便于整合到其他系统中。

（5）超宽带定位技术

超宽带定位技术是种全新的、与传统通信技术有极大差异的通信新技术。它不需要使用传统通信体制中的载波，而是通过发送和接收纳秒或微秒级以下的极窄脉冲来传输数据，从而具有 GHz 量级的带宽。目前，包括美国、日本、加拿大等在内的国家都在研究这项技术，其在无线室内定位领域具有良好的前景。

超宽带系统与传统的窄宽带系统相比，具有穿透能力强、功耗低、抗干扰效果好、安全性高、系统复杂度低、能提供精确定位精度等优点。因此，超宽带定位技术可以用于室内静止或者移动物体及人的定位跟踪与导航，且能提供十分精确的定位精度。

（6）Wi-Fi 定位技术

无线局域网络（WLAN）是一种全新的信息获取平台，可以在广泛的应用领域内实现复杂的大范围定位、监测和追踪任务，而网络节点自身定位是大多数应用的基础和前提。当前比较流行的 Wi-Fi 定位是基于无线局域网络系列标准的 IEEE 802.11 的一种定位解决方案。该系统采用经验测试和信号传播模型相结合的方式，易于安装，需要的基站很少，能采用相同的底层无线网络结构，系统总精度高。

不管是卫星定位技术，还是利用无线传感网或其他定位手段进行的定位都有其局限性。未来室内定位技术的趋势是将卫星定位技术与无线定位技术相结合，发挥各自的优点，既可以提供较好的精度和响应速度，又可以覆盖较广的范围，实现无缝、精确定位。

3.2.5　区块链技术

区块链，就是一个又一个区块组成的链条。每一个区块中保存了一定的信息，它们按照各自产生的时间顺序连接成链条。这个链条被保存在所有的服务器中，只要整个系统中有一台服务器可以工作，整条区块链就是安全的。这些服务器在区块链系统中被称为节点，它们为整个区块链系统提供存储空间和算力支持。如果要修改区块链中的信息，必须征得半数以上节点的同意并修改所有节点中的信息，而这些节点通常掌握在不同的主体手中，因此篡改区块链中的信息是一件极其困难的事。相比于传统的网络，区块链具有两大核心特点：一是数据难以篡改，二是去中心化。基于这两个特点，区块链所记录的信息更加真实可靠，可以帮助解决人们互不信任的问题。

从本质上讲，区块链是一个共享数据库，存储于其中的数据或信息，具有不可伪造、全程留痕、可以追溯、公开透明和集体维护等特征。基于这些特征，区块链技术奠定了坚实的"信任"基础，创造了可靠的"合作"机制。区块链技术得到了普遍认可。目前，金融、医疗、公证、通信、供应链等多个领域都开始意识到区块链的重要价值，并尝试开发相应的落地应用。

区块链技术在物流领域的应用也越来越广泛。在物流过程中，利用数字签名和公、私钥加解密机制，可杜绝快递员通过伪造签名来逃避考核的行为，防止货物的冒领，可充分保证信息安全以及寄、收件人的隐私。利用区域链不可篡改、数据可完整追溯以及时间戳功能，可有效解决物品的溯源防伪问题，可用于食品、药品、艺术品、收藏品、奢侈品等的溯源防伪。在供应链管理方面，区块链作为一种分布式账本技术，能够将传统供应链上原料采购、生产加工、仓储物流、分销零售等独立节点有效连接，形成完整的链条，促进供应链健康发展。

3.3　智能物流通信与网络技术

智能物流感知技术实现了信息的自动采集，要实现信息的互联互通就需要通信与网络技术。如果说感知识别技术是人体五官，那么通信与网络技术就是人体的神经，将这些信息及时地反馈和传递，为做出正确的决策提供快速的通信路径。

3.3.1　近距离通信

随着信息技术的发展，人们对网络通信的要求不断提高，传统数字化设备的有线连接已不能满足需求，发展无线通信技术，将人们从有线连接的束缚中解放出来，已经成为一种必然趋势。诸多新技术得到了广泛的应用，如红外线数据通信 IrDA、蓝牙、Wi-Fi（IEEE 802.11）、无线城域网 WiMax、超宽带通信 UWB、近场通信 NFC、无线 RFID、短距离无线技术 ZigBee 等。

由于近距离无线通信的应用非常多样化，且要求各不相同，所以，多种标准和技术并存现象会长期存在。例如，需要宽带传输的视频、高速数据可以采用 UWB 技术；对速率要求不高的，但对功耗、成本等有较高要求的无线传感网可以采用 ZigBee、Z-Wave 及与其相似的技术；对于非常近距离的标签无线识别应用，则可采用 NFC、RFID 等技术。

从使用的频率上来看，多数近距离无线通信使用的是 ISM（工业、科学、医疗）频段，在限制功率的前提下，对频率的使用不需要特别的许可。遗憾的是，除了 2.4GHz 这个频段以外，其他频段各国的规定各不相同，因此，有些标准会给出多个频段，UWB 和 NFC、RFI 使用频段的情况有所不同：前者由于近似白噪声通信，平均功率密度很低，使用高频率（如 0.6～3.1GHz）的频段和非常宽的带宽（4～7GHz）；后二者由于通信距离非常短，发射功率极低，所以使用的频段限制相对较为宽泛。例如，RFID 就有使用低频（15kHz、134kHz）、高频（13MHz）、超高频（868～956MHz）和微波（2.4GHz）等不同频率的产品。

（1）ZigBee 通信技术

ZigBee，也称紫蜂，是一种低速短距离传输的无线网络协议，其底层是采用 IEEE 802.15.4 标准规范的媒体访问层与物理层。ZigBee 的主要特色有低速、低耗电、低成本、支持大量网上节点、支持多种网上拓扑、低复杂度、快速、可靠、安全。ZigBee 的工作频段有 3 个，分别是 868MHz、915MHz 和 2.4GHz。868MHz 频段主要用于欧洲，有一个信道，传输速率为 20kbps；915MHz（902~928MHz）频段用于美国，有 10 个信道，每信道传输速率为 40kbps；2.4GHz 有 40 个信道，每个信道传输速率可达 250kbps。

ZigBee 网络的拓扑结构主要有 3 种类型：星形网络结构、网状结构和簇形结构。图 3-3 中所示为混搭型网络结构。从网络配置上，ZigBee 网络中的节点可以分为 3 种类型：ZigBee 协作节点、ZigBee 路由节点和 ZigBee 终端节点。一个 ZigBee 网络中只有一个 ZigBee 协作节点，主要负责发起建立新的网络、设定网络参数、发送网络信标、管理网络中的节点以及存储网络中节点信息等。ZigBee 路由节点可以参与路由发现、进行消息转发、允许其他节点通过它来扩展网络的覆盖范围等。ZigBee 终端节点通过 ZigBee 协作节点或者 ZigBee 路由节点连接到网络，但不允许其他任何节点通过它加入网络。

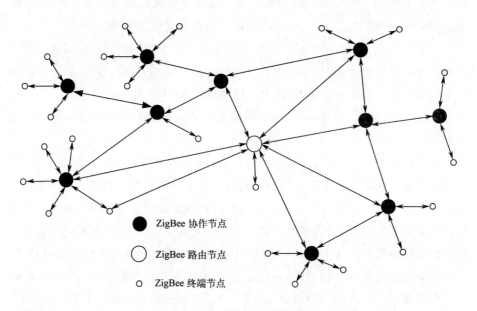

图 3-3　ZigBee 的混搭型网络结构

ZigBee 可以广泛应用于各种传感器网络和监控系统，近几年来发展十分迅速。已经生产的芯片主要是集成无线收发器和用于协议栈的应用处理的微处理器片上系统（SoC）。芯片成本较低，目前为 2~3 美元/个，据称可达到 1

美元/个以下。

　　ZigBee 的一个有力竞争对手是 Z-Wave，由丹麦 Zensys 公司开发，后来成立的 Z-Wave 联盟，在 2007 年以后得到了 Microsoft、Cisco 等 IT 企业的支持。和 ZigBee 不同，Z-Wave 从开发伊始就紧盯家庭自动化应用，从技术的角度来看，它没有特别的优势，其工作速率低于 ZigBee，组网方式和网络规模也不如 ZigBee，但由于其针对性强，协议更加简单，便于实现，成本更低，更易于普及，所以近年来，Z-Wave 在家庭自动化方面得到广泛的应用。

（2）UWB 超宽带无线通信技术

　　UWB 技术始于 20 世纪 60 年代兴起的脉冲通信技术。UWB 技术利用频谱极宽的超宽基带脉冲进行通信，故又称为基带通信技术、无线载波通信技术，主要用于军用雷达、定位和低截获率/低侦测率的通信系统中。UWB 不采用正弦载波，而是利用纳秒级的非正弦波窄脉冲传输数据，因此其所占的频谱范围很宽。

　　UWB 实质上是以占空比很低的冲击脉冲作为信息载体的无载波扩谱技术，它是通过对具有很陡上升和下降时间的冲击脉冲进行直接调制。典型的 UWB 直接发射冲击脉冲串，不再具有传统的中频和射频的概念，此时发射的信号既可看成基带信号（依常规无线电而言），也可看成射频信号（从发射信号的频谱分量考虑）。UWB 技术解决了困扰传统无线通信技术多年的有关传播方面的重大难题，具有系统复杂度低、发射信号功率谱密度低、对信道衰落不敏感、截获能力低、定位精度高等优点，尤其适用于室内等密集多径场所的高速无线接入。

　　UWB 技术应用按照通信距离大体可以分为两类：一类是短距离高速应用，数据传输速率可以达到数百兆比特每秒，主要是构建短距离高速 WPAN、家庭无线多媒体网络以及替代高速率短程有线连接，如无线 USB 和 DVD，其典型的通信距离是 10m；另一类是中长距离（几十米以上）低速率应用，通常数据传输速率为 1Mbit/s，主要应用于无线传感器网络和低速率连接。同时，由于 UWB 技术可以利用低功耗、低复杂度的收发信机实现高速数据传输，所以 UWB 技术在近年来得到了迅速发展。它在非常宽的频谱范围内采用低功率脉冲传输数据而不会对常规窄带无线通信系统造成大的干扰，并可充分利用频谱资源。基于 UWB 技术而构建的高速率数据收发机有更广泛的用途。

3.3.2　移动互联网

移动互联网是一种通过智能移动终端，采用移动无线通信方式获取业务和服务的新兴业务，是指互联网的技术、平台、商业模式和应用与移动通信技术结合并实践的活动的总称。移动互联网是互联网与移动通信各自独立发展后，互相融合形成的。它将移动通信和互联网二者融合为一体，包含终端、软件和应用3个层面。终端层包括智能手机、平板电脑、电子书、MID等；软件层包括操作系统、中间件、数据库和安全软件等；应用层包括休闲娱乐类、工具媒体类、商务财经类等不同应用和服务。4G的广泛应用和5G时代的开启以及移动终端设备的快速发展为移动互联网的发展注入巨大的能量。

所谓5G通信技术就是指第五代移动通信信息系统，5G的发展来自对移动数据日益增长的需求。随着移动互联网的发展，越来越多的设备接入到移动网络中，新的服务和应用层出不穷，移动数据流量的暴涨将给移动网络带来严峻的挑战。首先，如果按照当前移动通信网络发展，现有容量难以支持千倍流量的增长，网络能耗和比特成本难以承受；其次，流量增长必然带来对频谱的进一步需求，而移动通信网络频谱稀缺，可用频谱呈大跨度、碎片化分布，难以实现频谱的高效使用；此外，要提升网络容量，必须智能高效利用网络资源，例如针对业务和用户的个性进行智能优化，但现有移动网络这方面的能力不足；最后，未来网络必然是一个多网并存的异构移动网络，要提升网络容量，必须解决高效管理各个网络、简化互操作、增强用户体验的问题。

5G网络的主要优势在于，数据传输速率远远高于以前的蜂窝网络，最高可达10Gbit/s，比当前的有线互联网还要快，比先前的4G LTE蜂窝网络快100倍。另一个优点是较低的网络延迟（更快的响应时间），低于1ms，而4G为30~70ms。由于数据传输更快，5G网络将不仅仅为手机提供服务，而且还将成为一般性的家庭和办公网络，与有线网络竞争。2019年6月6日，工信部正式向中国电信、中国移动、中国联通、中国广电发放5G商用牌照，我国正式进入5G商用元年。移动互联网的发展催生出许多新的生活或商务模式，包括移动社交、移动广告、手机游戏、手机电视、移动电子阅读、移动定位服务、手机搜索、手机内容共享、移动支付和移动电子商务等。

随着物流业快速发展，上游客户需求和发展模式不断变化，物流信息化也要应需而动，进一步提升发展水平。移动互联网对移动性的支持非常符合物流中"物"的移动性的特点，对于推动物流信息化发挥着重要作用。移动互联网在智能物流中已经得到广泛应用，主要包括掌上配货、车辆和货物跟踪监控、呼叫中心调度以及危险品运输、贵重物品运输的视频监控等。移动互联网在物流行业的快速普及应用，给物流信息化的升级发展提供了重要技术支撑，促使其加速向智能物流迈进。

3.3.3　无线局域网

在无线局域网（Wireless Local Area Networks，WLAN）发明之前，人们要想通过网络进行联络和通信，必须先用物理线缆——铜绞线组建一个网络通路，为了提高效率和速度，后来又产生了基于光纤的网络。当网络发展到一定规模后，人们又发现，这种有线网络无论组建、拆装还是在原有基础上进行重新布局和改建都非常困难，且成本和代价也非常高，于是 WLAN 的组网方式应运而生。

WLAN 是相当便利的数据传输系统，它利用射频（Radio Frequency，RF）的技术，使用电磁波取代物理介质构建局域网络，在空中进行通信连接。用户通过 WLAN 可以实现"信息随身化、便利走天下"的目标。

WLAN 的实现协议有很多，其中最为著名也是应用最为广泛的当属无线保真技术——Wi-Fi。Wi-Fi 可以简单地理解为无线上网，几乎所有智能手机、平板计算机和笔记本计算机都支持 Wi-Fi 上网，是当今使用最广的一种无线网络传输技术。WLAN 实际上就是把有线网络信号转换成无线信号，使用无线路由器供支持其技术的相关计算机、手机等接收信息。

在实际应用中，WLAN 的接入方式很简单，以家庭 WLAN 为例，只需一个无线接入设备——路由器，一个具备无线功能的计算机或终端（手机或PAD），没有无线功能的计算机只需外插一个无线网卡即可。有了以上设备后，使用路由器将热点（其他已组建好且在接收范围的无线网络）或有线网络接入家庭，按照网络服务商提供的说明书进行路由配置，配置好后在家中覆盖范围内（WLAN 稳定的覆盖范围大概在 20～50m）放置接收终端，打开终端的无线功能，输入相应的用户名和密码即可接入 WLAN。

与有线网络相比，无线局域网具有更强的灵活性和移动性，安装便捷，易于进行网络规划和调整，易于扩展，同时故障定位容易。因此无线局域网的发展十分迅速，已经在企业、医院、商店、工厂和学校等场合得到了广泛的应用。在智能物流领域的应用场景主要包括仓储管理、货柜集散场、监控系统等。

3.3.4 全 IP 方式（IPv6）

目前的全球因特网所采用的协议族是 TCP/IP 协议族中网络层的协议，是 TCP/IP 协议族的核心协议。IPv6（Internet Protocol Version 6）是 IETF 设计的用于替代现行版本 IP 协议（IPv4）的下一代 IP 协议。

IPv6 正处在不断发展和完善的过程中，它在不久的将来将取代目前被广泛使用的 IPv4。IPv6 是下一代互联网（NGI）中的重要协议。经过多年的发展，IPv6 基本标准日益成熟，各种不同类型的支持 IPv6 的网络设备相继问世，并逐渐进入商业应用。在运营领域，国外部分电商运营商已经建立 IPv6 网络，并开始提供接入服务及一些基于 IPv6 的增值业务。我国也在 2003 年年底启动了中国的下一代互联网（CNGI）工程，以促进 NGI 在中国的普及与发展。IPv6 协议要在电信网络上获得广泛应用，必须具有支持新型业务的能力，或者至少能使已有的 IPv4 业务得到改善和增强，否则，运营商就缺乏使用 IPv6 协议的动力。目前来看，IPv6 在支持业务方面主要有以下技术优势：

（1）巨大的 IP 地址空间方便了多样化业务的部署和开展

在 IPv4 网络中，公有 IP 地址的不足导致了用户广泛采用私有 IP 地址。为了实现用户私网中发出的 IP 包在公网上可路由，在用户网络与公网交界处需要 NAT 设备实现 IP 报头公有地址和私有地址等信息的翻译。当终端进行音/视频通信时，仅仅进行 IP 报头中的地址转换是不够的，还需要对 IP 包净负荷中的信令数据进行转换，这些都需要复杂的 NAT 穿越解决方案。总之，私有 IP 地址及 NAT 的采用限制了多媒体业务的开展，特别是当通信双方位于不同的私网中时，即使媒体流穿越 NAT 设备，还需要经过中间服务器的中转，降低了媒体流传送的效率，也增加了系统的复杂度。而在 IPv6 网络环境中，充足的 IP 地址量保证了任何通信终端都可以获得公有 IP 地址，避免了 IPv4 网络中私有 IP 地址带来的 NAT 穿越问题，能更好地支持多样化的多媒体业务。

（2）内置 IPSec 协议栈提供了方便的安全保证

在 IPv4 网络中，NAT 设备修改 IP 报头的方法和 IPSec 基于摘要的数据完整性保护是矛盾的，影响了 IPSec 的部署。由于 IPSec 已经成为 IPv6 协议的一个基本组成部分，而且 IPv6 网络的终端可以普遍得到公有 IP 地址，因此能很方便地利用 IPSec 协议保护业务应用层面的数据通信。如日本 NTT 公司目前的 M2M-X 平台就充分利用了 IPv6 的 IPSec 机制，当用户终端之间要进行通信时，可根据运营商或用户自己设定的策略实现数据的私密性保护、源认证和完整性保护。

（3）移动 IPv6 提供了 IP 网络层面终端的移动性

IPv6 协议集成了移动 IPv6，因此移动性是 IPv6 的重要特色之一。有了移动 IPv6 后，移动节点可以跨越不同的网段实现网络层面的移动，即使移动节点漫游到一个新的网段上，其他终端仍可以利用移动终端原来的 IP 地址找到它并与之通信。IPv4 协议中也有移动 IPv4 协议，但 IPv4 基本协议和移动 IPv4 协议是两个相对分离的部分。移动 IPv6 在设计时采取了许多改进措施，如取消了移动 IPv4 中采用的外地代理，这些措施方便了移动 IPv6 的部署。

总之，IPv6 协议的引入提供了一种新的网络平台，它使得大量、多样化的终端更容易接入 IP 网，并在安全和终端移动性方面比 IPv4 协议有了很大的增强。地址空间巨大、内置 IPSec 和移动 IPv6 只是 IPv6 在支持新业务方面的几个特征，在这些特征上会衍生出许多新的特性，从而进一步增强其在业务方面的能力。

3.3.5　物联网（车联网）

物联网是把所有物品通过射频识别（RFID）系统、红外感应器、全球定位系统、激光扫描器等信息传感设备与互联网连接起来，进行信息交换的网络。物联网可实现智能化识别、定位、跟踪、监控和管理。物联网的基本原理是在计算机互联网的基础上，利用 RFID、无线数据通信等技术，构造一个覆盖世界上万事万物的 Internet of Things。在这个网络中，物品能够彼此进行"交流"，而无须人的干预。其实质是利用 RFID 技术，通过计算机和互联网实现物品（商品）的自动识别和信息的互联与共享。物联网的本质主要体现在三个方面：①互联网特征，即对需要联网的"物"一定要能够实现互联互通；②识别与通信特征，即纳入联网的"物"一定要具备自动识别与物物通信（Machine-to-Machine，M2M）的功能；③智能化特征，即网络系统应该具有自动化、自我反馈与智能控制的特点。

物联网把感知技术、网络技术运用于万物，以精细动态方式管理生产生活，提高资源利用率和生产力水平，改善人与自然的关系。现实的世间万物与虚拟的"互联网"充分结合，通过各种信息传感器、射频识别技术、全球定位系统、红外感应器、激光扫描器等装置与技术，实时采集任何需要监控、连接、互动的物体或过程，采集其声、光、热、电、力学、化学、生物、位置等各种需要的信息，通过各类可能的网络接入，实现物与物、物与人的泛在连接，实现对物品和过程的智能化感知、识别和管理。物联网是一个基于互联网、传统电信网等信息承载体，让所有能够被独立寻址的普通物理对象实现互联互通的网络。

物联网是新一代信息技术的高度集成和综合运用，对新一轮产业变革和经济社会绿色、智能、可持续发展具有重要意义。在物流领域中，企业应用物联网完善业务，需要以提高效率、减少人为错误为目标，利用物联网技术分析研究业务流程、进行物流感知与信息采集、进行数据的自动化处理等，以作出更好的决策，进一步优化业务流程。物流是物联网技术最重要的应用领域之一，物联网技术是实现智能物流的基础。

车联网（Internet of Vehicle，IoV）的概念引申自物联网（Internet of Things，IoT），是以车内网、车际网和车载移动互联网为基础，按照约定的通信协议和数据交互标准，在车-X（X：车、路、行人及互联网等）之间进行无线通信和信息交换的网络，是能够实现智能化交通管理、智能动态信息服务和车辆智能化控制的一体化网络，是物联网技术在交通系统领域的典型应用。

从网络结构上看，IoV 系统是一个"端管云"三层体系。第一层为终端系统，主要包括汽车的智能传感器，负责采集与获取车辆的智能信息，感知行车状态与环境；具有车内通信、车间通信、车网通信功能的泛在通信终端；让汽车具备 IoV 寻址和网络可信标识等能力的设备。第二层为管理系统，负责解决车与车（V2V）、车与路（V2R）、车与网（V2N）、车与人（V2P）等的互联互通，实现车辆自组网及多种异构网络之间的通信与漫游，在功能和性能上保障实时性、可服务性与网络泛在性，同时它是公网与专网的统一体。第三层为云系统，表现为云架构的车辆运行信息平台，包含了 ITS、物流、客货运、危特车辆、汽修汽配、汽车租赁、企事业车辆管理、汽车制造商、4S 店、车管、保险、紧急救援等的信息，是多源海量信息的汇聚，因此需要具备虚拟化、安全认证、实时交互、海量存储等云计算功能，其应用系统也是围绕车辆的数据汇聚、计算、调度、监控、管理与应用的复合体系。

车联网技术包括汽车感知技术、汽车无线通信技术、汽车导航技术、电子地图定位技术、车载互联网终端技术、智能控制技术、海量数据处理技术、数据整合技术、智能交通技术、视频监控技术。

车联网技术在物流领域具有广阔的应用前景。例如导航技术和温度传感器技术结合，可以实现冷链联网，对特殊物品的配送实现温度控制和智能保障；车联网和货运车辆的配货结合，可以实现货物追踪与在线智能配货；车联网驾驶管理系统，可以对车辆的行驶行为、驾驶行为、车速控制、车辆状况、油耗状况进行全面监控，协助司机提升驾驶技术。

3.4 智能物流数据处理与计算技术

没有数据处理与计算技术，智能物流将不能称为智能物流，在智能物流领域应用的数据处理与计算技术主要包括以下几种技术。

3.4.1 云计算技术

随着数字技术和互联网的快速发展，互联网上的数据量也随之快速积累。大量数据导致互联网部分节点数据处理能力不足，有些用户尝试通过购置更多数量或更高性能的终端及服务器来增加计算能力和存储资源。但是，不断加快的技术更新速度与越发昂贵的设备价格让人望而却步。但同时，互联网上还存在着大量处于闲置状态的计算设备和存储资源，如果能够将其聚合起来统一调度提供服务，则可以大大提高计算机算力和存储空间利用率，让更多用户从中受益。如果用户能够通过高速互联网租用计算能力和存储资源，就可以大大减少对自有硬件资源的依赖，不必为一次性支付大笔费用而烦恼。

为了节省成本和实现系统的可扩展性，云计算的概念应运而生。通过虚拟化技术将资源进行整合，形成庞大的计算与存储网络，用户只需要一台接入网络的终端就能够以相对低廉的价格获得所需的资源和服务，而不需考虑其来源，这是一种典型的互联网服务方式。云计算实现了资源和计算能力的分布式共享，能够很好地应对当前互联网数据量高速增长的势头。

云计算这个概念的起源是亚马逊 EC2（Elastic Compute Cloud 的缩写）产品和 Google-IBM 分布式计算项目。这两个项目直接使用了"Cloud Compu-ting"这个概念。之所以采用这样的表述形式，在很大程度上是由于这两个项目与网络的关系十分密切，而"云"的形象又常用来表示互联网。因此，云计算的原始含义即为"将计算能力放在互联网上"。随着云计算发展至今，社会对云计算的认知早已超越了其原始的概念。

云计算是分布式计算技术的一种，可以从狭义和广义两个角度理解。狭义云计算是指 IT 基础设施的交付和使用模式，指通过网络需要、易扩展的方式获得所需要的资源；广义云计算是指服务的交付和使用模式，指用户可以通过网络以按需、易扩展的方式获得所需的计算服务。云计算通过互联网提供软件与服务，用户通过网络浏览器界面来加入云计算，不需要安装服务器或任何客户端软件，可在任何时间、任何地点、任何设备（前提是接入互联网）上访问。云计算具有超大规模、虚拟化、可靠安全等特点，云计算的核心是服务。例如，Microsoft 提供的云计算有 3 个典型特点：软件＋服务、平台战略和自由选择。未来的互联网世界将会是"云＋端"的组合，用户可以便捷地使用各种终端设备访问云端的数据和应用，这些设备可以是便携式计算机和手机，甚至是电视机等各种电子产品。同时，用户在使用各种设备访问云服务时，得到的是完全相同的体验。

在市场竞争日益复杂、用户需求多样性的背景下，优化物流资源配置对企业发展的作用越来越明显。云计算技术在智能物流中可实现物流相关数据的捕捉、整理、存储、分析、处理和管理等。可以说，云计算是智能物流应用发展的基石。原因有两个：一是云计算具有超强的数据处理和存储能力；二是由于智能物流系统中无处不在的数据采集，需要大范围的支撑平台以满足其规模需要。

基于云计算技术构建物流信息平台，已经成为当前先进物流企业的首选，而用云计算构建物流信息平台服务物流企业自然也成为云服务提供商的重要选择。基于云计算的物流信息平台主要用于满足政府、工商企业、物流企业和普通用户对物流信息的需求。围绕从生产要素到消费者之间时间和空间上的需求，能够处理制造、运输、装卸、包装、仓储、加工、拆并、配送等各个环节中产生的各种信息，使信息能够通过物流信息平台快速准确传递到现代物流供应链上所有相关的企业、物流公司、政府部门及客户或代理公司，成为各个现代物流企业所依赖的信息化工作平台。云计算平台的建立，大大加快了各中、小型物流企业的信息化平台的开发效率，吸引物流企业及其合作伙伴将其应用系统建立在云计算平台之上，同时将其日常数据存储在云存储中心。

3.4.2　大数据技术

大数据，指无法在一定时间范围内用常规软件工具进行捕捉、管理和处理的数据集合，是具有更强的决策力、洞察发现力和流程优化能力的新模式才能处理的海量、高增长率和多样化的信息资产，具有体量大、种类多、产生速度快和低价值密度等特征。大数据的成功应用，要经过数据采集、数据存储与管理、数据计算与挖掘、知识展现四个主要环节。数据采集主要是从本地数据库、互联网、物联网等数据源导入数据，包括数据的提取、转换和加载（Extracting Transforming Loading，ETL）。数据采集要能够对数据去粗取精，同时还能尽可能地保留原有语义，以便后续分析时参考。数据存储与管理要用存储器把采集到的数据存储起来，建立相应的数据库，并进行管理和调用。只有数据与适合的存储系统相匹配，制定出管理数据的战略，才能低成本、高可靠、高效益地应对大量数据。从纷繁复杂的数据中发现规律并提取新的知识，是大数据体现价值的关键。数据计算环节需要根据处理的数据类型和分析目标，采用适当的算法模型快速处理数据。数据挖掘环节就是从大量的、不完全的、有噪声的、模糊的、随机的实际数据中，提取潜在的有用信息和知识的过程。数据知识展现主要是借助图形化手段，清晰有效地传达与沟通信息，即以直观的、便于理解的方式将分析结果呈现给用户，进而通过对数据的分析和形象化，进一步推导出量化计算结论并付诸实践。

大数据技术是一种基于云计算的数据处理与应用模式，是可以通过数据的整合共享、交叉复用形成的智力资源和知识服务能力，是可以应用合理的数学算法或工具从中找出有价值的信息，为人们带来利益的一门新技术。大数据技术的基本思想主要体现在以下三个方面：一是由分析随机样本转变为分析全体样本；二是由追求数据精确性转变为接收数据混杂性；三是由注重因果关系转变为注重相关关系。大数据核心问题的解决需要大数据技术。

大数据技术既是社会经济高度发展的结果，也是信息技术发展的必然。它开启了一次重大的时代转型，正在改变生活及理解世界的方式，是一场生活、工作与思维的大变革。大数据技术的出现，使得通过数据分析可以预测事物发展的未来趋势，探索事物发展的规律。大数据领域已经涌现出大量新的技术，它们成为大数据采集、存储、处理和呈现的有力武器。今后大数据技术将逐渐成为现代社会基础设施不可或缺的一部分，将在更多领域得到发展应用。大数据技术在我国物流领域的应用，有利于整合物流企业，帮助物流企业发现更多有价值的信息，实现物流大数据的高效管理，从而降低物流成本，提升物流整体服务水平，满足客户个性化需求。可以预测物流过程中可能发生的行为，使物流业朝着数字化、一体化、智能化、网络化的方向发展。具体来讲，大数据技术在物流业领域中的典型应用主要有以下几个方面：

① 需求预测。通过收集用户消费特征、商家历史销售等大数据，利用算法提前预测需求，前置仓储与运输环节。这方面目前已经有了一些应用，但在预测精度上仍有很大提升空间，需要扩充数据量，优化算法。

② 设备维护预测。通过物联网的应用，在设备上安装芯片，可实时监控设备运行数据，并通过大数据分析做到预先维护，增加设备使用寿命。随着机器人在物流环节的使用，这将是未来应用非常广泛的一个方向。

③ 供应链风险预测。通过对异常数据的收集，可以对诸如贸易风险、不可抗力引起的货物损坏等供应链风险进行预测。

④ 供应链系统管理。供应商和生产商在建立 VMI（Vendor Managed Inventory，供应商管理库存）运作机制以及实现库存与需求信息共享的情况下，可以实现更好的供给配合，减少因缺货而造成的损失。此外，在供应商数据、质量数据、交易数据、资源数据等数据的支持下构建供应链管理系统，可以对供应链系统的成本以及效率进行跟踪和掌控，在此基础上实现对质量与可靠性的控制。

⑤ 网络及路线规划。利用历史数据、时效、覆盖范围等构建分析模型，对仓储、运输、配送网络进行优化布局，如通过对消费者数据的分析，提前在离消费者最近的仓库进行备货。甚至可实现实时路由优化，指导车辆采用最佳路由线路进行跨城运输与同城配送。

此外，大数据技术在了解运输全局、优化库存管理、客户细分等方面也具有广阔的应用前景。

3.4.3 智能控制技术

随着科技进步，人们对大规模、不确定、复杂的系统控制要求不断提高，智能控制在这种背景下孕育而生。智能控制是自动控制发展的最高阶段。智能控制主要包含模糊控制、专家控制、人工神经网络和遗传算法等，其核心为模糊推理，主要依赖模糊规则和模糊变量的隶属度函数。专家控制是智能控制的一个重要分支，又称为智能专家控制。专家控制是专家系统的理论和技术同控制理论、方法与技术的结合，在未知环境下，仿效专家的经验实现对系统的控制。专家控制试图在传统控制的基础上"加入"一个富有经验的控制工程师，实现控制功能。它由知识库和推理结构主体构成主体框架，通过对控制领域知识（先验经验、动态信息、目标等）的获取与组织，按某种策略及时地选用恰当的规则进行推理输出，实现对实际对象的控制。专家控制的结构如图 3-4 所示。智能控制技术在物流管理的优化、预测、决策支持、建模和仿真、全球化物流管理等方面应用，使物流企业的决策更加准确和科学。

图 3-4　专家控制的结构

典型的智能控制技术是人工智能（Artificial Intelligence，AI）。它是研究、开发用于模拟、延伸和扩展人的智能的理论、方法、技术及应用系统的一门新的技术。而其他关于动物或人造系统的智能也普遍被认为是其相关的研究课题。AI 是计算机科学的一个分支。它企图了解智能的实质，并生产出一种新的能以与人类智能相似的方式做出反应的智能机器，该领域的研究包括机器人、语言识别、图像识别、自然语言处理和专家系统等。人工智能是对人的意识、思维信息过程的模拟。人工智能不是人的智能，但能像人那样思考，也可能超过人的智能。

根据人工智能的应用，人工智能可以分为专有人工智能、通用人工智能、超级人工智能；根据人工智能的内涵，人工智能可以分为类人行为（模拟行为结果）、类人思维（模拟大脑运作）、泛智能（不再局限于模拟人）。

人工智能与人的关系包括机器主导、人主导、人机融合。现阶段，人工智能正在从专有人工智能向通用人工智能发展过渡，人工智能已不再局限于模拟人的行为结果，而是拓展到"泛智能"应用，即更好地解决问题、有创意地解决问题和解决更复杂的问题。

经常说互联网构建了地球村，那么人工智能的发展可以说是点亮了智能地球村。按照智能程度不同，人工智能可分为运算智能、感知智能、认知智能三个阶段：①运算智能，即快速计算和记忆存储能力，在这一阶段主要是算法与数据库相结合，使得机器开始像人类一样计算和传递信息。②感知智能，即视觉、听觉、触觉等感知能力，在这一阶段，数据库与浅层学习算法结合，使得机器开始看懂和听懂，并做出判断、采取行动。③认知智能，即能理解会思考的能力，这一阶段主要是采用深度学习算法，使得机器能够像人一样思考，主动采取行动。

人工智能是加速物流行业向智能物流时代迈进的新引擎。人工智能是新一轮科技与产业变革的核心驱动力，它可以看成是正在积累历次科技与企业变革的能量，并将其叠加释放，从而快速催生一系列的物流领域新型产品、服务与业态结构。人工智能技术在物流行业的影响主要聚焦在智能搜索、推理规划以及智能机器人等领域。在其创新驱动作用下，出现了很多引发新一轮物流智能化行业变革的新型技术，如自动货物分拣系统、智能配送机器人、智能客服等。人工智能技术将成为未来物流行业极具竞争力的技术领域。之所以"人工智能＋物流"可以被业界快速接受和吸收，是因为人工智能能够实现物流行业的降本增效，这可以有效解决我国社会物流成本过高的问题，智能物流 2.0 时代正全面开启。

3.4.4 数据挖掘技术

数据挖掘是指从大量的数据中通过算法搜索隐藏于其中信息的过程。数据挖掘通常与计算机科学有关，并通过统计、在线分析处理、情报检索、机器学习、专家系统（依靠过去的经验法则）和模式识别等诸多方法来实现上述目标。数据挖掘是人工智能和数据库领域研究的热点问题。数据挖掘是一种决策支持过程，它主要基于人工智能、机器学习、模式识别、统计学、数据库、可视化技术等，高度自动化地分析企业的数据，作出归纳性的推理，从中挖掘出潜在的模式，帮助决策者调整市场策略，减少风险，作出正确的决策。

数据挖掘是通过分析每个数据，从大量数据中寻找其规律的技术，主要有数据准备、规律寻找和规律表示三个步骤。数据准备是从相关的数据源中选取所需的数据并整合成用于数据挖掘的数据集；规律寻找是用某种方法将数据集所含的规律找出来；规律表示是尽可能以用户可理解的方式（如可视化）将找出的规律表示出来。数据挖掘的任务有关联分析、聚类分析、分类分析、异常分析、特异群组分析和演变分析等。

数据挖掘技术主要包括统计方法、关联规则、聚类分析、决策树方法、神经网络、遗传算法、粗糙集和支持向量机等。数据挖掘技术在物流决策、仓储管理、运输管理、配送管理等场景中均有比较广泛的应用，对于提高现代物流的智能化水平发挥着重要作用。

3.4.5　系统仿真技术

系统仿真就是根据系统分析的目的，在分析系统各要素性质及其相互关系的基础上，建立能描述系统结构或行为过程的，且具有一定逻辑关系或数量关系的仿真模型，据此进行试验或定量分析，以获得正确决策所需的各种信息。随着计算机技术的发展，系统仿真已逐步形成一门新兴学科。具体来说，系统仿真是以控制理论、相似理论、信息处理技术和计算机技术等理论与技术为基础，以计算机和其他专用物流设备为工具，对真实或假设的系统模型进行实验，并借助于专家经验、统计数据和信息资料对实验结果进行分析研究，进而作出决策的一门综合性、实验性的学科。

系统仿真算法所要解决的问题包括如何推进仿真钟，如何建立起各类实体之间的逻辑联系，以及如何使模型描述的形式更容易被计算机处理等。对同一个系统，所确定的算法不同，仿真模型的结构也不同。下面以事件调度法、活动扫描法和进程交互法为例，阐述这三类算法在系统描述、建模要点、仿真钟推进以及执行控制等方面的不同点。

① 事件调度法。事件调度法是按时间顺序处理所发生的一系列事件，通过记录每一事件发生时引起的系统状态的变化来完成系统的整个动态过程的仿真。由于事件都是预定的，状态变化发生在明确的预定时刻，所以这种方法适合于活动持续时间比较确定的系统。

② 活动扫描法。活动扫描法是面向活动的方法。活动的开始与结束除受到事件因素影响外，还受到其他因素（例如条件因素）的影响。

③ 进程交互法。按这种方法，系统仿真钟的控制程序采用当前事件表和将来事件表。前者包含了从当前时间点开始有资格执行的事件记录，但是该事件是否发生的条件尚未判断；后者包含未来某个仿真时刻发生的事件记录。

系统仿真技术在物流系统中的应用非常普遍，例如物流系统设施规划与设计、物料控制、物料运输调度、物流成本估算等。

第 4 章

智能物流装备

4.1　智能物流装备概述

4.1.1　智能物流装备的概念

物流装备是指用于存储、运输、装卸搬运、包装与分拣、流通加工、配送、信息采集与处理等物流活动的装备总称。现代物流的发展离不开物流装备，物流装备是现代物流的主要技术支撑，在整个物流活动中，在提高物流能力与效率、降低物流成本和保证物流服务质量等方面具有非常重要的作用。

智能物流装备的概念有广义和狭义两个方面。从广义上看，智能物流装备是在智能物流系统运行中所涉及的各种物流装备，包括传统物流装备、自动化物流装备以及智能化物流装备。从狭义上看，所谓智能物流装备，是指运用物联网、大数据、云计算、智能控制等技术手段，具有实时感知、自主决策、自动执行能力，应用于智能仓储、运输、配送、装卸搬运、包装及物流信息管理领域的智能化物流装备。

智能物流的各个功能环节的运行和管理都需要智能物流装备的支撑，按照智能物流功能划分，智能物流装备主要包括智能运输装备、智能仓储装备、智能配送装备、智能流通加工装备、智能包装装备、智能装卸搬运装备、智能物流信息装备等，如表 4-1 所示。

表 4-1　智能物流装备按功能架构分类

分类	具体内容
智能运输装备	智能网联汽车、无人驾驶轨道列车、智能船舶等
智能仓储装备	自动化立体仓库系统、穿梭车式密集仓储系统、仓储机器人等

分类	具体内容
智能配送装备	无人配送车、配送无人机、智能快递柜、地下智能物流管网等
智能流通加工装备	自动输送机、自动分拣装置、"人到货"拣货系统、"货到人"拣货系统
智能包装装备	智能包装机器人、智能包装生产线等
智能装卸搬运装备	巷道式堆垛机、自动导引搬运车（AGV）、搬运机械臂等
智能物流信息装备	智能物流识别与追溯装备、智能物流定位与跟踪装备、智能物流监控装备等

智能物流装备是智能物流系统的执行机构和运作依托，是打造智能物流系统的核心要素，应能够满足智能物流运作与管理要求。智能物流装备借助于信息技术、人工智能、商务智能、管理智能、自动识别和控制、运筹学和专家系统，智能化地获取、传递、处理、利用信息和知识，使智能物流装备能模拟人的思维进行感知、学习、推理和判断。

智能物流发展推动机械化、自动化物流系统装备向网络化、集成化方向变革，物流装备联网运作、互联互通、信息共享、全面集成，成为智能物流大系统的执行物联网。同时通过物流信息收集的数据化、代码化，物流信息处理的电子化，物流信息传递的网络化、标准化、实时化，物流信息储存的数据化，实现智能物流装备的自动化、智能化运行。

智能物流装备应当具有很强的柔性，能够根据运行环境的变化，智能调整物流装备的运行路径、作业动作、工作速率等状态参数。物流装备自身也应当具有多用途性、接口的可转换性，以及多种装备动态多重组合的便捷性。

4.1.2 智能物流装备的地位与作用

物流装备是物流系统中的物质基础，应用于物流活动的各个环节，在物流系统中处于十分重要的地位。随着智能物流装备的发展与应用，物流运作水平、效率效益、服务质量得到极大提升，对于促进物流产业快速发展起到了重要作用，同时也为制造、电商等其他行业提供了有力支撑。

（1）智能物流装备的地位

① 物流系统运行的物质基础。从资产价值上看，在物流系统中，物流装备所占的价值比例较大，属于物流系统的重要资产。特别是对于智能物流装备来说，技术含量较高，资金投入较大，不仅是一种技术密集型的生产工具，也

是企业重要的资金密集型的财富与资产，建设一个现代化的物流系统所需的智能物流技术装备购置投资相当可观。同时，为了维持智能物流装备的正常运转，发挥良好效能，在装备长期使用过程中还需要持续投入大量的资金，才能保障物流系统的良性运行。从智能物流产业链上看，主要可分为上、中、下游3个部分。上游为装备提供商和软件提供商，分别提供硬件设备（输送机、分拣机、AGV、堆垛机、穿梭车、机器人等）和相应的软件系统（WMS、WCS系统等）；中游是智能物流系统集成商，根据行业的应用特点使用多种设备和软件，设计智能物流装备应用系统；下游是应用智能物流装备系统的各个行业，包括烟草、医药、汽车、零售、电商等诸多行业。智能物流装备在整个智能物流产业链中居于主体地位，涉及产业链的上、中、下游各个部分，各类实体，是物流产业运行的物质基础。

② 现代流通体系的构成要素。智能物流装备是一种先进的生产力要素，涉及产品生产与社会流通体系的各个环节，在现代化大生产、大流通中地位突出。当前，国家正在大力推动形成"以国内大循环为主体、国内国际双循环相互促进"的新发展格局，这离不开高效的现代流通体系。建设现代流通体系对构建新发展格局具有重要意义，是当前国家经济建设中的一项重要战略任务。建设现代流通体系，要统筹推进硬件和软件建设，发展流通新技术、新业态、新模式。而智能物流装备，是构成现代流通体系基础设施（如交通基础设施、物流枢纽、配送中心、储备库、冷链基地、公共信息平台等）的重要组成部分，是支撑现代流通体系高水平、高效率运行的关键构成要素，在当前国家现代流通体系建设过程中地位十分突出。

③ 物流水平高低的主要标志。一个完善的物流系统离不开现代物流装备与物流技术的应用，随着科技的发展进步，物流活动的诸环节在各自领域中不断提高自身的装备与技术水平。先进物流装备的发展与应用，带来物流效率效益与服务质量的不断提升，反映了物流整体运作水平的高低。从物流行业的发展阶段来看，先后经历了从机械化物流、自动化物流，再到智能化物流的阶段，每一阶段的本质特征无不是以物流装备的更新换代为核心标志。物流装备的发展在一定程度上代表着物流行业的发展阶段，智能物流装备的应用表明物流行业的智能时代已经到来。

（2）智能物流装备的作用

① 提升物流效率，优化物流服务。随着智能制造、电子商务等行业领域

的快速发展，现代生产与流通领域呈现出柔性生产、快速响应、效率提升和小件化驱动等典型特征，要求推进物流技术与管理领域的不断革新。智能物流装备的应用，能够更好满足上述需求特征要求，为行业发展提供更为优质的物流服务。

从快递行业发展看，我国快递业务量已连续9年稳居世界第一，2022年更是达到了1105.8亿件，行业最高日处理能力超7亿件，年人均快件量近80件。快递市场发展迅猛对仓储、分拣、配送效率和准确性均提出了更高要求。加强智能物流装备系统建设，能够有效提升快递配送服务水平。

我国电子商务发展势头同样惊人，数据显示，2021年我国电子商务交易规模达到42.3万亿元，同比增长19.6%，其中商品类交易额31.3万亿元，服务类交易达到11万亿元。电子商务交易闭环的完成依赖于线下物流配送，物流配送的质量直接影响用户体验，高效、准确的物流配送已成为电子商务企业的核心竞争力。电子商务企业，如阿里巴巴、京东、苏宁、唯品会等，为了提升市场份额纷纷斥巨资自建物流体系，带动了对智能物流装备的需求。

② 降低物流成本，提高物流效益。2021年我国社会物流总费用为16.7万亿元，占GDP的14.6%，明显比欧美发达国家普遍8%～10%的占比要高。中国社会物流费用偏高有产业结构、流通管理体制、企业管理模式等多方面的原因，同时也有物流技术与装备水平不够先进的问题。采用先进的物流技术和装备，提升物流系统的自动化、信息化和智能化水平，是降低物流成本，提高物流效益的重要手段。国际经验表明，人工成本上升，经济增速放缓，靠降低成本或扩大销售难以获得利润时，物流自动化、智能化降本增效的作用将使物流业作为"第三利润源"战略地位和重要作用凸显。随着国内企业发展壮大，对物资管理水平、物流效率提出了更高要求。在《中国制造2025》全面推进的背景下，产业转型升级同样需要物流自动化、智能化技术的支持。以往我国劳动力成本、土地成本低廉，企业没有采用先进物流装备的动力。随着经济进入新常态，人工、土地、仓储租金成本大幅上升，采用先进的物流技术与装备的成本优势逐渐显现。以自动化立体库为例，以人工成本6.5万元/年、土地成本100万元/m^2计，自动化立体库前期投资已经低于传统仓库，单位面积的存储量是传统仓库的5～10倍，占地面积只有40%～70%。

③ 降低劳动强度，节约物流人力。物流行业属于劳动力需求高，且需要

重复体力劳动的行业。据公开数据表明，自 2012 年起，我国劳动年龄人口的数量和比重已连续 7 年出现双降，劳动力供给不断减少。同时根据国家统计局的数据，2018 年以来全国就业人员总量也出现下降。从交通运输、仓储和邮政业私营单位就业人员工资水平来看，近 10 年来一直处于稳步上升的状态。劳动力供给的不断减少和劳动力成本的不断提高，给物流行业的发展带来更大的挑战，倒逼传统的物流行业向无人化、智能化转型。无人仓、无人机、无人车等智能物流装备的应用，能够使物流人工从繁重的拣选搬运送货等体力劳动中解放出来，有效节约人力，降低劳动强度，缓解物流行业日趋加剧的用工压力。

4.2　智能运输装备

智能运输装备是应用先进的人工智能、信息传感、控制执行技术，并融合现代通信与网络技术，具备复杂环境感知、智能决策、协同控制等功能，可实现自动化、智能化、无人化运行的运输装备。

典型的智能运输装备主要包括智能网联汽车、无人驾驶轨道列车、智能船舶等。

4.2.1　智能网联汽车

（1）智能网联汽车的概念

从广义上讲，智能网联汽车（Intelligent and Connected Vehicle，ICV）是以车辆为主体和主要节点，融合现代通信和网络技术，使车辆与外部节点实现信息共享和协同控制，以达到车辆安全、有序、高效、节能行驶的新一代多车辆系统。从狭义上讲，所谓智能网联汽车是搭载先进的车载传感器、控制器、执行器等装置，并融合现代通信与网络技术，实现车与 X（车、路、人、云等）的智能信息交换共享，具备复杂的环境感知、智能决策、协同控制和执行等功能，可实现安全、舒适、节能、高效行驶，并最终可替代人来操作的新一代汽车。智能网联汽车示意图如图 4-1 所示。

智能网联汽车是一种跨技术、跨产业领域的新兴汽车体系，不同角度、不同背景对它的理解是有差异的，各国对于智能网联汽车的定义不同，叫法也不尽相同，但终极目标是一样的，即可上路安全行驶的无人驾驶汽车。

图 4-1　智能网联汽车示意图

　　按照美国汽车工程师学会 SAE 分级标准，汽车智能驾驶主要分为 L0 至 L5 共 6 个等级，其中 L5 级别智能化程度最高。行业数据显示，L2（部分自动化）及以上级别自动驾驶功能在乘用车市场渗透率在 2022 年年底达到 36％，到 2025 年这一数字有望达到 60％。自动驾驶出租车、无人巴士、自主代客泊车、干线物流以及无人配送等多场景示范应用有序开展。由于 L3 级（有条件自动化）自动驾驶具有人机共驾特征，发生事故时难以界定责任方，因此，继 L2 级之后率先进入商用的很有可能是 L4 级（高度自动化）自动驾驶，将为更广泛用户提供出行服务。

　　智能网联汽车是国际公认的未来发展方向和关注焦点，发展智能网联汽车有利于推动汽车出行经济新模式，解决交通安全、能源消耗问题，构建数据驱动、跨界融合、共创共享的智能交通和智能社会。研究表明，在智能网联汽车的初级阶段，通过先进智能驾驶辅助技术有助于减少 30％左右的交通事故，交通效率提升 10％，油耗与排放分别降低 5％。进入智能网联汽车的终极阶段，即完全自动驾驶阶段，甚至可以完全避免交通事故，提升交通效率 30％

以上，并最终把人从枯燥的驾驶任务中解放出来，这也是智能网联汽车最吸引人的魅力所在。

（2）智能网联汽车在物流领域的应用

基于人工智能的自动驾驶系统应用于物流领域，能够有效减少交通事故发生、降低碳排放，让长途货运更加安全、绿色和清洁。此外，自动驾驶还可以通过节省油耗及人力成本，极大地降低物流运输成本。

自动驾驶卡车是智能网联汽车应用于物流领域的主要体现形式。从自动驾驶卡车企业运营的情况来看，其商业化的场景应用主要有封闭场景（包括干线物流场景、场内物流场景）、非封闭场景和全场景运营。

① 干线物流场景。以高速公路为主的干线物流市场巨大，自动驾驶需求也大，是目前最大的货运场景之一。在这样的封闭场景中运行，因为路况较普通公路简单，不可控因素相对较少，自动驾驶技术相对容易落地，而且其产值比较大，因此成为众多企业激烈争夺的理想商业场景。也是目前被认为最有可能实现大规模盈利的场景，同时自动驾驶技术也刚好能很好地解决长途运输中的一些痛点，如降低司机的工作强度等。

② 港口、机场、工业园、矿山等场内场景。目前港口、机场、工业园、矿山等也成为货运自动驾驶商业化落地的重要场景。这些场景道路路线相对固定，便于自动驾驶落地，但与干线物流相比，单个产值相对较低，不过从长远而言，它们的综合价值也不容小觑。例如在矿山场景，有数据显示，200 多辆自动驾驶矿用车累计运输矿石超过 20 亿吨，运输成本降低 15%，轮胎寿命提高 40%，运输效率提高 30%。

③ 非封闭场景。除了封闭场景，城市、乡村等非封闭场景也是自动驾驶公司追逐的货运"战场"。由于非封闭场景的路况等环境更为复杂，因此对货运自动驾驶提出了更高要求。从目前市场情况来看，以城市快递、外卖等"最后一公里"配送为主的低速城市物流场景更容易商业化落地。

非封闭场景的无人驾驶车辆主要以无人配送车为主，顺丰、京东、菜鸟、美团、饿了么等均在积极布局和实践尝试。此部分主要在第 4.4 节中详细介绍。

④ 全场景运营。全场景运营即实现无人驾驶从干线、支线到终端物流等的全场景覆盖。当前，菜鸟、京东、苏宁、百度等公司均在积极布局物流全场景的无人驾驶技术装备。

4.2.2 无人驾驶轨道列车

（1）无人驾驶轨道列车的概念

无人驾驶轨道列车是采用高度自动化的先进轨道列车控制系统，由轨道控制中心用大型电子计算机监控整个线路网的站际联系、信号系统、列车运行、车辆调度等，完全实现了无人化、全自动化运行的轨道列车。

无人驾驶轨道列车，是轨道列车自动化控制水平的最高体现，是未来轨道列车运行的基本模式。国内外轨道列车领域对无人驾驶轨道列车都已经积累了数十年的研究、设计和应用经验，并且，国内外都已经有多条无人驾驶轨道线路开通运行（2022 年 9 月国内首条无人驾驶市域铁路空载试运行，如图 4-2）。轨道交通与道路交通相比，线路相对固定，站点相对固定，时间可控性好，因此更加适合无人驾驶。

图 4-2　国内首条无人驾驶市域铁路空载试运行

国际标准按照轨道交通线路自动化程度定义了 4 层自动化等级（GOA），自动化程度从低至高为 GOA1 至 GOA4。其中 GOA4 为完全自动驾驶，列车唤醒、休眠、启动、停止、车门的开闭，以及紧急情况下的列车运行全部为自动驾驶，不需要任何一名工作人员参与。

（2）无人驾驶轨道列车的应用

目前，国内外在无人驾驶轨道列车技术研究上已有丰富的技术基础积累和工程运行经验。国外，英国、法国、德国、丹麦和澳大利亚等国家都依托自身的条件和技术建设了无人驾驶轨道列车。在我国，目前已经有多条试验用无人驾驶轨道列车实现了示范性运行。其中，北京机场快轨、广州珠江新城旅客自动运输系统、上海轨道交通 10 号线在运行初期采用过一段时间无人驾驶，但是由于技术条件不成熟，后期运营开始加入驾驶人员。随着我国轨道交通技术的迅速发展，我国具有自主知识产权的无人驾驶轨道列车陆续开始示范工程建设并运行，这些线路分别是香港南港岛线、上海轨道交通 8 号线三期工程、北京地铁燕房线、上海轨道交通浦江线。

无人驾驶轨道列车可以应用于客流和物流活动。无人驾驶轨道列车配合站台货物自动装卸与分拣系统，能够实现物流从干线到末端的全领域自动运行，具有良好的应用前景。例如，北方北斗基础设施投资有限公司轨道交通事业部于 2019 年 7 月启动建设金华—义乌—东阳市域轨道交通无人驾驶智能物流项目。

虽然目前国内外都已经有无人驾驶轨道列车的示范案例，但是总体来说，无人驾驶轨道列车在整个轨道列车运行行业中仅属于非常小的一部分。随着人工智能的飞速发展和在交通行业中应用成熟度越来越高，人工智能在轨道交通中的应用将是无人轨道交通发展的必经之路。

4.2.3　智能船舶

（1）智能船舶的概念

所谓智能船舶，是指利用传感器、通信和互联网等技术手段，自动感知和获得船舶自身、海洋环境、物流、港口等方面的信息和数据，并基于计算机技术、自动控制技术、大数据处理和分析技术，在船舶航行、管理、维护保养、货物运输等方面实现智能化运行的船舶。智能船舶示意图如图 4-3 所示。从功能上划分，智能船舶可分为智能航行、智能船体、智能机舱、智能能效管理、智能货物管理和智能集成平台。未来逐渐减少船舶配员，提高船舶智能化水平乃至最终实现无人化，关乎航运业的转型升级，代表了船舶行业发展的方向。

智能船舶是一个庞大且复杂的系统，涉及船舶设计与制造、传感器技术、智能决策、海上通信、岸基遥测遥控和气象海况预报等诸多理论和技术。而当前智能船舶的发展主要是在传统船舶基础技术基础上，通过环境感知、传感、网络、数据传输、数据处理、自动控制、大数据、人工智能等技术在船舶控制和管理方面的应用，实现船舶智能化的感知、判断分析，以及决策和控制等智能化功能要求，以有效解决船舶在节能减排、人力成本、船舶安全性等方面面临的主要问题。船舶智能化功能应用涉及船体和设备系统的安全管理、能效管理、船舶航行、系统和设备控制等各方面。

图 4-3　智能船舶示意图

（2）智能船舶的应用

　　智能船舶是未来航运发展的新趋势，各大造船国家针对智能船舶的研究已形成群雄逐鹿之势。英国罗尔斯·罗伊斯公司（罗-罗公司）基于其在系统设备领域积累的技术优势，正积极构建智能船舶基础性技术框架，目前已启动研制首套船舶智能感知系统，同时罗-罗公司针对船舶的远程遥控和无人驾驶也开展了预研。日本自 2012 年就已启动"智能船舶应用平台"项目，建立了船舶及岸上获取船舶设备数据的标准化方法，当前日本航运业正大力研发无人驾驶船，计划在 2025 年打造出大型无人驾驶船队。芬兰等欧洲国家的企业正在政府的支持下合作推进自主控制无人船的研发进程，旨在到 2025 年实现波罗的海无人自主控制的海上商业运输。

作为航运大国，我国正在积极推动智能船舶技术的发展。在智能船舶的定义和技术方面，我国走在了世界前列，并且体系更为全面。2017 年，中国船舶工业集团公司研制的 iDolphin 38800t 智能散货船"大智"轮，成为首艘通过船级社认证的智能船舶，也成为我国智能船舶发展的里程碑事件。

船舶技术、信息技术的发展，以及"大数据"的智能应用，推动着智能船舶的加速出现，除了信息感知、通信导航、能效管控等关键技术，自动靠泊、自动离岸、自主维修、自动清洗、自动更换设备部件、自我防护等同样将会趋于智能化发展，最终可实现由智能系统设备逐步转变为会思考的智能船舶，促进船舶安全、高效航行，这将是航运业发展的必然趋势。

4.3　智能仓储装备

智能仓储装备是物流仓储保管作业活动中所运用的智能化、自动化物流装备，包括立体货架、堆垛机、穿梭车、存取输送装置等。由上述装备组成的智能仓储装备系统是智能仓储装备应用的重点。

典型的智能仓储装备主要包括自动化立体仓库系统、穿梭车式密集仓储系统和仓储机器人。

4.3.1　自动化立体仓库

（1）自动化立体仓库的概念

自动化立体仓库，也称为自动存取系统（Automated Storage and Retrieval System，AS/RS），是由高层货架、巷道堆垛机、入出库输送系统、自动化控制系统、计算机仓库管理系统及其周边设备组成的，可对集装单元货物实现自动化保管和计算机管理的仓库。某自动化立体仓库示意图如图 4-4 所示。

自动化立体仓库的优势体现在：

① 提高空间利用率。充分利用仓库垂直空间，单位面积存储量远大于传统仓库；可以实现随机存储，任意货物存放于任意空仓内，由系统自动记录准确位置，避免传统仓库分类存放货物所造成的大量空间闲置，大大提高了空间的利用率。

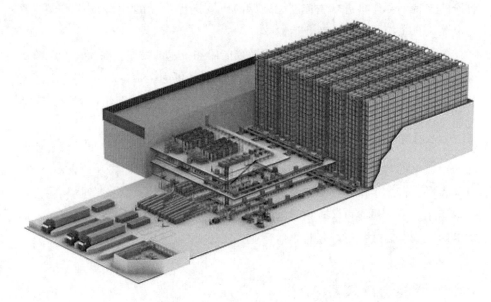

图 4-4　某自动化立体仓库示意图

②实现物料先进先出。传统仓库由于空间限制，将货物码放堆砌，常常是先进后出，导致货物积压浪费。自动化立体仓库系统能够自动绑定每一票货物的入库时间，自动实现货物先进先出。

③智能作业账实同步。传统仓库的管理涉及大量的单据传递，且很多由手工录入，流程冗杂且容易出错。自动化立体仓库系统与 ERP 系统对接后，从生产计划的制订开始到下达货物的出入库指令，可实现全流程自动化作业，且系统自动过账，保证了信息准确及时，避免了账实不同步的问题。

④满足货物对环境的要求。相比传统仓库，能较好地满足特殊仓储环境的需要，如避光、低温、有毒等特殊环境。保证货品在整个仓储过程的安全运行，提高了作业质量。

⑤可追溯。通过条码技术等，准确跟踪货物的流向，可以实现货物的物流全过程可追溯。

⑥节省人力资源成本。自动化立体仓库内，各类自动化设备代替了大量的人工作业，大大降低人力资源成本。

⑦及时处理呆滞料。自动化立体仓库系统的物料入库，自动建账，不产生死料，可以搜索一定时期内没有操作的物料，及时处理呆滞料。

自动化立体仓库也存在一些劣势，如投资建设成本高、周期长，存储货物有严格要求，管理维护要求高，柔性相对较差。

（2）自动化立体仓库的应用

第二次世界大战之后，随着生产和技术的发展产生了立体仓库。20 世纪 50 年代，美国出现了采用桥式堆垛起重机和司机操作的巷道式堆垛起重机的立体仓库；随着计算机控制技术的发展，美国在 60 年代又建成世界上第一座在仓库管理中由计算机控制的立体仓库。此后，自动化立体仓库在世界范围内得到迅速发展，并逐渐形成了专门的学科。

我国自动化立体仓库建设起步于 1975 年，20 世纪 70 年代中期，"自动化立体库"被作为国家级十大技术攻关项目之一提出。21 世纪以来，随着物流市场需求与行业规模迅速扩大，技术全面提升，现代仓储系统、分拣系统及其自动化立体仓库技术在各行业开始得到应用。当前，我国的自动化立体仓库技术已经基本成熟，并进入大量应用阶段，已建成自动化立体仓库 4000 座以上。相比国外先进国家，我国自动化立体仓库保有量依然很少，技术水平与先进国家在高速性能、工艺、可靠性等方面还存在差距，未来发展潜力巨大。

4.3.2　穿梭车式密集仓储系统

（1）穿梭车式密集仓储系统的概念

传统的自动化立体仓库主要由巷道、存储货架、堆垛机和入出库台等组成，堆垛机能够在巷道中沿 x、y 两个方向自主地移动、拣选和卸载货物。货物通常储存在单深位货架里，巷道占据了地面空间相当大的一部分。和二维仓储系统（自动化立体仓库）相比，密集仓储系统主要有以下两个优势。一是减少了货道占用的空间，而且大大降低了设备移动所需要的空间，从而提高了仓储密度，使得单位面积货物的存储量大大提升。二是采用的纵深式货架在纵向上能够缩短负载单元间的距离，在横向上能够减少设备行走的距离和时间，而且它还能够通过在 x、y、z 三个方向的同时运动来降低货物存取时间，从而大大提高仓储效率。

穿梭车（RGV）是物流系统中一种执行往复输送任务的小车，其基本功能是在物流系统中（平面内）通过轨道上的往复运动完成货物单元（主要是托盘和料箱）的输送。穿梭车有两向穿梭车、多层穿梭车、子母穿梭车、四向穿梭车等类型（如图 4-5）。穿梭车具有较好的灵活性，广泛应用于物流配送中心和生产物流系统。

两向穿梭车　　　　多层穿梭车　　　　子母穿梭车　　　　四向穿梭车

图 4-5　常见穿梭车

穿梭车式密集仓储系统是基于高密度货架、穿梭车及升降机、输送机等设备，由穿梭车实现货物的水平移动，升降机实现货物的垂直移动，配合仓库管理系统完成货物出入库作业，具有较高空间利用率和存取效率的仓储系统，是物流装备技术的一次重大创新。穿梭车式密集仓储系统是自动化程度较高的密集仓储形式，作为一种独特的自动化物流系统，主要解决货物密集存储与快速存取难题，空间利用率可达 80％～85％，成为应用广泛的新型物流仓储系统。特别是随着穿梭车电池、通信和网络等关键技术的逐步解决，穿梭车式密集仓储系统将得到进一步广泛应用。

（2）穿梭车式密集仓储系统的应用

穿梭式货架系统由瑞典 EAB 公司发明，大福、DEMATIC、KNAPP、TGW 等国外物流系统集成商都有各自的货架穿梭车产品。双向穿梭车在 2000 年左右已经在日本和欧洲开始应用，四向穿梭车和子母穿梭车的实际应用时间不长，即使在欧洲，最早的应用也是在 2013 年前后。2009 年前后，穿梭车产品开始涌入中国，以 EAB、BT、胜斐迩、十通、欧导、德仕安等为主要供应商代表，他们大多采取与国内货架企业合作的方式进行市场拓展；也有少数几家国内企业（如世仓）自主研发该技术。从主要技术参数看，国内外基本处于同一技术水平，但国外产品在技术稳定性、效率、技术成熟度等方面略胜一筹。目前，国内大多数主流货架企业都推出了以穿梭车为核心的密集仓储系统，并拓展出了子母车穿梭系统、穿梭车立体仓库系统、四向穿梭车系统等自动化程度更高、集成性更强的系统类型。

4.3.3　仓储机器人

（1）仓储机器人的概念

仓储机器人是集合图像识别、传感技术、运动控制等为一体的智能设备，当前，尽管仓储机器人的概念十分火爆，但是行业内并没有形成标准的定义。从物流领域应用的机器人实现的功能来看，主要包括搬运、拆垛、码垛、拣选、分拣等作业，因此智能仓储机器人也可以视为以上不同类型物流机器人的总称。仓储机器人作为智能物流的重要组成部分，顺应了时代的发展需求，成为物流行业解决高度依赖人工、业务高峰期分拣能力有限等瓶颈问题的突破口。

在仓储物流业中，仓储机器人作为一种新兴的仓库内自动化物流搬运工具，在现代化仓储体系中发挥着重要作用。根据应用场景的不同，仓储机器人可分为 AGV（Automatic Guided Vehicles）自动导引车、码垛机器人、分拣机器人、AMR 机器人、RGV 穿梭车五大类。其中，AMR 机器人（Automatic Mobile Robot）又称自主移动机器人（如图 4-6），与 AGV 自动导引车相比具备一定优势，主要体现在：①智能化导航能力更强，能够利用相机、内在传感器、扫描仪探测周围环境，规划最优路径；②自主操作，灵活性更加优越，通过简单的软件调整即可自由调整运输路线；③经济适用，可以快速部署，初始成本低。

图 4-6　AMR 机器人

（2）仓储机器人的应用

目前中国快递业务量已跃居世界首位，作为仓储机器人的一大应用场景，快递行业的发展也是当前仓储机器人行业发展最主要的推动力。仓储机器人已经广泛应用于仓库作业、运输作业以及客户服务等物流体系方面，并逐渐改变着原有物流体系的运作模式。在物流运输市场快速发展的带动下，未来中国的货运量、快递量还将继续提高，随之而来的是仓储机器人市场需求的进一步提高。

国外知名仓储机器人公司包括 Clearpath Robotics、GreyOrange、Kiva Systems、Berkshire Grey、Magazino、Fetch Robotics、Exotec、Locus Robotics、Canvas Technology 等。中国仓储机器人行业发展时间较短,大部分的仓储机器人厂商成立时间不超过 10 年,总体来说机遇与挑战并存。一方面,仓储机器人可在物流行业的转型升级中发挥积极作用,尤其是在人力劳动最繁重的搬运环节以及需要较多劳动力资源的分拣环节。目前行业内已经涌现出几家发展速度较快、技术水平较高的仓储机器人厂商如极智嘉(Geek+)、快仓、海康威视等。由于行业发展前景较好,且机器人的技术研发需要大量的资金支持,仓储机器人行业的投融资动作频频。

4.4　智能配送装备

智能配送装备,是以互联网、物联网、云计算、大数据等先进信息技术为支撑,应用于物流末端配送环节,具有系统感知、分析处理、运行调整和人机交互等功能的智能物流装备。

典型的智能配送装备主要包括无人配送车、配送无人机、智能快递柜、地下智能物流管网等。

4.4.1　无人配送车

(1)无人配送车的概念

无人配送车又称为配送机器人,是指基于移动平台技术、全球定位系统、智能感知技术、智能语音技术、网络通信技术和智能算法等,具备感知、定位、移动、交互能力,能够根据用户需求,收取、运送和投递物品,完成配送活动的机器人,如图 4-7 所示。

无人配送车可以提高配送效率,实现无接触配送,提升用户体验。一旦无人配送在末端物流场景大规模落地应用,对整个无人驾驶行业都是非常有帮助的。当前,菜鸟、京东、顺丰、美团等电商和物流企业,积极布局无人配送,其末端配送的无人车开始在高校、园区内进行测试运营。一些机器人和无人驾驶研发公司也在末端配送做着诸多努力,例如新石器、智行者在测试园区的无人配送,赛格威、优地、云迹等机器人公司在测试楼内的配送。

图 4-7 京东和美团的无人配送车

无人配送是人工智能的典型落地场景，完成无人配送需要无人驾驶技术、机器人技术、视觉分析、自然语言理解、机器学习、运筹优化等一系列创新技术的高度集成。无人配送车首先是一种无人驾驶技术的应用，所以必不可少地需要用到无人驾驶通常用到的技术，包括计算机感知、定位、规划、控制等算法、数据存储、仿真平台、监控系统等云端软件，激光雷达、摄像头、卫星定位 GNSS、惯导模块 IMU 等硬件传感器，以及汽车工业链中的线控底盘技术。除此之外，在一些技术领域（如高精度地图数据、智能导航系统、智能交互技术、基于大数据的智能调度技术、安全技术与措施等），无人配送车还有相对更高的技术要求。

（2）无人配送车的应用

无人配送车作为实现无人配送的典型装备，在国内外受到广泛重视。特别是当前无人驾驶技术离完全成熟还有很远的距离，出于安全问题考虑具体落地应用还需要一段时间，但是无人配送由于"小、慢、轻、物"的特点，安全问题不是特别突出，可以帮助无人驾驶技术快速落地、快速迭代。目前国内外有多家公司在做无人配送车的研发和应用。但大多公司处在小规模试运营或者早期研发的阶段，还需要在无人驾驶、人机交互等多种技术上不断完善，才能满足多种多样的、复杂的运行场景的需求。

当前无人配送车主要针对快递、生鲜配送、外卖、医院、酒店等场景运行。无人配送车加入城市内快递短途运送，可以一次性投递，降低人力成本，分担快递员的部分工作，也可以完全依照用户的空闲时间送货，提高配送效率。生鲜配送日常需求大、时间要求紧，是配送领域的一项重要内容。无人配送车的加入能够大大提高生鲜配送效率，已得到良好应用。智能送餐机器人（无人配送车）可以分担短距离的送餐任务或与送餐员接力运送，节省送餐员等待取餐的时间成本，使送餐员按时安全地完成送餐任务，提升服务质量。为节省人力与时间成本，让医护人员将更多精力放在医治患者上，同时推进医院物资管理精准化，在医院中应用无人配送车（配送机器人）即可实现准确运送、配送信息可视化与管理可追踪。配送服务机器人进驻酒店，能够降低酒店的运营成本，辅助服务人员完成引路、送物和闲聊等基础服务。为客人带去新奇体验的同时提供个性化的贴心服务，有助于智能酒店的建设及酒店服务质量和用户体验的提升。

4.4.2　配送无人机

（1）无人机的概念

1927 年，"喉"式无人机试飞成功标志着无人机的正式诞生，至今已有 90 多年的历史了，并因科技进步历经多次演变和进化。无人机（Unmanned Aerial Vehicles，UAV）是指利用无线电遥控设备和自备的程序控制装置操纵的不载人飞机。无人机的主要价值在于替代人类完成空中作业，并且能够形成空中平台，结合其他部件扩展应用。

无人机按应用领域分为军用级及民用级；民用方面，又分为消费级和工业级。目前工业级无人机已广泛应用于农林植保、电力巡线、边防巡逻、森林防火、物流配送等领域。用于物流领域的无人机称为物流无人机，按照承担运输或配送任务的不同，又分为运输无人机或配送无人机（图 4-8 为京东无人机）。在偏远山区、交通不便的农村地区，配送一直是个难题。农村地区"最后一公里"的物流成本更是占到整个物流成本中相当大的比例，在交通运输基础设施落后的情况下，物流无人机能够凸显独特优势，提升物流网点与终端之间的流转效率。

无人机在物流配送中的应用不但具有方便高效、超越时空的优势，而且成本低、调度灵活、节约人力，还能实现产能协同和运力优化。作为新技术的应用，无人机送货是对传统方式的有益补充，传统的"铁公机"、管道运输水运和多式联运，加上无人机的末端配送和支线运输，必将使现代物流的服务能力再上新台阶，其整体的效率、成本和运力也将得到优化和重构。

图 4-8　京东无人机

（2）无人机的应用

无人机在物流行业中主要应用于以下场景：

① 大载重、中远距离支线无人机运输。送货的直线距离一般在 100～1000km，吨级载重，续航时间达数小时，应用场景主要有地区的货运（采取固定航线、固定班次，标准化运营管理）、边防哨所、海岛等物资运输以及物流中心之间的货运分拨等。

② 末端无人机配送。空中直线距离一般在 10km 以内（对应地面路程可能达到 20～30km，受具体地形地貌的影响。载重在 5～20kg，单程飞行时间在 15～20min，易受天气等因素影响。应用场景主要包括派送急救物资和医疗用品、派送果蔬等农产品等业务。

③ 无人机仓储管理。例如大型高架仓库、高架储区的检视和货物盘点；再如集装箱堆场、散货堆场（例如煤堆场、矿石堆场和垃圾堆场）等货栈堆场的物资盘点或检查巡视。

继亚马逊 2013 年 12 月首次公开宣布正在试验使用无人机配送商品，国外的 UPS、Google、WalMart、DHL、GeoPost、Matternet、Bizzby Sky、Flytrex Sky 与国内的顺丰、京东、菜鸟、邮政等多家电商企业及物流企业都相继宣布其无人机配送的研发项目和试验进度。如：京东物流在 2016 年提出在农村地区使用无人机承担从配送站到乡村推广员的商品运输，解决农村电商最后一公里的配送需求。目前，已开发出多旋翼或固定翼以及电动、油动或油电混合动力等多形态、多动力的多种机型，目前，配送范围覆盖国内陕西、江苏、青海、海南等 9 个省级行政区。

4.4.3 智能快递柜

（1）智能快递柜的概念

在整个物流产业链当中，配送位于末端服务的环节，同时也是最为关键的直接面对顾客的环节，特别是在配送产品的最后一公里，这一公里是由顾客一同参与，顾客能直观地感受物流配送的服务水平。如果这最后一公里由快递员送货上门完成，势必导致成本高、顾客不方便接收等一系列问题。为解决"最后一公里"存在的种种问题，智能快递柜应运而生。快递柜在方便顾客取快递，大大节约成本的同时，也节省了时间，提高了货物寄存的安全性、智能性，实现了物流配送人性化作业管理。

智能快递柜是指在公共场合（小区），可以通过二维码或者数字密码完成投递和提取快件的自助服务设备。当前丰巢、速递易、菜鸟等不断加大终端快递柜建设投入，智能快递柜逐渐应用于小区、学校、办公楼，成为一种重要的末端配送装备。图 4-9 为丰巢快递柜。

图 4-9　某丰巢快递柜

（2）智能快递柜的应用

智能快递柜的发展已有近二十年的历史，目前全球应用智能快递柜的主要地区有中国、美国、西欧、东南亚部分国家、南美部分国家。我国自 2012 年9 月中邮速递率先推出"速递易"智能快递柜以来，行业不断发生着变化。2015 年 4 月顺丰联合申通、中通、韵达、普洛斯 4 家物流公司成立丰巢科技（其后 4 家公司陆续退出），业务迅速覆盖全国各城市，目前成为快递柜终端数量最多的企业。数据显示，2019 年主要城市建设智能快件箱已达 40.6 万组，新增 13.4 万组，增幅接近 50%。

智能快递柜结合无人车、无人机，实现整个快递配送过程的无人化运营，是当前的一个重要发展方向。目前无人配送站（智能快递柜）情景的末端智能解决方案正在从"人、柜＋用户协同"到"人、柜、机、车＋用户协同"的方向演进。如果整个无人配送站（智能快递柜）再"移动"起来，又是一个迭代的版本。"移动的盒子"完全可以承担现在"派件三轮车"的职能，实现"人、柜、机、车、站＋用户协同"。

4.4.4　地下智能物流管网

（1）地下智能物流管网的概念

地下智能物流管网是通过使用自动导引车、两用卡车或胶囊小车等运载工具或介质，以单独或编组的方式在地下隧道或管道等封闭空间中全自动地运输货物，最终将货物配送到各终端的运输和供应系统（图 4-10 为地下智能物流管网示意图）。

在城市，地下物流系统与物流配送中心和大型零售企业结合在一起，实现网络相互衔接，客户在网上下订单以后，物流中心接到订单，迅速在物流中心进行高速分拣，通过地下管道物流智能运输系统和分拣配送系统进行运输或配送。也可以与城市商超结合，建立商超地下物流配送。

地下物流系统末端配送可以与居民小区建筑运输管道相连，最终发展成一个连接城市各居民楼或生活小区的地下管道物流运输网络，并达到高度智能化。当这一地下物流系统建成后，人们购买任何商品都只需点一下鼠标，所购商品就像自来水一样通过地下管道很快地"流入"家中。在城市道路日益拥挤，拥堵越来越严重的情况下，地下物流系统具有巨大优越性。

总体来看，地下智能物流管网系统是一种"地下干线运输＋综合管廊＋配

图 4-10 地下智能物流管网示意图

送塔"的物流体系：物品经过地下运输系统运输、分拣中心分拣，再经过地下管廊自动配送到商业设施地下仓储中心，或地上与地下结合的社区智能配送塔，客户凭密码或手机在小区配送塔自提包裹。

（2）地下智能物流管网的应用

随着经济和技术的飞速发展，城市面临着交通拥堵、用地紧张、生存空间拥挤、环境恶化等问题。自 20 世纪末以来，地下智能物流管网系统的研究越来越受到重视。其中以英国、美国、荷兰、日本和德国等为主要代表的相关政府部门及学术机构，针对港口、机场等交通枢纽提出了建设地下物流系统的可行性研究。

随着城市化的发展和物流技术的进步，我国对地下物流系统也进行了积极的探索。2000 年开始，钱七虎院士最早在我国倡导地下物流研究，2014 年，由我国自主研发的"LuGuo 种子输送分类贮藏智能系统"面世，这一系统可以将不同种类的种子袋准确无误地送达指定地点。LuGuo 系统实际是针对城市物流"最后一公里"的一个解决方案，其地上轨道物流完全可以流畅衔接地下管道物流，可实现智能配送、精准分流，非人力自动送达入户，相比传统物流可节能 90%。

4.5　智能流通加工装备

流通加工是指物品从生产地到使用地的过程中，根据需要施加包装、切割、计量、分拣、刷标志、拴标签、组装等简单作业的总称。智能流通加工装备是将先进信息技术应用于流通加工环节，使流通加工装备具有状态感知、智能决策、准确执行等功能的智能物流装备。

智能流通加工装备种类很多，本书中主要介绍智能分拣输送装备和"人到货"拣选系统。

4.5.1　智能分拣输送装备

现代物流运作过程中，输送装备和分拣装备往往结合使用，共同完成货物出入库和拣选工作，同时在智能技术的支持下，形成智能分拣输送装备系统。

智能分拣输送装备，是运用信息感知、自动识别、智能控制技术，根据计算机指令或进行自主判断，实现物流分拣输送自动化、智能化运作的机械设备。

典型的智能分拣输送装备包括主输送装置和自动分拣装置。

（1）主输送装置

主输送装置的作用是将物料输送到相应的分拣道口，以便进行后续作业，主要由各类输送机械组成，又称主输送线。主要包括带式输送机、链式输送机、辊子输送机、垂直输送机等。

① 带式输送机。带式输送机是以输送带作牵引和承载构件，通过承载物料的输送带的运动进行物料输送的连续输送设备，见图 4-11(a)。带式输送机是连续输送机中效率最高，使用最普遍的一种机型，广泛适用于采矿、冶金、电子、电器、机械、烟草、注塑、邮电、印刷、食品以及物件的组装、检测、

调试、包装及运输等各行业。主要用于在水平和倾斜（倾角不大）方向输送大量散粒物料或中小型成件物品。

(a) 带式输送机

(b) 链式输送机

(c) 辊子输送机

(d) 垂直输送机

图 4-11　常见输送装置

② 链式输送机。链式输送机是利用链条牵引、承载，或由链条上安装的板条、金属网带、辊道等承载物料的输送机，见图 4-11(b)。链式输送机的主要功能元件是输送链，输送链既有传递动力的功能，又有承载能力。由于输送链链条的结构可以千变万化，所以链式输送机能适用于众多的工作环境和众多的使用要求。

③ 辊子输送机。辊子输送机是由一系列以一定的间距排列的辊子组成的

用于输送成件货物或托盘货物的连续输送设备，见图 4-11(c)。辊子输送机是一种用途十分广泛的连续输送设备。特别是由辊子输送机组成的生产线和装配线越来越广泛地应用在机械加工、冶金、建材、军事工业、化工、医药、轻工、食品、邮电以及仓库和物资分配中心等各个行业。辊子输送机是各个行业提高生产率、减轻劳动强度和组成自动化生产线的必备设备。

④ 垂直输送机。垂直输送机可以连续地垂直输送物料，使不同高度上的连续输送机保持不间断的物料输送，见图 4-11(d)。可以理解为，垂直输送机是把不同楼层间的输送机系统连接成一个更大的连续的输送机系统的重要设备。

（2）自动分拣装置

自动分拣装置是指将自动识别后的物料引入到分拣机主输送线，然后通过分拣机构把物料分流到指定的位置的装备。分拣机构是分拣系统的核心设备。主要包括挡板式分拣机、滑块式分拣机、浮出式分拣机、倾斜式分拣机、托盘式分拣机、悬挂式分拣机、滚柱式分拣机、分拣机器人等。

自动分拣装置主要根据用户的要求、场地情况，对货品按用户、地名、品名等进行自动分拣连续作业。自动分拣装置是物流中心进行货品输送分拣的关键设备之一，通过应用分拣系统可实现物流中心准确、快捷地工作。

按照分拣机构的结构，自动分拣装置分为不同的类型，常见的类型有下列几种。

① 挡板式分拣机。挡板式分拣机是利用一个挡板（挡臂）挡住在输送机上向前移动的商品，将商品引导到一侧的滑道排出。挡板的另一种形式是挡板一端作为支点，可作旋转。挡板动作时，像一堵墙挡住商品向前移动，利用输送机对商品的摩擦力推动，使商品沿着挡板表面移动，从主输送机上排出至滑道。平时挡板处于主输送机一侧，可让商品继续前移；如挡板作横向移动或旋转，则商品就排向滑道。

② 滑块式分拣机。滑块式分拣机是一种特殊形式的条板输送机。输送机的表面用金属条板或管子构成，如竹席状，而在每个条板或管子上有一枚用硬质材料制成的导向滑块，能沿条板作横向滑动。平时滑块停止在输送机的侧边，滑块的下部有销子与条板下导向杆联结，通过计算机控制，当被分拣的货物到达指定道口时，控制器使导向滑块有序地自动向输送机的对面一侧滑动，把货物推入分拣道口，从而引出主输送机。这种方式是将商品侧向逐渐推出，

并不冲击商品，故商品不容易损伤，它对分拣商品的形状和大小适用范围较广，是目前国内外应用的一种新型高速分拣机。图 4-12 是一种滑块式分拣机。

图 4-12　滑块式分拣机

③ 浮出式分拣机。浮出式分拣机是把商品从主输送机上托起，从而将商品引导出主输送机的一种结构形式。从引离主输送机的方向看，一种是引出方向与主输送机构成直角，另一种是呈一定夹角（通常是 30°～45°）。一般是前者比后者工作效率低，且对商品容易产生较大的冲击力。常见的浮出式分拣机主要有胶带浮出式分拣机和辊筒浮出式分拣机。胶带浮出式分拣机是将分拣机构用于辊筒式主输送机上，将由动力驱动的两条或多条输送带或单个链条横向安装在主输送辊筒之间的下方。当分拣机构接受指令启动时，输送带或链条向上提升，接触商品底部把商品托起，并将其向主输送机一侧移出。辊筒浮出式分拣机是将分拣机构用于辊筒式或链条式的主输送机上，将一个或数个有动力的斜向辊筒安装在输送机表面下方。分拣机构启动时，斜向辊筒向上浮起，接触商品底部，将商品斜向移出主输送机。这种浮出式分拣机，有一种是采用一排能向左或向右旋转的辊筒，可将商品向左或向右排出。

④ 倾斜式分拣机。常见的倾斜式分拣机主要有条板倾斜式分拣机和翻盘式分拣机。

条板倾斜式分拣机是一种特殊型的条板输送机，商品装载在输送机的条板上，当商品行走到需要分拣的位置时，条板的一端自动升起，使条板倾斜，从而将商品移离主输送机。商品占用的条板数随不同商品的长度而定，被占用的条板如同一个单元，同时倾斜，因此，这种分拣机对商品的长度在一定范围内不受限制。

翻盘式分拣机由一系列的盘子组成，盘子为铰接式结构，向左或向右倾斜。装载商品的盘子上行到一定位置时，盘子倾斜，将商品翻到旁边的滑道中，为减轻商品倾倒时的冲击力，有的分拣机能控制商品以抛物线轨迹倾倒出。这种分拣机对分拣商品的形状和大小无特殊要求，但以不超出盘子为限。对于长形商品可以跨越两只盘子放置，倾倒时两只盘子同时倾斜。这种分拣机常采用环状连续输送，其占地面积较小，又由于是水平循环，使用时可以分成数段，每段设一个分拣信号输入装置，以便商品输入，而分拣排出的商品在同一滑道排出，这样就可提高分拣能力。

⑤ 托盘式分拣机。这种分拣机主要由托盘小车、驱动装置、牵引装置等组成。其中托盘小车形式多种多样，有平托盘小车、交叉带式托盘小车等。

传统的平托盘小车利用盘面倾翻、重力卸载货物，结构简单，但存在着上货位置不稳、卸货时间过长的缺点，从而造成高速分拣时不稳定以及格口宽度尺寸过大。交叉带式托盘小车的特点是取消了传统的盘面倾翻、利用重力卸落货物的结构，而在车体下设置了一条可以双向运转的短传送带（又称交叉带），用它来承接上货机，并由牵引链牵引运行到格口，再由交叉带运送，将货物强制卸落到左侧或右侧的格口中，是当前配送中心广泛采用的一种高速分拣装置。

⑥ 悬挂式分拣机。悬挂式分拣机是用牵引链（或钢丝绳）作牵引件的分拣设备，按照有无支线，可分为固定悬挂和推式悬挂两种机型。前者用于分拣、输送货物，只有主输送线路、吊具和牵引链是连接在一起的；后者除主输送线路外还具备储存支线，并有分拣、储存、输送货物等多种功能。

固定悬挂式分拣机主要由吊挂小车、输送轨道、驱动装置、张紧装置、编码装置、夹钳等组成。分拣时，货物吊夹在吊挂小车的夹钳中，通过编码装置控制，由夹钳释放机构将货物卸落到指定的搬运小车或分拣滑道上。推式悬挂式分拣机具有线路布置灵活、允许线路爬升等优点，普遍用于货物分拣和储存业务。

悬挂式分拣机具有悬挂在空中，利用空间进行作业的特点，它适合于分拣箱类、袋类货物，对包装物形状要求不高，分拣货物重量大，一般可达 100kg 以上，但该机需要专用场地。

⑦ 滚柱式分拣机。滚柱式分拣机是用于对货物输送、存储与分路的分拣设备，按处理货物流程需要，可以布置成水平形式，也可以和升降机联合使用

构成立体仓库。

滚柱式分拣机中的滚柱机的每组滚柱（一般由3～4个滚柱组成，与货物宽度或长度相当）均各自具有独立的动力，可以根据货物的存放和分路要求，由计算机控制各组滚柱的转动或停止。货物输送过程中在需要积放、分路的位置均设置光电传感器进行检测。当货物输送到需分路的位置时，光电传感器给出检测信号，由计算机控制货物下面的那组滚柱停止转动，并控制推进器开始动作，将货物推入相应支路，实现货物的分拣工作。

滚柱式分拣机适用于包装良好、底面平整的箱装货物，其分拣能力高但结构较复杂，价格也较高。

⑧ 分拣机器人。分拣机器人是一种可以快速进行货物分拣的机器设备（如图4-13）。分拣机器人可利用图像识别系统分辨物品形状，用机械手抓取物品，然后放到指定位置，实现货物的快速分拣。分拣机器人运用的核心技术包括：传感器、物镜、图像识别系统、多功能机械手。

图 4-13　分拣机器人

4.5.2　"人到货"拣选系统

"人到货"拣选，即拣货员根据拣选信息指示前往物流中心物资存储区域，到达指定库位，拣选指定种类及数量的物资，并运送出库至指定位置；主要以人工操作为主，技术应用为辅。典型的智能型"人到货"拣选系统包括 RF 拣选系统、语音拣选系统、电子标签拣选系统、智能穿戴拣货设备、智能拣货台车等。

（1）RF 拣选系统

RF 即射频，是指具有远距离传输能力的高频电磁波。射频技术在无线通信领域中广泛使用。手持 RF 拣选系统是通过无线网络传输订单，借助手持 RF 终端上的显示器，向作业人员及时、明确地下达向货架内补货（入库）和出库指示，具有加快拣选速度、降低拣货错误率、合理安排拣货人员行走路线、免除表单作业等显著优点，并且使用简单灵活、应用广泛。某 RF 拣选系统如图 4-14 所示。

RF 技术使用小型手持计算机终端（带有条码扫描器）来传递拣选作业信息。作业时，由后台计算机系统向手持终端发出拣选指令，屏幕上会显示货位、品种、数量等信息，拣选人员走到相应的货位拣取货物。使用手持终端拣货时，通常都要求扫描货物和货位条码，拣选作业准确率很高。

RF 拣选系统应用于叉车上，能够提高叉车拣货的智能化水平，也是常用的拣选形式之一。它是在高位拣选叉车或拣选式巷道堆垛起重机上装置出入库显示终端，根据 WMS 和无线数字传输显示拣选系统进行作业。当供应商或货主通知物流中心按配送指示发货时，拣选叉车拣选系统在最短的时间内从庞大的高层货架存储系统中准确找到要出库的商品所在位置，并按所需数量出库，将从不同储位上取出的不同数量的商品按配送地点的不同运送到不同的理货区域或配送站台集中，以便装车配送。

（2）语音拣选系统

语音技术是将任务指令通过 TTS 引擎（Text To Speech）转化为语音播报给作业人员，并采用波形对比技术将作业人员的口头确认转化为实际操作的技术。企业通过实施语音技术提高了员工拣选效率，从而降低了最低库存量及整体运营成本，并且大幅减少拣货错误率，最终提升企业形象和客户满意度。某语音拣选系统如图 4-15 所示。

语音拣选效率超过 RF 扫描，因为它让"手和眼睛获得自由"。语音操作者在视觉上专注于已分配的任务，而不需要键控输入到扫描单元，因而消除了键控操作的失误。同时，使用 RF 扫描，无论佩戴何种设备，都会在一定程度上限制双手的自由，使得拿起物品尤其是重型或棘手的物品变得困难，降低了拣选速度，而用语音报告替换 RF 扫描，能够使得双手解放出来，提高精准度和生产率。

图 4-14　RF 拣选系统　　　　　　　图 4-15　语音拣选系统

语音拣选系统整个操作过程非常简单，而且当前语音识别技术非常成熟，对操作员的口音没有特别要求，语音识别度非常高。

（3）电子标签拣选系统

电子标签拣选系统是以快速、准确、轻松地完成拣选作业为目的而设计的自动化拣选设备，是微电子技术和计算机软件技术快速发展的产物，使拣选作业实现了半自动化。电子标签拣选系统以一连串装于货架格位上的电子显示装置（电子标签）取代拣货单，电子标签指示应拣取的物品及数量，辅助拣货人员的作业，从而达到有效降低拣货错误率、加快拣货速度、提高工作效率、合理安排拣货人员行走路线的目的。某电子标签拣选系统如图 4-16 所示。

电子标签拣选系统简化了拣选工作的操作难度，能够实现对拣选作业的及时、科学、准确、连续、统一的现代化管理，使物流拣选作业实现规模化、现代化、自动化，降低物流配送的成本。

（4）智能穿戴拣货设备

智能穿戴设备是应用穿戴式技术对日常穿戴进行智能化设计，开发出可以穿戴的设备的总称，如手表、手环、眼镜、服饰等。

智能穿戴设备在物流领域可能应用的产品包括免持扫描设备、现实增强技术——智能眼镜、外骨骼、喷气式背包等。智能眼镜凭借其实时的物品识别、条码阅读和库内导航等功能，提升仓库工作效率，未来有可能广泛应用[如图

图 4-16 电子标签拣选系统

4-17(a)所示]。机械外骨骼是一种由金属材料框架构成并且可让人穿上的机器装置，这个装置可以提供额外能量来供四肢运动[如图 4-17(b)所示]。在物流作业中，机械外骨骼可用于货品搬运、拣选及配送过程。

(a) 智能眼镜

(b) 机械外骨骼

图 4-17 智能穿戴设备

智能穿戴拣货设备，其构成主要包括上位机、货物识别装置、蓝牙数据发送装置和反馈装置。上位机分别与货物识别装置和蓝牙数据发送装置相连，蓝牙数据发送装置与反馈装置无线连接。拣货时，通过货物识别装置检测货物，并将检测结果上传至上位机；上位机将所得结果进行分类处理，若该货物是需要进行挑拣的，则通过蓝牙数据发送装置将信号发送至反馈装置；反馈装置接收到信号后通过振动模块或语音模块提醒相关人员，使得相关人员不需要去查看货物的类别即可进行拣货，从而极大地提高了拣货效率，有效降低了相关人员的劳动量，还降低了错拣率。

（5）智能拣货台车

智能拣货台车是针对电商、医药、快消、美妆以及离散制造等行业进行研发的一款集灵活、智能、精准等优势为一体的产品。智能拣货台车集订单的分、拣、核、包、发为一体，囊括了 RF 枪、电子标签、标签打印机、装载设备、传感器等多种设备，同时又可与 WMS、WCS 等硬件设备智能连接，具有异常信息智能反馈等功能，可实现订单作业智能分配和拣选路线智能优化。广泛应用于服装、电商、医药、生产等各领域的智能分拣。

智能拣货台车主要包括小车车体、平板计算机（或手持终端）、RFID 设备、订单箱、打印机、称重设备、电子标签设备、供电系统等。

4.5.3 "货到人"拣选系统

"货到人"拣选，即拣货员只在拣选区域内部执行分拣任务，无须前往物资存储区域，所需物资及相关拣选信息由系统自动输送至拣选区域；主要以技术应用为主，人工操作为辅。与传统的"人到货"方式相比，"货到人"方式具有拣选效率高、准确性高等优点，同时"货到人"方式降低劳动强度，改善作业环境，大幅减少行走距离，在减少拣货人员作业量的同时，也降低了补货、容器周转等仓库内其他环节劳动强度。

典型的智能型"货到人"拣选系统包括 Miniload 系统、Multi-Shuttle 多层穿梭车拣选系统、类 Kiva 机器人拣选系统、AutoStore 系统、旋转货架"货到人"拣选系统等。

（1）Miniload 系统

Miniload 轻型堆垛机系统与托盘式立体仓库 AS/RS 结构相似，但存储货物单元为料箱/纸箱，也被称为料箱式立体仓库。Miniload 系统具有广泛的适应性，是最重要的"货到人"拆零拣选解决方案之一。目前，国内外多家物流装备企业均可提供 Miniload 系统，技术已非常成熟。

Miniload 系统基本工作原理是在接收时，货物被放置在标准化容器或托盘中，这些容器或托盘被传送到自动存取系统的导入点；自动存取系统将容器存储并检索放置到存储缓冲区中；自动分拣系统将容器提取和存放到动态分拣位置；或通过传送带传送到分拣工作站；分拣人员挑选所需的库存单位、数量，并将剩余库存的容器运回自动存取系统存储位。

Miniload 系统适用于需要高密度存储以最大限度减少仓库空间需求的情形，适用于需要快速订单周转时间的仓库情形，适用于需要安全存储环境或配套操作的货品。

（2）　Multi-Shuttle 多层穿梭车拣选系统

穿梭车拣选系统根据作业对象的不同主要分为托盘式穿梭车拣选系统和箱式穿梭车拣选系统，前者主要用于密集存储，后者则用于"货到人"拣选。箱式穿梭车拣选系统，也称 Multi-Shuttle 多层穿梭车拣选系统，是高速存储拣选解决方案的典型代表，以能耗低、效率高、作业灵活等突出优势成为"货到人"拆零拣选的最佳方式，近些年得到快速发展和大范围应用。

Multi-Shuttle 多层穿梭车拣选系统在接收时，分箱产品被放入标准实体（容器或托盘）中，完整的箱子可以原样存放，将货物运送到缓冲区的导入点。垂直升降机将容器运输至存储层。穿梭机器人可存储和取回双深位的货物，拣选人员通常在工作站可一次挑选多个订单，容器中的剩余库存由穿梭机器人移回存储缓冲区。

Multi-Shuttle 多层穿梭车拣选系统适用于：极高的拣选吞吐量环境，高效率是企业的核心关键；计划通过快速的订单周转时间带来竞争优势的情形；具有高安全性、高可用性要求的货品。

（3）类 Kiva 机器人拣选系统

Kiva 拣选技术是利用机器人顶部升降圆盘将货物举起，根据无线指令的订单将货物所在的货架从仓库搬运至员工处理区，从而实现其独特的"货到人"拣选优势。随着亚马逊 Kiva 机器人的大规模应用，类 Kiva 机器人（也称为智能仓储机器人）得到越来越多的关注和追捧。目前，类 Kiva 机器人拣选系统在电商、商超零售、医药、快递等多个行业实现了成功应用。

该系统在接收时，产品被补充到货架上，由类 Kiva 机器人回收和搬运；

在拣选时，类 Kiva 机器人将货架运到拣选站，操作员在那里进行连续拣选；操作员通常在激光指示器的帮助下同时采集多个订单，并将其点亮以确保准确性；拣选完成后机器人再将货架送回存储区。

该系统适用于：具有高度动态和不可预知的增长率，需要高度灵活性、适应性和可扩展性的拣选策略；低层建筑内的拣选作业。

（4） AutoStore 系统

AutoStore 系统将货物放到标准的料箱里面，通过料箱堆叠的方式进行存储，可以有效利用仓库上部空间，在很小的空间内实现高密度存储。

AutoStore 系统将接收到的货品放置在标准化的容器中，然后传送到 AutoStore 系统的导入点；存储空间由垂直堆垛的托架组成，机器人沿 x 轴移动至需要放置的货位顶端，然后货品由升降机沿 y 轴向下移动至存储通道下部。

AutoStore 系统可以将高流动量的商品分配在离拣选站台更近的区域存储，低流动量的商品分配在远离拣选站台区域进行存储，从而实现拣选效率的最优。商品的属性会随着正常拣选作业的触发频率慢慢地分化出来，从而实现动态存储，提高拣选效率。

AutoStore 系统适用于：需要高密度存储以最大限度减少仓库所需空间的情形，货品包装规格完全适用的情形，也能够用于大批量零售企业（如沃尔玛、英国阿斯达）。

（5）旋转货架"货到人"拣选系统

旋转货架"货到人"拣选系统与 Miniload 系统一样，均是非常成熟的"货到人"拣选解决方案，适合存储小件商品。随着对旋转货架"货到人"拣选系统的技术创新，其效率得到了大幅度提高。此外，旋转货架"货到人"拣选系统还具备高密度存储功能，可以实现自动存储、自动盘点、自动补货、自动排序缓存等一系列拣选动作。

旋转货架"货到人"拣选系统中货品储存在旋转货架的货位上，通常设置为每个拣货员/拣货站 2~3 个拣选货位；驱动货品向拣选面流转，当订单商品到达拣选口时，系统自动识别停止运转的设备，拣货员看到灯光提示即过去拣货；拣货员一次选择一个或多个订单，并通过 RF 或语音终端进行确认；拣选完成后，旋转传送带旋转以准备下一次拣选，同时也可以实现货品边进边出。

旋转货架"货到人"拣选系统的使用场景是：如果整个系统的设计是智能化的，可以同时补货和批量拣选多个订单，那么，旋转货架可以用来支持高速高吞吐量的拣选环境；更典型的应用是在吞吐量相对较低的情况下用于缓慢移动的部件存储；适合高价值的小型货物；尽管该系统单次拣选效率不高，但是非常适合于大型、SKU 数量多的场景，如电商仓库。

4.6　智能包装装备

智能包装装备是在机械化、自动化包装装备的基础上，运用智能感知、智能互联、智能控制等技术手段，具备自动识别包装货品、智能数据采集分析、自主规划自身行为、智能控制设备运行等功能的包装装备。具有自动化、智能化、集成化、柔性化的特征。

智能包装装备主要包括智能包装机器人，以及由包装机器人、自动包装机械组成的智能包装生产线。

4.6.1　智能包装机器人

（1）智能包装机器人的概念

智能包装机器人是工业机器人的一种，是应用在包装工业领域的自动执行工作的机械设备。目前，包装机器人多用于大物件的焊接和搬运，码垛、打捆、装箱和拾放机器人相继问世。机器人越来越多地走入车间，替代枯燥繁重的劳动，被誉为包装业的"宠儿"。典型的包装机器人包括装箱机器人、码垛机器人和贴标机器人，如图 4-18 所示。

码垛机器人是一种用来堆叠货品或者执行装箱、出货等物流任务的机器设备。每台码垛机器人携带独立的机器人控制系统，能够根据不同货物，进行不同形状的堆叠。码垛机器人进行搬运重物作业的速度和质量远远高于人工，具有负重高、频率高、灵活性高的优势。按照运动坐标形式分类，码垛机器人可分为直角坐标式机器人、关节式机器人和极坐标式机器人。

和普通的包装机械相比，智能包装机器人灵活性高，能实现产品的快速转换；生产精准度高，产品质量有保障。

（2）智能包装机器人的应用

在美国、日本、德国等国家由人工操作的包装工序已由机器人代替操作。机器人在食品、药品、化妆品等产品的包装生产中应用广泛。国外包装机器人在作业精度、速度及可靠性方面不断提高，用户操作方面趋于简单和人性化，同时价格也不断下降。国外包装机器人大多能够以较小的占地面积在较大的工作空间内实现高精度平稳运行，且控制性能优越，在传统制造业如包装、食品等行业应用广泛，能够大幅提高企业的经济效益。

(a) 装箱机器人　　　　　　　　　　　(b) 码垛机器人

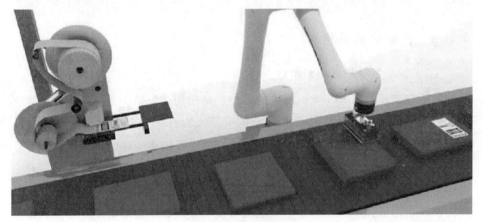

(c) 贴标机器人

图 4-18　包装机器人

20 世纪 70 年代中后期，国内开始研制基于示教再现或遥控操作的工业机器人实验样机。当前我国已能够研发制造包括焊接、搬运、冲压、喷涂等的各类机器人，具备了设计和应用大型机器人的能力。但是，随着国内食品、药品市场的蓬勃发展，包装机器人技术环节的薄弱愈发凸显，以往简单模仿国外技术的方式已经远不足以满足国内包装市场的需求。目前，国内在物流生产线上大量的装箱操作仍需手工操作完成。总体而言，我国包装机器人技术与发达国家先进技术相比仍然存在较大差距，主要体现在机器人数量较少，密度较小，且在精密度和稳定性等方面与国外产品也存在较大差距。但我国机器人产业发展势头良好，且有老龄化等社会问题的存在，导致中国社会未来可能面临劳动力短缺的危机，对机器人产生极大需求。围绕"中国制造 2025"发展战略，结合中国制造业升级换代的刚需，我国机器人产业发展正迎来重要机遇，包装机器人发展将迎来大的发展空间。

4.6.2　智能包装生产线

（1）智能包装生产线的概念

智能包装生产线主要是按照包装的工艺过程，将自动包装机、包装机器人和有关辅助设备用输送装置连接起来，再配以必要的自动检测、控制、调整补偿装置及自动供送料装置，成为具有独立控制能力，同时能使被包装物料与包装材料、包装辅助材料、包装容器等按预定的包装要求和工艺要求与工艺顺序，完成物料包装全过程的工作系统。图 4-19 为智能包装生产线示意图。

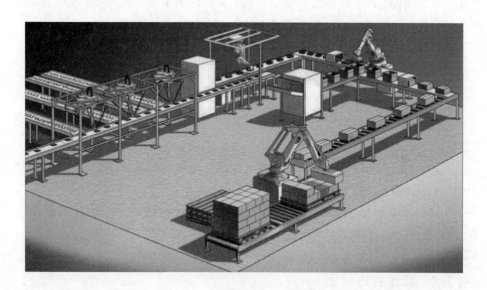

图 4-19　智能包装生产线示意图

采用智能包装生产线，产品的包装不再是以单机一道一道地完成单个包装工序，而是将各独立的自动或半自动包装设备和辅助设备，按照包装工艺的先后顺序组合成一个连续的流水线。被包装物料从流水线一端进入，以一定的生产节拍，按照设定的包装工艺顺序，依次经过各包装工位，通过各工位的包装设备使包装材料与被包装物料实现结合，完成一系列包装工序之后，形成包装成品并从流水线的末端不断输出。

智能包装生产线可以改善劳动条件，提高劳动生产率，提高包装产品的包装质量，合理利用资源，还可以降低产品包装成本，一般适用于少品种、大批量的产品包装，是大规模包装生产的重要环节。

（2）智能包装生产线的应用

不同的智能包装生产线应用领域不同，如主要用于食品饮料、医药、保健品、日化等行业的智能包装生产线，可实现瓶身贴标、赋码、喷印或激光刻印三期（生产批号、生产日期、有效期）、机器视觉自动检测、自动采集数据关联、自动装箱、生产状态监控、防窜货查询、真伪查询、产品出入库查询等功能，满足工厂智能化管理需要。

面对巨大的包装市场潜力，伴随机械智能化技术水平的不断提升，智能包装生产线将对包装生产效率、包装设备灵活性、包装机械智能化要求越来越高。智能包装生产线在应用时应注意满足工序的集中与分散以及平衡工序的节拍、设备布局的优化、包装作业效率的提升等问题。

4.7 智能装卸搬运装备

智能装卸搬运装备是对传统机械设备的升级，通过导航、定位以及多重传感器的部署，使得机械设备可以自动感应识别作业位置并精准对接，完成无人自动存取搬运的功能；同时能够实现装卸搬运过程的智能化控制，以及与整个物流运作过程的柔性化衔接。

典型的智能装卸搬运装备主要包括巷道式堆垛机、自动导引搬运车（AGV）、搬运机械臂等。

4.7.1 巷道式堆垛机

（1）巷道式堆垛机的概念

巷道式堆垛机是通过运行机构、起升机构和货叉机构的协调工作，完成货物在货架范围内的纵向和横向移动，实现货物的三维立体存取的设备。巷道式堆垛机是立体仓库中用于搬运和存取货物的主要设备，是随立体仓库的使用而发展起来的专用起重机。巷道式堆垛机的主要用途是在高层货架的巷道内来回穿梭运行，将位于巷道口的货物存入货格，或者取出货格内的货物运送到巷道口。图 4-20 为巷道式堆垛机示意图。

图 4-20　巷道式堆垛机示意图

巷道式堆垛机的分类、特点及用途如表 4-2 所示。

表 4-2　巷道式堆垛机的分类、特点及用途

项目	类型	特点	用途
按结构分类	单立柱型巷道式堆垛机	1. 机架结构是由 1 根立柱、上横梁和下横梁组成的 1 个矩形框架 2. 结构刚度比双立柱差	适用于起重量在 2t 以下、起升高度在 16m 以下的仓库
	双立柱型巷道式堆垛机	1. 机架结构是由 2 根立柱、上横梁和下横梁组成的 1 个矩形框架 2. 结构刚度比较好 3. 质量比单立柱大	1. 适用于各种起升高度的仓库 2. 一般起重量可达 5t，必要时还可以更大 3. 可用于高速运行

项目	类型	特点	用途
按支承方式分类	地面支承型巷道式堆垛机	1. 支承在地面铺设的轨道上，用下部的车轮支承和驱动 2. 上部导轮用来防止堆垛机倾倒 3. 机械装置集中布置在下横梁，易保养和维修	1. 适用于各种高度的立体库 2. 适用于起重量较大的仓库 3. 应用广泛
	悬挂型巷道式堆垛机	1. 在悬挂于仓库屋架下弦装设的轨道下翼沿上运行 2. 在货架下部两侧铺设下部导轨，防止堆垛机摆动	1. 适用于起重量和起升高度较小的小型立体仓库 2. 使用较少 3. 便于转巷道
	货架支承型巷道式堆垛机	1. 支承在货架顶部铺设的轨道上 2. 在货架下部两侧铺设下部导轨，防止堆垛机摆动 3. 货架应具有较大的强度和刚度	1. 适用于起重量和起升高度较小的小型立体仓库 2. 使用较少
按用途分类	单元型巷道式堆垛机	1. 以托盘单元或货箱单元进行出入库 2. 自动控制时，堆垛机上无司机	1. 适用于各种控制方式，应用最广 2. 可用于"货到人"式拣选作业
	拣选型巷道式堆垛机	1. 在堆垛机上的操作人员从货架内的托盘单元或货箱单元中取少量货物，进行出库作业 2. 堆垛机上装有司机室	1. 一般为手动或半自动控制 2. 用于"人到货"式拣选作业

（2）巷道式堆垛机的应用

随着立体仓库的发展，巷道式堆垛机逐渐代替了桥式堆垛机。我国是20世纪70年代初期开始研究采用巷道式堆垛机的立体仓库。1980年，由北京机械工业自动化研究所等单位研制建成的我国第一座自动化立体仓库在北京汽车制造厂投产。从此以后，立体仓库在我国得到了迅速的发展。

近几年来，我国智能仓储行业市场规模持续增长，堆垛机的需求量和市场规模也保持稳定的增长态势，2014年我国智能仓储行业市场规模428亿元，到2019年增长到了965亿元。其中，立体仓库规模226.4亿元，在智能仓储规模中的比重为23.46%；堆垛机行业规模68.4亿元，在立体仓库规模中的比重为30.2%。其中，有轨堆垛机行业市场规模44.4亿元，无轨堆垛机行业市场规模24亿元。

目前市场上的主流堆垛机产品已基本实现国产化，各厂家在堆垛机产品上广泛采用红外、激光、无线、伺服驱动、无接触供电甚至 RFID 等技术，堆垛机使用的基础技术、关键器件以及配套件与国际知名制造厂商已经十分接近，通用系列的技术规格和技术参数与国外产品相差不大。相关设备的国产化率已经达到了 90% 左右。但行业内企业规模依然相对较小，相对于外资企业而言，国内企业的规模和技术实力都有较为明显的劣势，在高端市场竞争中处于明显的弱势。企业需要积极加大研发投入，实现技术突破与产品的系列化。

近些年随着技术的发展，穿梭车、RGV 等新型的自动化仓储设备发展迅速。穿梭车作为一种独特的自动化物流设备，能在货架的导轨上运行，实现料箱货物的出入库，主要解决了货物密集存储与快速存取难题。相比于堆垛机只能在固定巷道作业，穿梭车比堆垛机方案柔性更高，较少的设备即可处理大量货位，同时穿梭车较堆垛机而言更为稳定。未来随着技术的发展，对低端的单立柱有轨堆垛机可能形成极为明显的替代作用。

4.7.2 自动导引搬运车

（1）自动导引搬运车的概念

自动导引搬运车（Automated Guided Vehicle，AGV），是指装备有电磁或光学等自动导引装置，能够按规定的导引路径行驶，具有安全保护以及各种移载功能的搬运小车。

AGV 作为无人自动导引搬运车，集声、光、电、计算机技术于一体，应用了自控理论和机器人技术，装配有电磁或光学等自动导引装置，能够按照使用人员设定好的导引路径行驶，具备完成目标识别、避让障碍物和各种移载功能，同时具有自我安全保护的应急能力。图 4-21 所示的是二维码导航 AGV。

AGV 一般由导向模块、行走模块、导向传感器、微处理器、通信装置、移载装置和蓄电池等构成。微处理器是控制核心，把 AGV 的各部分有机联系在一起，通过通信系统接收地面站传来的各种指令，同时不断地把小车的位置信息、运行状况等数据传回地面站，控制整车的运行。AGV 首先要根据模拟工作地图进行编程，然后按照预定程序完成行走轨迹，当传感器检测出的位置信号超出预定轨迹位置时，数字编码器把相应的电压信号送给控制器，由控制器根据位置偏差信号调整电机转速，进行纠正偏差，从而实现 AGV 行走系统的实时控制。

图 4-21 二维码导航 AGV

（2） AGV 的应用

第一辆 AGV 诞生于 1953 年，是由一辆牵引式拖拉机改造而成的，带有车兜，在一间杂货仓库中沿着布置在空中的导线运输货物。从 20 世纪 80 年代以来，AGV 系统已经发展成为物流系统中最大的专业分支之一，并出现产业化发展的趋势，成为现代化企业自动化装备不可缺少的重要组成部分。

从物流自动化需求领域看，汽车、家电、3C 电子、电商快递、烟草等行业是我国 AGV 应用最广泛的领域，其中汽车行业、家电制造等生产制造物流领域仍是 AGV 主要需求市场。目前，国内各大电商及快递公司的大型仓库也采用了 AGV 机器人辅助分拣方式。此前采用人工分拣，仓储中心需配备大量的员工，而且分拣效率难以提高，而应用了 AGV 机器人后，大幅削减了人工成本，提高了分拣效率。未来仓储物流领域将是 AGV 的主要应用场景之一，AGV 也将在分拣、运输及仓储等领域获得进一步升级，持续提升工作效率。

4.7.3 搬运机械臂

（1）搬运机械臂的概念

搬运机械臂，也可称之为搬运机械手、搬运机器人，是用于物流搬运领域的工业机器人，其具有和人类手臂相似的构造，或者与人类手臂有许多相似的能力，可以由人类给定一些指令，按给定程序、轨迹和要求实现自动抓取、搬运和操作。

搬运机械臂广泛适用于电子、食品、饮料、烟酒等行业的纸箱包装产品和热收缩膜产品码垛、堆垛作业，特别是在高温、高压、多粉尘、易燃、易爆、放射性等恶劣环境中，以及笨重、单调、频繁的操作中代替人作业，能够使人从繁重工作中解放出来，提升工作效率。图 4-22 为搬运机械臂示意图。

图 4-22　搬运机械臂示意图

搬运机械臂由执行机构、传动装置、驱动装置、控制系统、感知系统五个部分组成。搬运机械臂执行机构是机械臂本体的基本构件，主要包括手部、腕部、臂部、腰部、基座等部分。传动装置即机械臂的关节，在机械臂机械系统（本体）中，执行机构各构件间通过关节连接在一起，并可以相对运动。机械臂驱动装置主要包括电动驱动器、液压驱动器、气动驱动器三种类型。控制系统包括控制柜（电源模块、CPU、接口模块、数字量模块、模拟量模块、位置控制模块、通信模块等）、伺服系统（伺服电机、伺服电机驱动器、编码器）、示教器、PC、人机交互设备（触摸屏等）、现场数字量输出设备及安防系统。机械臂感知系统主要用于控制机械臂执行机构的运动位置，并随时将执行机构的实际位置反馈给控制系统，并与设定的位置进行比较，然后通过控制系统进行调整，从而使执行机构以一定的精度达到设定位置。

（2）搬运机械臂的应用

1960 年美国 AMF 公司生产了柱坐标型 Versatran 机械臂，可进行点位和轨迹控制，这是世界上第一种应用于工业生产的机械臂。我国机械臂起步于 20 世纪 70 年代初期，从"七五"开始国家进行资金投入，对机械臂及其零部件进行攻关，完成了示教再现式机械臂成套技术的开发和研制。1986 年，国家高技术研究发展计划开始实施，智能机械臂跟踪世界机械臂技术前沿，已经取得了一大批科研成果，并成功地研制出了一批特种机械臂。从 20 世纪 90 年代初起，我国的机械臂又在实践中迈进一大步，先后研制出了点焊、弧焊、装配、喷漆、切割、搬运、包装码垛等各种用途的机械臂，并实施了一批机械臂（机器人）应用工程，形成了一批机器人产业化基地。我国已将突破机械臂关键核心技术作为科技发展重要战略，国内厂商攻克了减速器、伺服控制、伺服电机等关键核心零部件领域的部分难题，核心零部件国产化的趋势逐渐显现。

当前，机械臂的应用场景愈加广泛，苛刻的生产环境对机器人的体积、重量、灵活度等提出了更高的要求。随着研发水平不断提升、工艺设计不断创新，以及新材料相继投入使用，机械臂正向着小型化、轻型化、柔性化的方向发展，类人精细化操作能力不断增强。与此同时，随着机械臂易用性、稳定性以及智能水平的不断提升，机械臂的应用领域逐渐拓展，人机协作正在成为机械臂研发的重要方向。另外随着新一代信息技术与制造业进一步加速融合，制造业愈加显著地表现出网络化、智能化的前沿发展趋势，机器人龙头企业纷纷布局工业互联网。

4.8 智能物流信息装备

智能物流信息装备是指智能物流系统运行所必需的，能够提供物流信息采集、传输、处理与应用的装备。智能物流信息装备既包括传统的物流信息装备，也包括由于物联网、云计算、大数据和移动互联网等新技术应用而出现的专门针对智能物流场景的各种信息装备。智能物流信息装备有的以独立的装备实体存在，如条码阅读器、RFID 阅读器等；有的以信息模块的形式存在于智能物流装备之中，如无人机、无人车中的信息感知模块；也有的以信息系统、云平台形式整合控制各智能物流装备，如智能物流云计算平台、供应链控制塔等。智能物流信息装备可以分为智能物流识别与追溯装备、智能物流定位与跟踪装备和智能物流监控装备等。

4.8.1 智能物流识别与追溯装备

智能物流识别与追溯的实现源于自动识别技术的发展与应用。通过应用一定的识别装置自动获取被识别物品的相关信息，并提供给后台的计算机处理系统来完成相关后续处理，从而使消费者能够了解符合质量安全的生产和流通过程，提高消费者的放心程度。智能物流系统中使用的自动识别技术主要有条码技术、射频识别技术、生物识别技术、图像识别技术等，其中以条码技术和射频识别技术的应用最为广泛。智能物流系统中使用的追溯装备主要指数据采集器。

（1）条码技术装备

智能物流系统中使用的条码技术装备主要有条码打印设备、条码扫描器以及条码自动识别系统等。

① 条码打印设备。条码打印设备主要用于条码标签的打印，分为条码打印机打印方式和软件配合激光打印机方式。条码打印机是一种专用的打印机，和普通打印机的最大区别就是，条码打印机的打印是以热为基础，以碳带为打印介质（或直接使用热敏纸）完成打印，这种打印方式相对于普通打印方式的最大优点在于可以在无人看管的情况下实现连续高速打印。图 4-23 为一种常见的条码打印机。

② 条码扫描器。条码扫描器，又称为条码阅读器、条码扫描枪（图 4-24 为一种常见的条码扫描器）。它是用于读取条码所包含信息的阅读设备，利用光学原理，把条码的内容解码后通过数据线或者无线的方式传输到计算机或者别的设备。广泛应用于超市、物流快递、图书馆等。

图 4-23　条码打印机

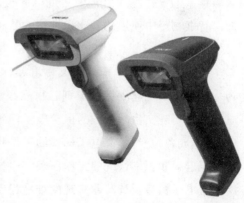

图 4-24　条码扫描器

③ 条码自动识别系统。条码自动识别系统是由条码符号设计、制作及扫描识读组成的自动识别系统。构成要素包括条码、条码识读装置、通信系统、处理器以及执行机构。条码识读装置即各种类型的条码扫描器,其功能是译读条码符号并转化成计算机可以识别的二进制编码,然后输入计算机。条码自动识别系统可以完成条码的读入,以及条码信息的通信和传输。

条码读入由扫描器和译码器完成,扫描器负责获取条码信息,译码器则用来分析扫描器读入的信号,并解读出条码的编码信息。经扫描并被译码的信息通常需要传送到中央处理计算机进行处理,一般在条码译码器内部由单片机或者专用集成电路来完成译码及传送。它采用串行接口或键盘接口与中央处理计算机连接。由于条码识别与生产控制流程、信息管理作业等相关,因此,还需要建立相应的条码采集系统,将各点、位获取的条码信息通过网络传输,集中进行处理。

在早期的条码识别系统装备中,扫描器和译码器是分开的。现在的设备大多已合成一体,整个设备完整、方便、灵巧。只要计算机配置了网络控制器这类的接口软件、硬件,条码系统就能同时处理多个条码识读装置输入的条码信息。

(2)射频识别技术装备

射频识别技术(Radio Frequency Identification,RFID),是自动识别技术的一种,通过无线射频方式进行非接触双向数据通信,利用无线射频方式对记录媒体(电子标签或射频卡)进行读写,从而达到识别目标和数据交换的目的。智能物流中使用的射频识别技术装备主要包括电子标签、RFID 阅读器和集成应用系统。

① 电子标签。电子标签又称射频标签、应答器、数据载体。电子标签作为数据载体,能起到标识识别、物品跟踪、信息采集的作用。图 4-25 为一种电子标签,现实生活中,为保护电子标签不被损坏,往往将其嵌入其它材料中(如制作成各种卡片)。电子标签的工作频率是最重要的指标之一。工作频率不仅决定着射频识别系统的工作原理(电感耦合还是电磁耦合)、识别距离,还决定着电子标签及读写器实现的难易程度和设备的成本。按工作频率可划分为低频、中高频、超高频与微波三类,它们的基本信息如表 4-3 所示。

② RFID 阅读器。阅读器是将标签中的信息读出,或将标签所需要存储的信息写入标签的装置。根据使用的结构和技术不同,阅读器可以是读/写装置,

是 RFID 系统信息控制和处理中心，图 4-26 是一种 RFID 阅读器。在 RFID 系统工作时，由阅读器在一个区域内发送射频能量形成电磁场，区域的大小取决于发射功率。在阅读器覆盖区域内的标签被触发，发送存储在其中的数据，或根据阅读器的指令修改存储在其中的数据，并能通过接口与计算机网络进行通信。阅读器的基本构成通常包括收发天线、频率产生器、锁相环、调制电路、微处理器、存储器、解调电路和外设接口等。

图 4-25　一种电子标签　　　　　　　　图 4-26　一种 RFID 阅读器

表 4-3　电子标签分类基本信息

类别	低频电子标签	中高频电子标签	超高频与微波电子标签
频率范围	30～300kHz	3～30MHz	
典型频率	125kHz 和 133kHz	13.56MHz	433.92MHz、862（902）～928MHz、2.45GHz 和 5.8GHz
常见方式	无源方式	无源方式	分为有源标签与无源标签
阅读距离	一般情况下小于 1m	一般情况下小于 1m，最大读取距离为 1.5m	一般大于 1m，典型情况为 4～7m，最大可达 10m 以上
典型应用	动物识别、容器识别、工具识别、电子闭锁防盗等	电子车票、电子身份证、电子闭锁防盗（电子遥控门锁控制器）等	移动车辆识别、电子身份证、仓储物流应用、电子闭锁防盗（电子遥控门锁控制器）等

与条码扫描器相比，RFID 阅读器具有明显的优势：不需要光源；标签能在恶劣的环境下工作；读取距离远；可同时处理多个标签；可实时追踪人员、物品及仪器设备；安全性强；系统集成简便；超低功耗，主动标签技术可靠性高。因此，RFID 阅读器已经在制造业、物流、港口、码头、车辆及人员管理

等方面得到广泛应用。

③ RFID 系统。根据应用功能不同，可以把 RFID 系统分成四种类型：EAS 系统、便携式数据采集系统、物流控制系统和定位系统等。EAS（Electronic Article Surveillance）是一种设置在需要控制物品出入的门口的 RFID 系统。这种系统的典型应用场景是商店、图书馆、数据中心等，当未被授权的人从这些地方非法取走物品时，EAS 系统会发出警告。便携式数据采集系统是使用带有 RFID 阅读器的手持式数据采集器。这种系统具有比较大的灵活性，适用于不易安装固定式 RFID 系统的应用环境。在物流控制系统中，固定布置的 RFID 阅读器分散布置在给定的区域，并且阅读器直接与数据管理信息系统相连，而射频识别标签是移动的，一般安装在移动的物体、人上面。当物体、人流经过阅读器时，阅读器会自动扫描标签上的信息并把数据信息输入数据管理费用信息系统存储、分析、处理，达到控制物流的目的。定位系统用于自动化加工系统中的定位以及对车辆、轮船等进行定位支持。阅读器放置在移动的车辆、轮船上或者自动化流水线中移动的物料、半成品、成品上，射频识别标签嵌入到操作环境的地表下面。射频识别标签上存储有位置识别信息，阅读器一般通过无线或有线方式连接到主信息管理系统。

④ EPC/RFID 物品识别系统。EPC 是新一代的产品编码体系，采用 96 位（二进制）方式的编码体系，旨在对每个单品都赋予一个全球唯一编码。一个完整的 EPC/RFID 物品识别系统由 EPC 编码标准、RFID 电子标签、阅读器、Savant 软件系统、对象名解析服务以及 EPC 信息服务系统等六个方面组成。

EPC 提供对物理对象的唯一标识。RFID 电子标签是 EPC 码的载体，用于存储产品的 EPC 码，粘贴于商品上，用于唯一标识某个产品。阅读器使用多种方式与标签交互信息，获取标签中的 EPC 编码。每件产品都加上 RFID 电子标签之后，在产品的生产、运输和销售过程中，阅读器将不断收到一连串的 EPC 码。为了在网上传送和管理这些数据，Auto-ID 公司开发了一种名叫 Savant 的软件系统，采用树状结构，以便简化管理，提高系统运行效率。对象名解析服务（Object Name Service，ONS）是一个自动的网络服务系统，处理电子产品码与相应的 EPCIS（Economic Products Code Information Service，产品电子代码信息服务），负责信息服务器 PML（Physical Markup Language，物理标记语言）地址的映射管理和查询。在 EPC/RFID 物品识别系统中，产品信息使用 PML 书写；PML 文件存储在 EPC 信息服务器中，一般由生产厂家来维护。在产品生命周期中，不同企业或企业内部可以通过 EPC 信息服务系统进行产品信息的交互和共享。

（3）数据采集器

数据采集器通常有两种解释：一是指盘点机、掌上电脑等终端计算机设备，又称工具数据采集器；二是指网络数据采集用的软件。本书中特指前者，是一种将条码扫描装置、RFID 技术与数据终端一体化，带有电池，可在线或离线操作的终端计算机设备，一般具有中央处理器（CPU）、只读存储器（ROM）、可读写存储器（RAM）、键盘、屏幕显示器、计算机通信接口、条码扫描器、RFID 阅读器、电源等配置，具有数据采集、数据管理和数据传输等功能。图 4-27 为几种常见的数据采集器。数据采集器除了具备基础的信息采集功能外，还具备人员识别、移动通信、信息查询、资金收付等功能。数据采集器已经在智能物流系统中得到广泛应用，按照其数据传输方式，可以分为批处理数据采集器和无线数据采集器两类。

图 4-27　常见数据采集器

① 批处理数据采集器。批处理数据采集器又叫批处理式数据终端，采用掌上型或手柄结构，一般为 Windows CE 或 Android 操作系统，应用程序需要在操作系统上独立开发，具有轻便灵活、坚固耐用等特点，适合各种工业应用环境。

批处理数据采集器的典型特征是具有串行通信接口，一般通过通信基座与后台应用系统一批一批地交换数据。在工作开始之前，可以由后台应用系统以文件方式下载所需的基本数据到数据终端。工作完成后，再将结果数据以文件方式上传至后台应用系统，然后根据需要更新数据库。

②无线数据采集器。无线数据采集器大都是便携式的，除了具有一般便携式数据采集器的优点外，还有在线式数据采集器的优点，它与计算机的通信是通过无线电波来实现的，可以把现场采集到的数据实时传输给计算机。相比普通便携式数据采集器进一步提高了操作员的工作效率，使数据从原来的本机校验、保存转变为远程控制，实时传输。

无线数据采集器通信数据实时性强，效率高。无线数据采集器直接和服务器进行数据交互，数据都是以实时方式传输。数据从无线数据采集器发出，通过无线网络到达当前无线终端所在频道的 AP，AP 双线同轴电缆将数据传入有线 LAN 网，数据最后到达服务器的网卡端口后进入服务器，然后服务器将返回的数据通过原路径返回到无线终端。所有数据都以 TCP/IP 通信协议传输。可以看出操作员在无线数据采集器上所有操作后的数据都在第一时间进入后台数据库，也就是说无线数据采集器将数据库信息系统延伸到每一个操作员的手中。

4.8.2 智能物流定位与跟踪装备

物流定位与跟踪是智能物流系统中两项重要的服务与功能。物流定位是基于位置的服务（Location Based Service，LBS）在物流领域应用的结果，是物流跟踪的重要基础，而物流跟踪是物流定位的最终目的。物流跟踪原本是生产企业和物流企业用来追踪内部物品流向的一种手段，而随着卫星定位、地理信息、移动通信和物联网等技术的不断发展，智能物流环境下的定位与跟踪已经拓展到物流的全过程。智能物流系统中的定位与跟踪装备主要表现为综合应用以上技术的各种智能终端或系统。

（1）卫星定位系统终端设备

卫星定位系统一般由地面控制、空间星座和用户装置三个部分组成。就应用而言，智能物流系统中主要使用的是卫星定位系统的用户装置部分，即信息接收终端。信息接收终端本身一般只能提供位置信息，需要结合其他的硬件和软件才能实现定位与跟踪功能。这里主要介绍 GPS 接收机和北斗用户机。

① GPS 接收机。GPS 接收机是接收全球定位系统卫星信号并确定地面空间位置的仪器。GPS 接收机种类很多，根据用途可分为导航型、测地型、授时型等。在智能物流系统中，使用的 GPS 接收机主要为导航型接收机。

导航型接收机主要用于运动载体的导航，它可以实时给出载体的位置和速度。此类接收机一般采用 C/A 码伪距测量，单点实时定位精度较低，一般为 ±25mm，有 SA 影响时为 ±100mm。导航型接收机价格便宜，应用广泛。根据应用领域的不同，导航型接收机可以进一步划分为车载型、航海型、航空型和星载型。车载型用于车辆导航定位；航海型用于船舶导航定位；航空型用于飞机导航定位，由于飞机运行速度快，因此，在航空上用的接收机要求能适应高速运动；星载型用于卫星的导航定位，由于卫星的速度高达 8km/s 以上，因此对接收机的要求更高。智能物流系统中，使用的主要为车载型、航海型和航空型，分别实现公路、水路和航空运输的定位和跟踪。

②北斗用户机。北斗用户机是北斗卫星导航系统提供给用户使用的终端设备，按使用功能可分为普通型、定时型、数传型、指挥型和救生型等类型，按运载方式可分为手持式、车载式、机载式和嵌入式等类型。

普通型用户机可完成系统提供的定位、通信、导航等基本功能；定时型用户机除可完成系统提供的定位、通信、导航等基本功能外，还可完成单向授时和双向定时功能；数传型用户机通过外接传感器等设备，可实现数据、信息等的传输；指挥型用户机除可完成系统提供的定位、通信、导航等基本功能外，还可完成接收、通播等指挥功能；救生型用户机可完成飞行员跳伞后的位置报告和常用短语报告功能。智能物流系统中，使用的主要是各种手持式、车载式、机载式和嵌入式的普通型用户机。按照交通运输部要求，市场上主流的产品都支持北斗/GPS 双模式。

（2）智能车载终端

智能车载终端是依托卫星定位、地理信息及无线通信等技术手段，实时掌握车辆位置和状态，提供调度管理信息的软硬件综合系统。智能物流系统中，车载终端主要应用于专线物流公司挂靠车辆、个体车主车辆、物流企业运输车辆、制造业企业送货车辆和泥砂土石运输车辆等，主要解决物品公路运输过程中的透明化问题。同时，在自有车辆管理、企业商务车辆监控、公交车管理、客运车辆监控调度管理、租赁行业资产监控、出租车管理等方面，智能车载终端也有广泛应用。

智能车载终端系统主要由车载监控终端、通信网络及调度监控中心三部分组成。车载监控终端又称车机、车载终端，一般由卫星定位模块、移动通信模块、按键模块、显示模块和电源模块等组成，可实现实时定位，探测经纬度、时间、行进方向和速度的基本功能。通信网络是实现车载终端与调度监控中心信息交换的载体，一般指通信基站、移动通信网、网关和互联网等。通信基站接收车载终端发送的位置、状态信息，并经过移动通信网、网关和互联网发送至调度监控中心，或者向车载终端转发调度监控中心的控制信息。调度监控中心负责所有车载终端的管理。

智能车载终端一般包括移动通信、车载定位、车载导航、信息采集、数据显示和安全预警等基本功能。根据不同场景的应用需求，部分车载终端还可以提供精确授时、断油断电、一键报警、超速报警、语音通话、轨迹回放、信息调度、图像监控、黑匣子等扩展功能。

（3）箱载智能监控终端

箱载智能监控终端是依托卫星定位、地理信息、无线通信以及物联网等技术手段，实时掌握货物和物流箱的位置与状态，提供监控管理信息的软硬件综合系统。箱载智能监控终端体现了物流箱运输流程中对于货物的识别、动态信息的采集、移动通信以及远程控制等需求的整合。

箱载智能监控终端一般由信息采集模块、箱载电子标签、终端监控等组成。信息采集模块实现货物和物流箱状态信息的采集，一般由传感器、中心控制单元和近距离通信子模块等组成。箱载电子标签一般由电子门封、近距离通信和主控制等子模块组成。电子门封又名RFID智能电子锁，通过移动无线网络系统，对货物运输的全过程实现不间断的实时监控、实时报警，使监管单位、运输企业以及货主、客户等能实时掌握货物流向动态，确保货物运输过程中的有效监管，提高通关或查验的效率，从而降低企业成本，提升竞争能力。终端监控模块用于物流箱运输过程中信息的临时存储、转发和处理，同时提供一定的监控和管理功能。根据应用场景的不同，可以划分为手持型、车载型和机载型等。

4.8.3 智能物流监控装备

智能物流监控装备是智能物流系统用于解决物流作业场所的环境监测、安防监控以及物流作业自动化等问题的装备。此类装备具有很强的通用性，一般以信息采集终端或控制终端集成在智能物流的各个应用系统中，主要包括仓储环境监测系统、视频监控系统、入侵报警系统和出入口控制系统等。本节以智能物流园区为基本应用场景，介绍各种装备的功能与应用。

（1）仓储环境监测系统

仓储环境监测系统就是对仓储环境中的温度、湿度、烟雾、空气质量等环境指标进行监测和控制，提供安全、稳定的仓储环境的系统，是智能仓库管理系统的重要组成部分，在药品仓、烟草仓、干货仓、建材仓、商场仓等不同类型仓库中均有广泛应用。

仓储环境监测系统主要由前端设备、传输网络和监控中心三个部分组成。前端设备主要包括传感器和控制器两类。传感器主要包括温度传感器、湿度传感器、光强传感器、烟雾传感器、粉尘仪等，负责各种状态变量的采集；控制器负责接收监控中心的控制信号，对空调、灯光、消防等设备进行控制。传输网络负责监控中心和前端设备之间的数据传输。监控中心主要由服务器、监控大屏和多媒体设备等组成，负责状态信息的存储、处理和显示。当某个状态参量超出系统设定的阈值时，会启动报警，同时也会通过电话语音、短信和 E-mail 等方式发出提醒。

仓储环境监测系统的功能主要包括环境参数采集和环境参数控制两项。环境参数采集功能主要依托前端的各种传感器实现。传感器感知仓储环境中的温度、湿度、光照、烟雾等物理信号并转换为电子信号，经由无线传感器网络传输给监控中心。管理人员通过监控中心的监视器或电子大屏可以实时了解当前仓储环境中各种状态参量的值以及变化情况。环境参数控制功能主要依托前端的各种控制器实现。当某个参量超出预设的安全范围时，系统在发出报警的同时，可以通过人工或自动的方式向前端的控制器发出控制指令，从而开启和关闭相应的设备。

（2）视频监控系统

视频监控系统也叫闭路电视监控系统（Closed Circuit Television，CCTV），是通过遥控摄像机及其辅助设备（光源等）直接查看被监视的场所情况，把被监视场所的图像及声音同时传达至监控中心，使被监控场所的情况一目了然，便于及时发现、记录和处置异常情况的一种电子系统或网络系统。视频监控系统在智能物流中的应用非常广泛，能够实现物流园区、货场、港口码头、转运站、配送中心等场景的安全生产和现场管理。

视频监控系统一般由前端设备、传输网络、监控中心和应用管理平台四个主要部分组成。前端设备主要是摄像机，负责视频和音频信息的采集。传输网络负责采集前端与监控中心之间视频信息的传输。监控中心主要由 NVR、视频综合平台和 LCD 大屏等组成。NVR 是网络视频监控系统的存储转发部分，NVR 与视频编码器或网络摄像机协同工作，完成视频的录像、存储及转发功能；视频综合平台完成视频的解码、拼接；LCD 大屏用于视频上墙显示。应用管理平台部署在视频综合平台的服务器板卡上，形成一体化的配置，应用管理平台可以对高清视频和用户进行统一管控，并且配置 PC 工作站进行预览、回放、下载等操作。

视频监控系统广泛应用于智能物流园区中，主要包括园区周界监控报警二合一管理、园区内外部重点公共区域监控和停车场安全管理等。

（3）入侵报警系统

入侵报警系统一般由前端入侵探测器、传输网络和接警中心组成。前端入侵探测器是将被保护现场发生的入侵信息变成电子信号并向外传送的一种装置。俗称探头，又称报警系统的前端器材。传输网络是探测器电子信号对外传输的通道。传输的主要方式有三种，即有线、无线、借用线方式。接警中心一般设置在园区的物业中心或门岗处，由接警管理计算机以及相应软件等组成，负责响应前端入侵探测器的报警信号并及时做出处理。

入侵报警系统一般具有设备管理、用户信息分类显示、视频复核、实时预览、录像回放/下载、报表统计、事件查询等功能。

（4）出入口控制系统

出入口控制系统（Access Control System，ACS）是采用现代电子设备与软件信息技术，在入口对人或物的进出进行放行、拒绝、记录和报警等操作的控制系统，系统同时对出入人员编号、出入时间、出入门编号等情况进行登录与存储，从而成为确保区域安全，实现智能化管理的有效措施。

出入口控制系统主要由识读部分、传输部分、管理控制部分和执行部分以及相应的系统软件组成。出入口控制系统有多种构建模式。按其硬件构成模式划分，可分为一体型和分体型。一体型出入口控制系统的各个组成部分通过内部连接组合或集成在一起，实现出入口控制的所有功能。分体型出入口控制系统的各个组成部分，在结构上有分开的部分，也有通过不同方式组合的部分。分开部分与组合部分之间通过电子、机电等手段连成一个系统，实现出入口控制系统的所有功能。

出入口控制系统是一个典型的自动控制系统。从识读设备获取输入信号后，控制器（由相关软件实行管理控制）根据预先设置的出入权限等有关信息与输入信息进行比对判断，当符合要求后，记录该次出入的信息（如卡号、地点、时间、出还是人等），并向执行机构输出信号使其执行开锁和闭锁工作，并将开门和关门状态反馈到控制器，这就完成了一次操作。

第 5 章

智能物流需求预测

5.1 智能物流需求预测理论

5.1.1 物流需求的概念与特征

物流需求的概念，可以从经济学角度和物流需求主客体角度进行定义。从经济学角度来看，物流需求可定义为：组织或者个人对物流产品、服务或信息流动有支付能力的需要情况，以保证生产和流通过程的顺利完成。从物流需求主客体角度来看，物流需求可定义为：一定时期内因社会经济活动对生产、流通、消费领域的原材料、成品和半成品、商品以及废旧物品、废旧材料等的配置作用而产生的对物品在空间、时间和效率方面的要求，涉及运输、库存、包装、装卸搬运、流通加工、配送以及与之相关的信息需求等物流活动的各方面。

物流需求作为社会需求系统中的重要组成部分，来源于社会经济活动，是一种因社会、经济活动的需要而产生的派生需求。物流需求的总量受到社会经济活动中生产与消费的限制，同时又受到物流系统服务能力与水平的影响。因此，物流需求与社会经济活动水平以及物流服务能力密切相关。物流需求与其他商品需求相比有其特殊性，这些特性是相互关联、相互影响的。

（1）派生性

派生性是物流需求的一个最重要的特征。在社会经济活动中，如果某种商品或服务的需求由另一种或几种商品或服务需求派生出来，则称该商品或服务的需求为派生性需求。物资的流动是由于社会生产与社会消费的需要，受到生产力、生产资源分布、生产制造过程、消费分布、运输仓储布局等因素的影响。因此，物流需求是社会经济活动，特别是制造与经营活动所派生的一种次生需求，物流需求的数量、方向、构成等都受到社会经济活动的影响。

（2）多样性

多样性是物流需求的主要特征之一。物流需求的多样性是基于主体的多样化和对象的多样化。不同类型的物流需求主体提出的物流需求在形式、内容等方面均会有差异。物流对象由于在重量、容积、形状、性质上各有不同，对运输、仓储、包装、流通加工等条件的要求也不尽相同，从而使得物流需求呈现多样性。

（3）广泛性

物流需求具有广泛性。人类克服时间和空间的障碍是一项经常性活动，而这种努力是以人员、物资、资金、信息等的交流为标志的，由此形成了物流普遍存在的客观基础。例如，从生产角度看，生产企业中物品从一道工序向下一道工序转移、从上游车间向下游车间移动、从原材料仓库向原材料加工车间移动均会产生相应的物流需求。从流通角度看，物品从批发商到零售商、从零售商到消费者、从配送中心到连锁商店也存在物流需求。

（4）时效性与地域性

物流需求与特定时间和特定空间密切相关。时效性是指物流需求的时间性。宏观层面上，经济建设与发展不同阶段对物流需求的数量、品种、规模的要求不尽相同；微观层面上，物流需求的数量和品种往往呈现季节性变化。此外，现代科学技术更新周期的不断缩短以及人们消费观念的日益变化，也提高了物流需求随时间变化的敏感性。地域性是指物流需求的空间性。生产力布局、社会经济水平、资源分布、用地规模使物流需求呈现出地域性差异和分布形态差别。物流需求的空间分布影响物资流动的流量和流向，对物流设施规划有着重要影响。

（5）复杂性

物流需求与社会生产、经济生活有着密切的联系，社会劳动生产率的提高、经济的增长、收入与消费的增加以及新政策的实施等都会导致物流需求发生变化。人们生活方式、消费习惯的不同，物流基础设施的制约以及供应链企业之间的平行、垂直和重叠关系的相互影响又使物流需求在一定趋势变化基础上相对物流供应上下波动，这就导致物流需求的变化既具有一定的规律性，又存在随机性，呈现复杂性特征。

（6）层次性

物流需求是有层次的，可分为基本物流需求和增值物流需求。基本物流需求，主要包括对运输、仓储、配送、装卸搬运和包装等基本活动的需求，一般为标准化物流服务需求。增值物流需求，主要包括对库存规划和管理、流通加工、采购、订单处理和信息系统、系统设计、设施选址和规划等增值活动的需求，一般为过程化、系统化、个性化服务需求。

5.1.2　物流需求预测的内涵与特征

物流需求预测，就是根据物流市场过去和现在的需求资料以及影响物流市场需求变化的因素之间的关系，利用一定的经验判断、技术方法和预测模型，在历史数据和统计资料的基础上，应用合适的科学方法对未来物流需求状况进行科学的分析、估算和推断。物流需求预测的意义在于指导和调节物流管理活动，以便采取适当的策略和措施，谋求最大的利益。

物流需求预测具有以下特征。

（1）物流需求预测具有复杂性

物流市场是一个复杂的开放系统，受到经济、社会、环境、政策等因素的影响，导致物流需求具有复杂的非线性、波动性、随机性等特征，因而如何准确预测物流需求一直是物流需求研究领域的一个难点。长期以来，国内外许多学者将其他领域应用成熟的预测方法应用于物流需求预测领域，并开发了多种预测模型和方法。传统预测方法主要是以统计学为基础的预测方法，随着物流需求预测领域研究的逐渐深入以及预测技术的发展，出现了一批更复杂、精度更高的智能预测方法。

（2）物流需求预测的内容具有独立性

物流需求预测要服从于物流决策，因此，物流需求预测对象的选择、预测计划的制订、预测效果的评价等都应按物流决策的需要展开。

（3）物流需求预测具有综合性

微观物流需求预测多为短期的、单项的需求，包括对订货提前期、价格和物流成本等进行预测；而宏观物流需求预测则具有长期性、综合性，需要考虑一个国家或地区一定时期内的经济发展规划，以满足全社会的物资流动和仓储需求为前提，综合预测各项物流基础设施的规划与建设。物流需求预测需要根据预测对象、预测条件的不同而选择不同的定性或定量预测方法。若物流需求是独立的，采用传统预测方法会有较好的预测效果；对于派生需求，只需确定最终产品的需求，就可以得出非常准确的派生需求预测值。此外，物流有空间维度，所选择的物流预测方法必须能反映物流需求模式的地理性差异。

5.2 智能物流需求预测的主要内容

5.2.1 智能物流需求预测的内容

智能物流需求预测的目的在于为决策者服务，进行智能物流需求预测时，应根据决策者对物流系统的需要，明确智能物流需求预测的具体内容。

物流需求包含位移的数量与位移的质量。从位移的数量上讲，物流需求包含了在空间和时间上移动的物资的类型和数量，统称为物流需求量；从位移的质量上讲，物流需求包含了为在空间和时间上移动的物资所提供的服务的水平，如速度、费用、舒适性、方便性、可靠性、安全性等，通常称为物流需求水平。随着智能物流的发展，物流信息系统的普及，机器学习、大数据等新兴技术的应用，物流需求预测的广度和精度逐步提升，物流需求量及需求水平逐渐可以被量化并预测。此外，物流需求还包含位移过程中的信息流及其服务，其中信息流是发展智能物流的重要组成部分，它与物流需求的数量与服务交织在一起，并影响着物流需求的数量与服务水平。

5.2.2 智能物流需求预测的影响因素

物流需求作为社会经济活动的一种派生需求，影响智能物流需求的因素复杂而广泛。全面认识和把握这些因素对智能物流需求的影响，对于物流企业和物流行业管理部门正确预测智能物流需求变化趋势，制定相应对策措施，具有重要意义。智能物流需求的影响因素主要有以下几点。

（1）经济影响因素

物流活动贯穿于社会经济活动的生产、流通、消费过程，是社会经济活动的重要组成部分。因此，智能物流需求与社会经济发展存在着密切的联系，即经济影响因素是影响智能物流需求的主要因素。

① 国民经济发展水平。国民经济发展水平是智能物流需求的内在决定性因素，也是智能物流需求的原动力。物流需求总量和需求结构的变化与一国或一地区的 GDP 及经济增长速度有着密切的关系，GDP 规模越大、经济发展水平越高的国家和地区，对货物运输、仓储、配送、物流信息处理等物流服务的需求就越大；经济增长越强劲，物流需求的增长也越强劲。

② 产业结构。产业结构是智能物流需求的另一重要经济影响因素。产业结构的差异会对物流需求功能、物流层次以及物流需求结构等方面产生重大影响。从总体上看，随着产业结构层次的提高和产业业态的进化，货运需求强度将逐步下降，但对现代物流服务环节的需求将不断上升，促进物流需求向更高层次、结构和高附加值的方向发展。比如，随着现代连锁商业业态和电子商务的发展，对物流信息处理、仓储自动化管理、准时化配送、自动分拣、包装加工等现代物流服务的需求将呈现出旺盛势头；现代制造业会释放出新的物流需求，即时化物流服务、零部件采购供应物流服务、整车运输服务等将成为物流业的巨大市场；农业产业内部结构的变化，特别是农产品所特有的鲜活性和易腐性，要求产销衔接中必须做到快速、便捷、高效，对物流网络建设增值、物流增值技术（冷藏、保鲜、加工等）、运输效率提出了更高的要求。

③ 区域经济布局。资源分布不均、区域经济发展不平衡而导致的区域经济空间布局，是客观上产生物流需求的最直接原因。因此，区域经济的分工格局对智能物流需求的影响也很大。经济发展较低阶段，各经济区域间相对独立，产业结构基本相同，彼此之间的交换需求大大减少，对物流服务的需求也很小。市场经济发展较高阶段，市场竞争日益加剧，区域经济将突破封闭割裂状态，向专业化、一体化和分工协作的方向发展。区域经济的专业化分工和协作必然会增强不同区域间的经济社会联系，极大地增加区域间商品、中间产品和生产要素的转移与流动，从而拉动物流需求的快速增长。

④ 固定资产投资总额。固定资产投资总额是固定资产投资的外在表现形式，对固定资产进行投资可以加快经济的发展速度，进而加快智能物流需求的增长，特别是对铁路、公路和港口等基础设施的投资可以直接促进物流业的发展，增加对智能物流的需求。

⑤ 居民消费水平。居民消费水平的增长对智能物流需求的增长有带动作用，具体表现在：居民消费的总量影响物流需求的总量，居民消费的水平和结

构影响物流需求服务水平，进而对智能物流需求的规模、流动方法和作用对象产生影响。

社会经济的发展、居民消费水平的提高，消费者多样化、个性化需求的逐步显现，带动了物流需求的增长。一方面，产品需求的多样化要求物流形式的多样化，要根据不同的产品选择合适的物流方式；另一方面，顾客需求的不确定性，增加了供应链缺货的风险，从而促使物流活动有更迅速地响应来降低这种风险带来的损失。所以，居民消费水平对物流需求有着极重要的作用。

⑥ 国内外贸易。国内外贸易的发展是带动智能物流需求增长的重要因素。国际和国内的交易能够促进社会商品的流通，从而使资源得到优化配置，这些都离不开物流的支持。此外，国内外贸易方式的改变也将影响物流流向、服务方式、服务数量和质量等。这些都会对物流需求产生影响。国内外贸易的发展促进物流需求的增长，而物流需求的满足又进一步促进了国内外贸易的发展，两者相互促进。

（2）非经济影响因素

① 交通运输基础设施建设。交通运输是现代物流的主要组成部分，是智能物流的核心环节。交通运输基础设施和发展水平，代表着物流的供给能力高低，是物流系统能否正常运行的关键。公路、铁路、航道等是实现物流货运、物资周转的重要基础设施，这些基础设施的建设规模和完善状况通过直接影响运输成本的大小进而影响物流服务水平和物流需求规模总量。

② 物流技术水平和物流装备。科学技术水平直接影响的是产业运行的效率，物流产业的高效运行依赖于先进的技术，技术要素作用于物流活动的效率，影响着物流作业水平和物流服务质量水平的高低。智能物流装备包括在整个物流流通过程中，使用的各种自动化、智能化包装、装卸、运输工具及相应的技术辅助。这些装备的先进水平以及使用水平都可以在一定程度上影响物流的效率，从而影响物流流通价格、服务水平和物流需求总量。

③ 国家经济政策。国家经济政策的倾向性会影响到智能物流需求。国家经济政策的支持会加快国家经济发展，物流需求相应增加；反之，物流需求相应减少。比如我国近些年提出来的"一带一路"倡议给沿线国家或地区带来了重要的经济发展机遇，刺激了大量投资贸易等活动的产生，直接或者间接拉动了物流需求的产生。

④ 企业竞争战略与经营理念的转变。现代企业对核心业务越来越重视，在物流外包成为企业集中有限资源、增强核心业务、提高企业核心竞争力的有效手段的认识下，工业企业将产生越来越多的社会物流服务需求量。同时为满足供应链的竞争，保证供应链管理中的商品采购、运输、库存控制、流通加工、商品配送、退货处理、物流信息管理等物流系统功能的正常发挥，企业对物流体系的正常运作提出了越来越高的要求，对智能物流需求产生了巨大影响。

⑤ 其他因素。其他因素包括地理位置、人口数量、自然和人为因素引起的突发事件（包括重大自然灾害、重大疫情等），这些因素也会对物流需求产生影响。如新冠疫情的突然暴发，不仅给民众健康与生活造成巨大影响，同时也给包括物流业在内的各行各业发展带来深远而广泛的影响。在抗击新冠疫情的"战役"中，物流业在运输防疫物资、保障民众生活物资配送等方面发挥了重要作用。其间，以"无接触配送""无人化配送"为代表的物流业智能化应用成为各界关注焦点。

5.2.3　智能物流需求预测的步骤

智能物流需求预测的程序根据预测目的和使用方法的不同而存在差异，但通常遵循以下的步骤进行。

（1）明确智能物流需求预测的目标

物流需求预测的最终目的是为物流决策服务。因此，物流需求目标的确定应包括预测指标的确定、预测期限的确定等。

（2）分析研究智能物流需求的影响因素

智能物流需求的影响因素众多，主要包括经济方面的因素和非经济方面的因素。准确把握智能物流需求的影响因素是进行物流需求预测的重要工作。

（3）收集和分析有关资料和数据

搜集历史数据、统计资料，以及某一特定时期内的各种有关信息，这是物流需求预测的基础。收集资料和数据的方法主要为运用数据爬虫等计算机方法搜集网络资料数据，或利用移动终端、传感器、GPS 等硬件设备，结合计算机程序及数据库系统进行数据的搜集。数据越准确、资料越充分，预测的精度就越高。因此,还要对收集到的信息进行去粗取精、去伪存真的分析筛选,形成合格的数据样本,为预测做好基础数据准备。

(4)选择合适的模型进行预测

物流系统是一个复杂的动态系统,其随机性和开放性更增加了预测的难度。因此,应根据预测的目标以及各种预测方法的适用条件和性能,选择合适的预测方法。预测方法的选用是否恰当,将直接影响到预测的准确性和可靠性。运用预测方法的核心是建立描述、概括研究对象特征和变化规律的模型,根据模型进行计算或者处理,即可得到预测结果。

(5)检验与修正预测模型

智能物流系统受到多种因素的影响,而预测模型不可能考虑所有因素,因此预测结果与实际值存在一定的差距,即会产生预测误差。因此,要对智能物流需求预测模型的有效性和合理性进行检验。如果预测模型通过检验,则可以用于预测。反之,则需要对模型进行修正或者选择其他预测方法。

(6)预测实施与结果分析

物流需求预测模型通过检验后,即可运用相关数据进行预测,并运用有关理论和经验对预测结果进行分析。有时,为了得到更准确的预测结果,可以运用不同的预测模型进行组合预测,并将不同预测模型的预测结果进行对比分析,以便做出更加可靠的判断,为物流决策提供科学的依据。

5.3 智能物流需求预测方法

5.3.1 定性预测方法

智能物流需求的定性预测是指在对所掌握的智能物流系统相关资料进行分析的基础上,依赖个人或者专家的经验、理论以及资料掌握情况进行的对未来一段时期智能物流需求的相关指标的变化趋势进行主观判断的预测方法。智能物流需求的定性预测方法主要有:专家会议法、德尔菲法和主观概率法。

(1)专家会议法

专家会议法是指根据规定的原则选定一定数量的专家,按照一定的方式组织专家会议,通过充分利用专家个人丰富的知识和经验,专家之间交换意见,来预测物流需求未来发展变化趋势及状况的一种预测方法。这种方法有助于专家们交换意见，相互启发，弥补个人意见的不足；通过内外信息的交流与反馈，产生"思维共振"，进而将产生的创造性思维活动集中于预测对象，在较短时间内获得富有成效的创造性成果，为决策提供预测依据。但是，专家会议法也有不足之处，如参加会议的专家人数有限，很难广泛地收集大量专家意见，而且专家在进行主观判断时容易受到心理因素的影响。

（2）德尔菲法

德尔菲法是指根据有专门知识的人的直接经验，对研究的问题进行判断、预测的一种方法，是专家调查法的一种。1964 年美国兰德公司首先将其应用于预测领域。根据专家对问卷做出的回答进而对专家所给出的意见进行整理、综合、归纳和总结，最终可得出物流需求预测结果。该法具有匿名性、反馈性以及统计性的特点，通过匿名的形式来代替面对面的会议，能够充分收集到不同专家的意见和理由，避免了专家会议法的弊端，但该方法具有时间周期长、工作量偏大的局限，适合物流需求的中长期预测。

（3）主观概率法

主观概率法是指利用专家的主观概率对各种物流需求预测意见进行集中整理，得出综合性物流需求预测结果的方法。这种方法就是在调查一组专家主观概率的基础上通过加权平均法得出物流需求发生的概率。这种方法虽是凭专家主观判断估计结果，但是在物流需求预测中有一定的实用价值，这种实用价值就体现在它可以明确提出物流市场分析的目标，以便帮助物流需求分析者判断出概率。这种方法在实际应用过程中必须要注意的是避免轻率任意的个人评估，加强主观概率判断的严肃性，提倡进行集体思维判断。

综上所述，物流需求预测的定性方法简单易行、适应性强，但容易受到比如心理、政策等各种难以定量因素的影响。由于其受人为主观因素的影响大，其预测出来的结果精度难以控制。

5.3.2　定量预测方法

对于物流需求的定量预测方法，从预测方法的角度去看可以归纳为数理统计学方法、因果关系预测法以及组合预测法。

（1）数理统计学方法

这种方法也称为传统预测法，是一类较早地应用于物流需求预测的定量预测法，以统计学作为基础，建模容易，模型的解释能力强。常见的传统预测法主要包括时间序列法、回归预测法。

时间序列法是指利用物流需求的历史数据变化规律来预估区域未来一段时期内物流需求的变化发展趋势的方法。这种方法的实质就是运用物流需求在发展变化过程中表现出的延续性，物流需求历年数据序列呈现出的趋势性，找出序列随时间变化的规律性，进而推断出物流需求未来的发展变化趋势。常见的时间序列法包括增长率法、移动平均法、指数平滑法、灰色预测模型、随机时间序列模型以及满足无后效性的马尔可夫链模型等。

（2）因果关系预测法

因果关系预测法是指依据历史资料找出预测对象的变量与其相关事物的变量关系，建立相应的因果预测模型，利用事物发展的因果关系来推断事物发展趋势的预测方法。智能物流需求属于派生需求，与经济的发展密切相关，随着经济总量、产业结构、资源分布等的改变，物流需求量、需求结构和层次随之发生变化，因此，可以利用有关经济的各项指标来预测物流需求。常用的模型有回归模型法、神经网络法、机器学习领域的支持向量回归技术以及它们各自的改进形式。

回归分析侧重于考察变量之间的数量伴随关系，并通过一定的数学表达式将这种关系描述出来，进而确定一个或几个变量（自变量）的变化对另一个特定变量（因变量）的影响程度。物流系统中，某些现象是相互联系和彼此依存的。一种现象的变动，常使另一种现象随之发生相应的变化，这些现象之间存在一定的因果关系和函数关系。因此，可以将回归模型应用到智能物流需求预测中。回归预测按所包含的变量的多少，可分为一元回归预测法和多元回归预测法。

神经网络具有较强的非线性拟合能力，通过建立物流需求与其影响因素之间的非线性映射来建立需求预测模型。目前将神经网络应用到物流需求预测领域的文献较多，相关研究表明，神经网络能够提高物流需求的预测精度，但神经网络所构建的非线性映射需要大量数据样本，当所收集到的区域物流需求数据较少时，无法保证预测精度，有时会出现"过拟合"或者"欠拟合"等问题而导致学习性能泛化能力达不到预期的效果。

机器学习领域的支持向量回归（Support Vector Regression，SVR）由于其在解决小样本、非线性以及局部极小值等问题上具有独特的优势，这种新型的解决分类或者回归问题的最优方法，近些年来越来越多地被应用在区域物流需求预测方面。此外，支持向量回归的改进形式最小二乘支持向量回归（Least Square Support Vector Regression，LS SVR）采用不同于标准的 SVR 的优化目标函数，通过将约束条件转化为线性方程求解问题，有效地降低了算法的复杂性，加快了运算速度。支持向量回归机的改进形式的有关实验表明，LS-SVR 在参数选择合适的情况下能够达到理想的预测效果，收敛速度快，准确性高。

（3）组合预测法

物流需求是一个受众多复杂因素影响的非线性系统，依赖单一预测法进行预测往往不能得出精确度较高的预测结果。同时，每一种单一预测法都有其使用条件和假设前提，难以全面地适用于所研究物流需求的变化规律。因此，通过将多个单一预测法进行融合，形成组合预测法，可以很好地克服单一预测法的局限性，提高了物流需求预测的精度。

物流需求的组合预测法主要集中在传统预测法与智能预测法相结合、智能预测法与智能预测法相结合。根据它们组合形式的不同，大体可以概括为三类：一是将不同方法的预测结果进行线性组合；二是将不同预测方法的预测结果进行非线性组合；三是用一种方法对另一种方法的预测结果进行修正。据已有的研究物流需求的资料表明，这三类组合预测法的预测效果和精度都比单一预测法的预测精度要高，但对于这种组合预测法，选择何种单一预测法以及确定它们各自的权重是重中之重的工作。

5.4　智能物流需求预测实例

5.4.1　基于灰色预测模型的智能物流需求量预测

（1）灰色预测模型构建

① 建立 GM(1,1)模型。

GM(1,1)模型是灰色系统理论中针对"小数据、贫信息"的不确定性问题的典型灰色预测模型。GM(1,1)模型的基本原理是通过对原始数据序列进行累加生成新的数据序列，对新生成的数据序列建立一阶灰色微分方程模型，最后对其求解结果进行累减生成还原预测值。

GM(1,1)模型步骤如下：

第一步，设原始数列为：$X^{(0)} = [X^{(0)}(1), X^{(0)}(2), \cdots, X^{(0)}(n)]$。

第二步，对原始数列做一次累加生成得到累加生成数列：

$$X^{(1)} = [X^{(1)}(1), X^{(1)}(2), \cdots, X^{(1)}(n)], \text{其中} \ X^{(1)}(k) = \sum_{i=1}^{k} X^{(0)}(k)(k =$$

$1, 2, \cdots, n)$ (5-1)

累加生成数列建立预测模型的白化形式方程:

$$\frac{\mathrm{d}X^{(1)}}{\mathrm{d}t} + aX^{(1)} = \mu \tag{5-2}$$

式中，a，μ 为待定参数。

第三步，利用最小二乘法求出参数 a，μ 的值:

$$[a, \mu]^{\mathrm{T}} = (\boldsymbol{B}^{\mathrm{T}}\boldsymbol{B})^{-1}\boldsymbol{B}^{\mathrm{T}}\boldsymbol{Y}_n \tag{5-3}$$

其中，累加矩阵 $\boldsymbol{B}$（由累加生成数列构成）为:

$$\boldsymbol{B} = \begin{bmatrix} -\dfrac{1}{2}[X^{(1)}(1) + X^{(1)}(2)] & 1 \\ -\dfrac{1}{2}[X^{(1)}(2) + X^{(1)}(3)] & 1 \\ \vdots & \vdots \\ -\dfrac{1}{2}[X^{(n)}(n-1) + X^{(1)}(n)] & 1 \end{bmatrix} \tag{5-4}$$

原始数列矩阵为:

$$\boldsymbol{Y}_n = [X^{(0)}(2), X^{(0)}(3), \cdots, X^{(0)}(n)]^{\mathrm{T}} \tag{5-5}$$

第四步，将求得的参数 a，μ 代入式(5-2)并求解此微分方程，得 GM(1, 1)预测模型为:

$$\hat{X}^{(0)}(k+1) = (X^{(0)}(1) - \frac{\mu}{a})\mathrm{e}^{-ak} + \frac{\mu}{a}, k = 1, 2, \cdots, n \tag{5-6}$$

第五步，因为 $X^{(1)}(1) = X^{(0)}(1)$，将 $\hat{X}^{(1)}(k+1)$ 计算值作累加还原，即可得到原始数列的估计值为:

$$\hat{X}^{(0)}(k+1) = \hat{X}^{(1)}(k+1) - \hat{X}^{(1)}(k), k = 1, 2, \cdots, n \tag{5-7}$$

一般地，称 GM(1,1)模型中的参数 a 为发展系数，μ 为灰色作用量。a 反映了 $X^{(1)}$ 及 $X^{(0)}$ 的发展态势。

② 利用残差修正偏差值。

由于 GM(1,1)模型有时既可以看成微分方程，又可以看成差分方程，而导数还原值与累减还原值往往并不一致，所以，为了减少往复运算造成的误差，可以利用残差修正模型，来消除误差。

记 0 阶残差为 $\varepsilon_i^0 = X_i^{(0)} - \hat{X}_i^{(0)}$，$i = 1, 2, \cdots, n$。其中 $\hat{X}_i^{(0)}$ 为通过预测模型得到的预测值，则残差均值和残差方差为：

$$\bar{\varepsilon}^{(0)} = \frac{1}{n} \sum_{i=1}^{n} \varepsilon_i^{(0)} \qquad S_\varepsilon^2 = \frac{1}{n} \sum_{i=1}^{n} (\varepsilon_i^{(0)} - \bar{\varepsilon}^{(0)})^2 \qquad (5\text{-}8)$$

原始数据的均值与方差为：

$$\overline{X}^{(0)} = \frac{1}{n} \sum_{i=1}^{n} X_i^{(0)} \qquad S_X^2 = \frac{1}{n} \sum_{i=1}^{n} (X_i^{(0)} - \overline{X}^{(0)})^2 \qquad (5\text{-}9)$$

计算的后验差检验比值 C 和小误差 P 概率分别为：

$$C = S_\varepsilon / S_X \qquad P = P\{|\varepsilon_i^{(0)} - \bar{\varepsilon}^{(0)}| < 0.6745 S_X\} \qquad (5\text{-}10)$$

一般情况下，C 越小越好，一般要求 $C \leqslant 0.35$，最大不能超过 0.65；同时 P 越大越好，一般要求 $P \geqslant 0.95$，不能小于 0.70。具体精度等级见表 5-1。

若按 $X_{(i)}^{(1)}$ 建立的 GM(1,1) 模型经检验后不合格，则可以再用残差建立 GM(1,1)，对原模型进行修正。

表 5-1　灰色预测模型精度等级

等级	等级代号	P	C
好	I	$\geqslant 0.95$	$\leqslant 0.35$
合格	II	$\geqslant 0.80$	$\leqslant 0.50$
勉强	III	$\geqslant 0.70$	$\leqslant 0.65$
不合格	IV	< 0.70	> 0.65

（2）某智能物流设备需求预测

① 某智能物流设备需求的 GM(1,1) 预测模型。

以某智能物流设备最近 6 年的需求量为基础数据（见表 5-2）来建立 GM(1,1) 模型。

表 5-2　某智能物流设备 2003—2008 年需求量原始数据表

年　份	2003	2004	2005	2006	2007	2008
智能物流设备需求量/台	5048	5158	5400	5950	6500	8303

根据表 5-2 中智能物流设备需求量数据，组成原始数列 $X^{(0)}$：

$$X^{(0)} = (5048, 5158, 5400, 5950, 6500, 8303)$$

根据式(5-1)，可得出一次累加生成数列为：

$$X^{(1)} = (5048, 10206, 15606, 21556, 28056, 36359)$$

根据式(5-4) 和式(5-5) 建立矩阵 B 和 Y_6：

$$B = \begin{bmatrix} -1/2(5048+10206) & 1 \\ -1/2(10206+15606) & 1 \\ -1/2(15606+21556) & 1 \\ -1/2(21556+28056) & 1 \\ -1/2(28056+36359) & 1 \end{bmatrix} = \begin{bmatrix} -7627 & 1 \\ -12906 & 1 \\ -18581 & 1 \\ -24806 & 1 \\ -32207.5 & 1 \end{bmatrix}$$

$$Y_6 = (5158,5400,5950,6500,8303)^T$$

由式 $[a, \mu]^T = (B^T B)^{-1} B^T Y_n$，求出发展系数 a 和灰色作用量 μ。

$$[a, \mu]^T = (B^T B)^{-1} B^T Y_6$$

$$= \left(\begin{bmatrix} -1/2(5048+10206) & 1 \\ -1/2(10206+15606) & 1 \\ -1/2(15606+21556) & 1 \\ -1/2(21556+28056) & 1 \\ -1/2(28056+36359) & 1 \end{bmatrix}^T \times \begin{bmatrix} -1/2(5048+10206) & 1 \\ -1/2(10206+15606) & 1 \\ -1/2(15606+21556) & 1 \\ -1/2(21556+28056) & 1 \\ -1/2(28056+36359) & 1 \end{bmatrix} \right)^{-1}$$

$$\times \begin{bmatrix} -1/2(5048+10206) & 1 \\ -1/2(10206+15606) & 1 \\ -1/2(15606+21556) & 1 \\ -1/2(21556+28056) & 1 \\ -1/2(28056+36359) & 1 \end{bmatrix}^T \times (5158,5400,5950,6500,8303)^T$$

$$= \begin{bmatrix} -0.1236 \\ 3886.7927 \end{bmatrix}$$

把 a，μ 代入式(5-6)，即得到某智能物流设备需求量的 GM(1,1)预测模型为：

$$\hat{X}^{(0)}(k+1) = 36505.9867 e^{0.1236k} - 31446.5429, k=1,2,\cdots,n \qquad (5\text{-}11)$$

② 灰色预测数据的计算。

根据式(5-11)、式(5-7)对某智能物流设备需求量进行灰色预测，如表 5-3 所示。

表 5-3　某智能物流设备需求量灰色预测数据表

年份	序号	$X^{(0)}$	$X^{(1)}$	灰色预测		
				$\hat{X}^{(1)}$	$\hat{X}^{(0)}$	$\varepsilon^{(0)}$
2003	1	5048	5048	5048	4803	245
2004	2	5158	10206	9851	5435	−277

年份	序号	$X^{(0)}$	$X^{(1)}$	灰色预测		
				$\hat{X}^{(1)}$	$\hat{X}^{(0)}$	$\varepsilon^{(0)}$
2005	3	5400	15606	15286	6150	-750
2006	4	5950	21556	21435	6959	-1009
2007	5	6500	28056	28047	7874	-1374
2008	6	8303	36359	36268	8910	-607
2009	7	8905		45179		
2010	8	10076				
2011	9	11401				
2012	10	12900				

③ 预测数据的后验差检验。

对上述预测出的数据进行后验差检验，为此利用式(5-8)～式(5-10)可得出均值和方差分别为：

$$\overline{\varepsilon}^{(0)} = -628.6 \quad S_{\varepsilon}^2 = 153790.9$$

$$\overline{X}^{(0)} = 6059.8 \quad S_X^2 = 1251682.8$$

所以：

$$C = \frac{S_{\varepsilon}}{S_X} = \frac{392.2}{1118.8} = 0.35$$

因此，该模型为合格模型。

④ 残差尾段的建模。

下面分析 $X^{(1)}$ 的残差序列：

设 $\varepsilon_{(k)} = X^{(1)}(k) - \hat{X}^{(1)}(k)$，则有：

$\varepsilon = (\varepsilon(1), \varepsilon(2), \varepsilon(3), \cdots, \varepsilon(6)) = (0, 355.2, 320.5, 120.7, 9.2, 90.6)$

所以存在 $k_0 = 2$，$\forall_k \geq k_0$ 的符号一致，且 $n - k_0 = 4 \geq 4$，满足可建模残差尾段的条件。因此，可以建模残差尾段。

用残差尾段的 GM(1,1)模型对原模型进行精度修正，取 $k_0 = 6$，并记：

$$\varepsilon^{(0)} = (355.2, 320.5, 120.7, 9.2, 90.6)$$

其一次累加生成数列为：

$$\varepsilon^{(1)} = (355.2, 675.7, 796.4, 805.6, 896.2)$$

从而其 GM（1，1）模型为：

$$\hat{\varepsilon}^{(1)}(k+1)=-534.55\mathrm{e}^{-0.83k}+889.75(k=1,2,\cdots,n)$$

将以上有关数据代入残差修正 GM(1,1) 模型：

$$\hat{X}^{(1)}(k+1)=\begin{cases} (X^{(0)}(1)-\dfrac{\mu}{a})\mathrm{e}^{-ak}+\dfrac{\mu}{a} & k<k_0 \\[2mm] (X^{0}(1)-\dfrac{\mu}{a})\mathrm{e}^{-ak}+\dfrac{\mu}{a}\pm a_{\varepsilon}(\varepsilon^{(0)}(k_0)-\dfrac{\mu}{a})\mathrm{e}^{-a_{\varepsilon}(k-k_0)} & k\geqslant k_0 \end{cases}$$

确定正负号后得：

$$\hat{X}^{(1)}(k+1)=\begin{cases} 36505.9867\mathrm{e}^{0.1236k}-31457.9867 & k<6 \\[2mm] 36505.99\mathrm{e}^{0.1236k}-443.67\mathrm{e}^{-0.83(k-6)}-31457.99 & k\geqslant 6 \end{cases}$$

⑤ 智能物流设备需求量预测结果。

预测出的 2009—2012 年智能物流设备需求量，见表 5-4。

表 5-4　2009—2012 年智能物流设备需求量预测数据表

年份	2009	2010	2011	2012
智能物流设备需求量/台	8905	10076	11401	12900

5.4.2　基于组合预测法的农业智能物流装备需求预测

（1）变量选取与数据预处理

① 变量选取。本节参考现有学者的研究成果，结合数据可得性，选取如表 5-5 所示的若干变量作为影响因素预测农业智能物流装备需求。其中第一产业人员从业数量、农村居民可支配收入指数、农作物播种面积和农机补贴额为每年年末统计数据，采用线性插值法充填为月度数据。主要农作物和柴油的价格取上月月初和月末的平均价格。

表 5-5　各变量类别及名称

类别	变量名称
因变量	需求量
自变量	月份
自变量	主要农作物价格
自变量	柴油价格
自变量	第一产业人员从业数量
自变量	农村居民可支配收入指数
自变量	农作物播种面积
自变量	农机补贴额

② 数据预处理。月份是影响农业智能物流装备需求的重要离散型分类特征，普通编码方式会体现特征值之间的大小关系，造成模型预测的误差。为了使特征值之间的距离计算更加合理，经常对离散型特征使用 One-Hot 编码，将特征值表示为二进制的向量，将这些向量作为模型训练的特征，可有效提高模型预测精度。使用 One-Hot 编码方法对月份进行编码，如图 5-1 所示。

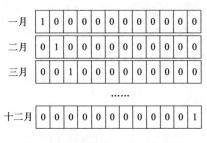

图 5-1　各月份的 One-Hot 编码

为消除不同维度数据间的量纲差别，需要对除月份外的数据进行归一化处理：

$$\hat{x} = \frac{x - x_{\min}}{x_{\max} - x_{\min}} \tag{5-12}$$

式中，$\hat{x}$ 表示归一化后的数据值，$x_{\min}$ 表示该特征总体数据中最小值，$x_{\max}$ 表示该特征总体数据中最大值，x 表示当前值。归一化将数据映射到 $[0, 1]$ 范围，可以屏蔽样本数据的量纲影响，提升预测模型的计算稳定性和精度。

（2）基于网格搜索与交叉验证的 SVR

① 支持向量回归。SVM 是按监督学习方式对数据进行二元分类的广义线性分类器，SVR 是 SVM 由分类问题到回归问题的推广，是 SVM 的重要应用分支。设样本集为 $(x_i, y_i), i = 1, 2, 3, \cdots, n$，SVR 通过非线性映射将回归数据映射到高维空间，在高维空间构建回归函数：

$$f(x) = \omega \times \varphi(x) + b \tag{5-13}$$

式中，ω 为权向量；b 为偏置量；φ 为核函数。ω 和 b 可以通过求解最优分类面函数的最小化获取：

$$\min \left[\frac{1}{2} \| \omega \|^2 + C \sum_{i=1}^{m} (\xi_i + \xi_i^*) \right]$$
$$\text{s. t.} \begin{cases} f(x_i) - y_i \leqslant \varepsilon + \xi_i \\ y_i - f(x_i) \leqslant \varepsilon + \xi_i \end{cases} \tag{5-14}$$

式中，C 为惩罚系数；ξ_i 和 ξ_i^* 为松弛变量；ε 为取值为任意正数的偏差。使用拉格朗日乘子法计算得到：

$$\omega = \sum_{i=1}^{m}(a_i^* - a_i)\varphi(x_i) \tag{5-15}$$

式中，a_i^* 和 a_i 为拉格朗日对偶问题的解。

由于输入特征与销量数据间呈现高度的非线性关系，选择径向基核函数（RBF）进行回归数据的高维映射，表示为：

$$K(X,X') = \exp(-g\|X-X'\|^2) \tag{5-16}$$

式中，$K(X,X')$ 为满足 Mercer 条件的核函数；g 为核函数参数。

计算得到 SVR 模型为：

$$f(x) = \sum_{i=1}^{m}(a_i^* - a_i)K(X,X') + b \tag{5-17}$$

② 改进的网格搜索与交叉验证。K 折交叉验证法将训练数据等分为 K 个子集，选择任一子集为测试集，其他子集为训练集进行交叉验证，重复 K 次，找到均方误差最小的参数组合，并将得到的最优参数输入到 SVR 模型中，具体如图 5-2 所示。

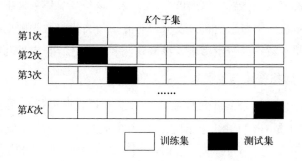

图 5-2　交叉验证详解图

网格搜索法即采用穷举搜索的方式，在指定的参数范围内按步长依次对参数组合进行搜索。本节提出一种改进的网格搜索法，通过不断收缩网格大小和步长以达到更高精度的同时有效提高了搜索效率，基于交叉验证的网格搜索法具体步骤如下：

步骤 1　设定参数 C 和 g 的取值范围 $[2^{-N}, 2^N]$，设定初始步长为 M，获得一个粗网格，网格中的节点即为给定范围内所有可能得到的参数组合。

步骤 2　对所有参数组合使用交叉验证法进行评价，找到均方误差最小的

参数组合 $(C_i，g_i)$。

　　步骤 3　选取参数组合 $(C_i，g_i)$ 相邻的两个节点间的网格作为新的参数组合选择范围，并设定搜索步长为 $\dfrac{M}{2^i}$，再次进行交叉验证，找到新的均方误差最小的参数组合 $(C_i，g_i)$。

　　步骤 4　若 $(C_i，g_i)$ 在交叉验证中均方误差满足精度要求，储存 $(C_i，g_i)$ 至 SVR 模型，反之则转到步骤 3，直至 $(C_i，g_i)$ 在交叉验证中均方误差满足精度要求。

　　网格搜索与交叉验证法以参数均方误差最小化为目标，以参数范围为约束条件，遍历每个可能的参数组合，避免了局部最优解的存在，可有效提高参数优选的准确性。GSCV-SVR 预测模型流程如图 5-3 所示。

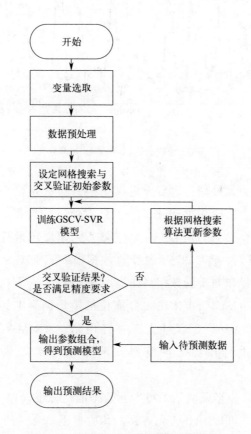

图 5-3　GSCV-SVR 预测模型流程图

（3）实证分析

取 2017—2020 年的数据作为训练数据，对 2021 年的数据进行预测，与 2021 年的实际需求数据进行对比，计算预测误差，评价模型的准确性。2017—2021 年实际需求数据见图 5-4。

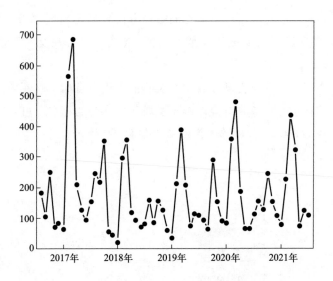

图 5-4　2017—2021 年实际需求数据

首先对数据进行预处理。之后设定模型中惩罚系数 C 和核函数参数 g 的初始范围为 $[2^{-8}, 2^8]$，初始步长为 1。针对所选的数据集特征，交叉验证（CV）参数 K 选择 4。通过网格搜索与交叉验证确定最佳参数组合，得到 GSCV-SVR 预测模型。将 2021 年自变量数据输入 GSCV-SVR 预测模型，得到预测结果，预测结果与实际数据对比如图 5-5 所示。

为进一步检验 GSCV-SVR 在大型拖拉机销量预测上的准确性，分别使用三种常用预测模型——LSTM 人工神经网络、ARIMA、LASSO 回归对 2021 年销量数据进行预测，各模型预测结果与实际数据对比如图 5-6 所示。

表 5-6 给出了各模型预测结果与实际数据的均方根误差（RMSE）和平均绝对误差（MAE），可知，GSCV-SVR 的均方根误差和平均绝对误差均最小，相比其他预测模型具有更好的预测性能。

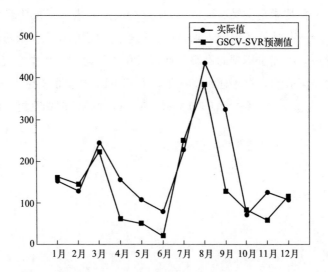

图 5-5　GSCV-SVR 预测值与实际值对比图

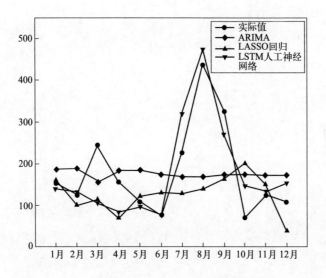

图 5-6　各模型预测结果与实际数据对比图

表 5-6　各模型预测效果

模 型	RMSE	MAE
GSCV-SVR	72.6930	51.6058
LSTM 人工经神经网络	76.6582	60.5963
ARIMA	109.6472	89.8533
LASSO 回归	120.7490	91.3530

　　将基于网格搜索与交叉验证的 SVR 方法应用于农业智能物流装备需求预测研究中，分析并选取了影响需求量的特征作为模型的输入，通过历史数据对模型进行训练，增强了模型的可解释性，避免了历史数据量少造成的预测结果失真。预测结果表明，在小样本情况下，利用 RBF 建立的 GSCV-SVR 模型相比于 LSTM 人工神经网络、ARIMA 和 LASSO 回归模型具有更高的精度。

第6章

物流设施选址与布置设计

6.1 物流设施选址

6.1.1 物流设施选址含义

物流设施选址分两种情况：一种是小型单一设施的场址选择，即根据确定的产品（或服务）、规模等目标为一个独立的设施选择合适位置，问题相对简单，另一种为复合设施的场址选择，即为某个企业的下属工厂、仓库、销售点、分销服务中心等选择合适的位置，并使得设施的数量、规模和位置达到最优化，这就是一个复杂的问题。

物流设施选址包括地区选址和地点选址两项内容。有时需要先选择建设的地区，然后进一步确定适宜的地点，有时需要将地区选址和地点选址两项相互结合起来进行。在此过程中，特别需要注意的是，物流设施选址常常需要规划人员、勘测人员，甚至生态环境部门人员的参与，而不能仅仅由设计人员单独完成。

物流设施选址对设施建成后的设施布置以及后续的生产经营费用、产品和服务质量以及成本等都有极大的影响。因此，物流设施选址时一定要科学分析，不能主观臆断，需要进行充分的调查研究；要考虑自身特点和优劣条件，用长远的观点来考虑。

6.1.2 物流设施选址的一般阶段

物流设施选址一般分为四个阶段，即准备阶段、地区选择阶段、具体地点选择阶段和编制报告阶段。

（1）准备阶段

准备阶段的主要工作是对选址目标提出要求，并提出选址所需要的技术经济指标。这些要求主要包括产品、生产规模、运输条件、需要的物料和人力资源等，以及相应于各种要求的各类技术经济指标，如每年需要的供电量、运输量、用水量等。

（2）地区选择阶段

地区选择阶段的主要工作内容包括走访行业主管部门和地区规划部门征询选址意见，选择若干地区收集资料，对候选地区作分析比较，提出对地区选择的初步意见。

（3）具体地点选择阶段

具体地点选择阶段的主要工作是组成设施规划小组到初步确定地区内的若干地点进行调查研究和勘测。其工作内容包括：

① 从当地城市建设部门取得备选地点的地形图和城市规划图，征询关于地点选择的意见。

② 从当地气象局、地震局等部门取得有关气温、气压、降雨及降雪量、日照、风向、风力、地质、洪水、地震等的历史统计资料。

③ 进行地质水文的初步勘察和测量，取得有关勘测资料。

④ 收集当地有关交通运输、供水、供电、通信、供热、排水设施等资料，并交涉有关交通运输线路、公用管线的连接问题。

⑤ 收集当地有关运输费用、施工费用、建筑造价、税费等经济资料。

⑥ 对各种资料和实际情况进行核对、分析和各种数据的测算。经过比较，选定一个合适的场址方案。

（4）编制报告阶段

编制报告阶段的主要工作内容包括：

① 对调查研究和收集的资料进行整理。

② 根据技术经济比较和分析统计的成果编制综合材料，绘制所选地点的设施位置图和初步总平面布置图。

③ 编写设施选址报告，对所选场址进行评价，供决策部门审批。

6.1.3　物流设施选址的影响因素

从地区选择到具体地点的选择，物流设施选址需要考虑众多的、复杂的因素，涉及很多方面。归纳起来，可将这些因素分为与成本有直接关系的成本因素以及与成本因素无关的非成本因素两大类。成本因素可以量化也可用货币来表示；非成本因素与成本无直接关系，但能间接影响产品成本和企业未来的发展。具体如表 6-1 所示。

表 6-1　物流设施选址时的成本因素和非成本因素

成本因素	非成本因素
1. 原料供应及成本	1. 地区政府政策
2. 动力、能源的供应及成本	2. 政治环境
3. 水资源及其供应	3. 环境保护要求
4. 劳工成本	4. 气候和地理环境
5. 产品运至分销点成本	5. 文化习俗
6. 零配件产品从供应点运来成本	6. 城市规划和社区情况
7. 建筑和土地成本	7. 发展机会
8. 税率、利率和保险	8. 同一地区的竞争对手
9. 资本市场和流动资金	9. 地区的教育服务
10. 各类服务及维修费用	10. 供应、合作环境

6.2　物流设施场址评价

从数个候选场址中决定最终的场址需要科学决策，目前常用的评价方法可分为成本因素评价和综合因素评价两大类。

6.2.1　基于成本因素的评价方法

在影响选址的各项因素中，很大部分因素属于成本因素，可以用比较成本的方法来决定各候选方案的取舍，并最终决定所选场址。常用的方法有盈亏平衡点法、重心法、数值分析法、简易线性规划法等。以下通过实例分别介绍。

（1）盈亏平衡点法

这是工程经济和财务管理中的基本方法，在选址评价中可用以确定特定产量规模下，成本为最低的设施选址方案。它建立在产量、成本、预测销售收入的基础之上。

【例 6-1】某公司有三个不同仓库建设方案，由于各场址有不同的征地费、建筑费，工资、原材料等成本费用也都不同，从而有不同仓储成本。三个选址的仓储成本见表 6-2，试决定不同物流规模下最优的选址。

表 6-2　三个不同仓库建设方案的仓储成本

费用项目	方案		
	A 方案	B 方案	C 方案
固定费用/元	600000	1200000	1800000
单件可变费用/(元/件)	50	25	10

解： 设 TC 表示总成本，CF 表示固定储存费用，CV 表示单件可变储存费用。先求 A、B 两方案的交点物流量，再求 B、C 两方案的交点物流量，就可以决定不同物流规模下的最优选址。

① 在 M 点 A、B 两方案物流成本相同，该点物流量为 Q_M，则：

$$TC_A = CF_A + CV_A = 600000 + 50X$$
$$TC_B = CF_B + CV_B = 1200000 + 25X$$
$$TC_C = CF_C + CV_C = 1800000 + 10X$$

$$Q_M = \frac{CF_B - CF_A}{CV_A - CV_B} = \frac{(1200000 - 600000)\text{元}}{(50 - 25)\text{元/件}} = 24000 \text{ 件}$$

② 在 N 点 B、C 两方案物流成本相同，该点物流量为 Q_N，则：

$$Q_N = \frac{CF_C - CF_B}{CV_B - CV_C} = \frac{(1800000 - 1200000)\text{元}}{(25 - 10)\text{元/件}} = 40000 \text{ 件}$$

③ 如按物流成本最低为标准，当物流量低于 24000 件时选 A 方案，物流量在 24000 件和 40000 件之间时选 B 方案，物流量大于 40000 件时选 C 方案。

（2）单一选址地点的重心法

重心法是将物流系统的资源点与需求点看成是分布在某一平面范围内的物体系统，各资源点与需求点的物流量可看成是物体的重量，物体系统的重心将作为物流中心的最佳选址。具体过程如下。

设在某计划区域内，有 n 个资源点和需求点，各点的资源量或需求量为 $w_j(j = 1, 2, \cdots, n)$，它们各自的坐标是 $(x_j, y_j)(j = 1, 2, \cdots, n)$。该网络如图 6-1。

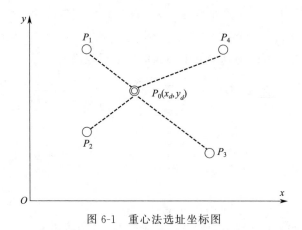

图 6-1　重心法选址坐标图

现计划在该区域内设置一个物流中心，设该物流中心的坐标是 (x_d, y_d)，物流中心至资源点或需求点的运费率是 a_j。

根据重心法，可得：

$$\begin{cases} \bar{x} = \sum_{j=1}^{n} a_j w_j x_j \Big/ \sum_{j=1}^{n} a_j w_j \\ \bar{y} = \sum_{j=1}^{n} a_j w_j y_j \Big/ \sum_{j=1}^{n} a_j w_j \end{cases} \qquad (6\text{-}1)$$

实际求得的 $(\bar{x}, \bar{y})$ 值，即为所求得的配送中心位置坐标 (x_d, y_d)。

但重心法有如下假设条件：①需求集中于某一点；②不同地点物流设施的建设费用、营运费用相同；③运输费用跟运输距离成正比；④运输路线为空间直线距离。

【例 6-2】某物流公司拟建一物流中心负责向四个工厂进行物料供应配送，各工厂的具体位置与年物料配送量见表 6-3。请利用重心法确定物流公司的物流中心位置（设拟建物流公司物流中心对各工厂的单位运输成本相等）。

表 6-3　各工厂的具体位置地理坐标与年物料配送量

工厂及其地理位置坐标	P_1		P_2		P_3		P_4	
	x_1	y_1	x_2	y_2	x_3	y_3	x_4	y_4
	20	70	60	60	20	20	50	20
年物料配送量/t	2000		1200		1000		2500	

注：表中位置地理位置坐标单位为 km。

解：已知各工厂的需求量为 $w_j(j=1,2,3,4)$，各自的坐标为 $(x_j,y_j)(j=1,2,3,4)$，物流中心至各工厂的运费率是 $a_j(j=1,2,3,4)$（该例均相等）。

根据重心法，可以得到物流中心的地理坐标数据：

$$x_d = \sum_{j=1}^{n} a_j w_j x_j / \sum_{j=1}^{n} a_j w_j = \frac{20 \times 2000 + 60 \times 1200 + 20 \times 1000 + 50 \times 2500}{2000 + 1200 + 1000 + 2500}$$

$$= 35.4\text{km}$$

$$y_d = \sum_{j=1}^{n} a_j w_j y_j / \sum_{j=1}^{n} a_j w_j = \frac{70 \times 2000 + 60 \times 1200 + 20 \times 1000 + 20 \times 2500}{2000 + 1200 + 1000 + 2500}$$

$$= 42.1\text{km}$$

该物流中心选在坐标为（35.4km，42.1km）的位置。

（3）数值分析法

必须指出的是，通过重心法求得的物流中心坐标还不是最优的，因为求的是地理坐标加权平均值，它没有考虑设置一个物流中心后现有资源点和需求点之间将不再直接联系而要通过该物流中心中转，运输距离将发生变化，从而运输成本也将变化。所以，应再利用数值分析法将以上方法加以优化。

数值分析法其基本思路是按运输费用最小原则来选址，并对候选位置不加限制，因此具有比较大的灵活性。

现设 d_j 为物流中心和各处 j 的直线运输距离。

$$d_j = \sqrt{(x_d - x_j)^2 + (y_d - y_j)} \tag{6-2}$$

由此可得物流中心到 j 处的运输费用：

$$c_j = a_j w_j d_j \tag{6-3}$$

故物流中心到各处总运输费用为：

$$T = \sum_{j=1}^{n} a_j w_j d_j = \sum_{j=1}^{n} \left[a_j w_j \sqrt{(x_d - x_j)^2 + (y_d - y_j)} \right] \tag{6-4}$$

现在要求 (x_d,y_d) 为何值时 T 最小。

显然，求偏导数，能使 $\dfrac{\partial T}{\partial x_d}=0$，$\dfrac{\partial T}{\partial y_d}=0$ 成立的 (x_d^*,y_d^*) 即为所求的物流中心的最佳位置。

$$\frac{\partial T}{\partial x_d} = \sum_{j=1}^{n} a_j w_j (x_d - x_j) / d_j \tag{6-5}$$

$$\frac{\partial T}{\partial y_d} = \sum_{j=1}^{n} a_j w_j (y_d - y_j) / d_j \tag{6-6}$$

由此可求 x_d^* 和 y_d^* 的解为：

$$x_d^* = \frac{\sum\limits_{j=1}^{n} a_j w_j x_j / d_j}{\sum\limits_{j=1}^{n} a_j W_j / d_j} \qquad (6\text{-}7)$$

$$y_d^* = \frac{\sum\limits_{j=1}^{n} a_j w_j y_j / d_j}{\sum\limits_{j=1}^{n} a_j W_j / d_j} \qquad (6\text{-}8)$$

由于 x_d^*，y_d^* 中含有 d_j，而 d_j 中仍然含有未知数 x_d 和 y_d，因此无法一次求出 x_d^* 和 y_d^*。实际上，从确定初始值开始，一直到求出 T 最小为止，其间需要多次迭代计算。

迭代计算步骤如下：

① 确定物流中心初始位置 $(x_d^{(0)}, y_d^{(0)})$；

② 利用式(6-4) 计算出与 $(x_d^{(0)}, y_d^{(0)})$ 相应的总运输费用 $T^{(0)}$；

③ 将 $(x_d^{(0)}, y_d^{(0)})$ 分别代入式(6-2)、式(6-7) 和式(6-8) 中，计算出物流中心的改进位置 $(x_d^{(1)}, y_d^{(1)})$；

④ 利用式(6-4) 计算出与 $(x_d^{(1)}, y_d^{(1)})$ 相应的总运输费用 $T^{(1)}$；

⑤ 将 $T^{(1)}$ 与 $T^{(0)}$ 进行比较，若 $T^{(1)} < T^{(0)}$，则返回步骤③的计算，将 $(x_d^{(1)}, y_d^{(1)})$ 代入式(6-2)、式(6-7) 和式(6-8) 中，计算出物流中心第二次改进位置 $(x_d^{(2)}, y_d^{(2)})$。若 $T^{(1)} \geqslant T^{(0)}$，说明初始位置 $(x_d^{(0)}, y_d^{(0)})$ 便是最优解。

如此反复迭代计算，直至 $T^{(k+1)} \geqslant T^{(k)}$，求出 $(x_d^{(k)}, y_d^{(k)})$ 这一最优解。

【例 6-3】某连锁超市在某地区有四个零售点，其坐标和物资需求量如表 6-4，现欲建一物流配送中心负责商品供应，问物流配送中心应设在何处最为经济合理。

表 6-4 四个零售点的销售与地理数据

零售点 D_i	物资需求量/t(w_j)	运输费用率/(元/t·km)(a_j)	坐标(x_j, y_j)/km	
1	2	5	2	2
2	3	5	11	3

零售点 D_i	物资需求量/t(w_j)	运输费用率/(元/t·km)(a_j)	坐标(x_j,y_j)/km	
3	2.5	5	10	8
4	1	5	4	9

解：按照各零售点销售货物的重量，求四个零售点所构成的四边形的重心，重心的坐标（$x_d^{(0)}$，$y_d^{(0)}$）可以用式(6-1)求得：

$$x_d^{(0)} = \sum_{j=1}^{n} a_j w_j x_j / \sum_{j=1}^{n} a_j w_j = \frac{2 \times 2 + 3 \times 11 + 2.5 \times 10 + 1 \times 4}{2 + 3 + 2.5 + 1} = 7.8\text{km}$$

$$y_d^{(0)} = \sum_{j=1}^{n} a_j w_j y_j / \sum_{j=1}^{n} a_j w_j = \frac{2 \times 2 + 3 \times 3 + 2.5 \times 8 + 1 \times 9}{2 + 3 + 2.5 + 1} = 4.9\text{km}$$

物流配送中心 P 的位置坐标初始值 P_0 为（7.8，4.9），按照式(6-2)求得物流配送中心到各零售点的距离见表6-5。按式(6-4)求得初始位置为 P_0(7.8，4.9) 时的总运费 $T^{(0)}$ 为196元。

表6-5　初始物流配送中心位置 P_0 到各零售点的直线距离

距离	$P_0 - D_1$	$P_0 - D_2$	$P_0 - D_3$	$P_0 - D_4$
距离 d_j	6.5	3.7	3.8	5.6

然后按式(6-7)、式(6-8)求出第一次迭代的位置。

$$
x_d^{(1)} = \frac{\displaystyle\sum_{j=1}^{n} a_j w_j x_j / d_j}{\displaystyle\sum_{j=1}^{n} a_j w_j / d_j}
$$

$$
= \frac{5 \times (2 \times 2/6.5 + 3 \times 11/3.7 + 2.5 \times 10/3.8 + 1 \times 4/5.6)}{5 \times (2/6.5 + 3/3.7 + 2.5/3.8 + 1/5.6)} = 8.6
$$

$$
y_d^{(1)} = \frac{\displaystyle\sum_{j=1}^{n} a_j w_j y_j / d_j}{\displaystyle\sum_{j=1}^{n} a_j w_j / d_j}
$$

$$
= \frac{5 \times (2 \times 2/6.5 + 3 \times 3/3.7 + 2.5 \times 8/3.8 + 1 \times 9/5.6)}{5 \times (2/6.5 + 3/3.7 + 2.5/3.8 + 1/5.6)} = 5.1
$$

同理，再按 P_1(8.6，5.1) 计算物流配送中心到各零售点的直线距离 d_j，得出总运输费用 $T^{(1)} = 191$ 元，由于 $T^{(1)} = 191 < T^{(0)} = 196$，说明了运输费用有进一步下降的可能，所以应返回式(6-2)、式(6-7)、式(6-8)求出第二次改

进的物流配送中心位置坐标。得：

$$x_d^{(2)} = 9.0, \ y_d^{(2)} = 5.2。$$

依式（6-4）计算 $T^{(2)} = 192$ 元。

根据计算，可见当物流配送中心的位置为 P_2（9.0，5.2）时，将 $T^{(2)}$ 与 $T^{(1)}$ 比较可知：$T^{(1)} < T^{(2)}$，因此表明 P_1（8.6，5.1）已是最优解，不需继续进行迭代计算。P_1（8.6，5.1）点为所选物流配送中心 P 最合理的位置。

（4）线性规划法

对于供应多个需求点和供货点（仓库、工厂、配送中心和销售点）的问题，通常用线性规划法求解更为方便。可以同时确定多个设施的位置，其目的也是使所有设施的生产（仓储）运输费用最小。在相应约束条件下令所求目标函数为最小，即约束条件

$$\sum_{i=1}^{m} w_{ij} = b_j, \sum_{j=1}^{n} w_{ij} = a_i \tag{6-9}$$

并且全部 $w_{ij} \geqslant 0$。

目标函数为

$$\min \sum_{i=1}^{m} \sum_{j=1}^{n} G_{ij} w_{ij} \tag{6-10}$$

式中　m——供货点数量；

n——需求点数量；

a_i——供货点 i 的货物供应能力；

b_j——需求点 j 的货物需求量；

G_{ij}——供货点 i 生产（或储存）单位产品并运到需求点 j 的生产（仓储）加运输总费用；

w_{ij}——从供货点 i 运到需求点 j 的货物数量。

【例 6-4】某家电制造公司现有两个分销配送中心 F_1 及 F_2，供应四个城市销售区域市场 S_1、S_2、S_3、S_4，由于销售量不断增加必须另设一新配送中心，现通过定性分析，可供选择的地点为 F_3 及 F_4。各配送中心以千台为单位的产品储存费用及各个配送中心至各销售城市的运输费用如表 6-6 所示。试问在可供选择的地点 F_3 及 F_4 中，选择其中哪一个地点为好？

解：具体步骤如下：

① 表 6-7 中 F_3—S_2 单位组合费用最少为 2.5 万元。但需求量为 0.8 千

台，就将 F_3 的 0.8 千台分配给 S_2，还有 0.45 千台的剩余产量。由于 S_2 的需求已全部满足，这一列可以不再考虑。

表 6-6 某家电制造公司的配送中心储存费用及运输费用

项目	运输费用/(万元/千台)				年配送量 /千台	储存费用/ （万元/千台）
	S_1	S_2	S_3	S_4		
F_1	5	3	2	3	0.7	1.5
F_2	6.5	5	3.5	1.5	0.55	1.8
F_3	1.5	0.5	1.7	6.5	1.25	2.0
F_4	3.8	5	8	7.5	1.25	1.6
年销售量 /千台	0.4	0.8	0.7	0.6		

② 其余单位组合中费用最少者为 F_2—S_4 是 3.3 万元。需求量为 0.6 千台，可把 F_2 的 0.55 千台分配给 S_4。这时，S_4 的需求还有 0.05 千台未满足，F_2 分拨完毕，这一行不用再考虑。

③ 其余单位组合中费用最少者为 F_1—S_3，可把 F_1 的 0.7 千台全部分配给 S_3。F_1 的存货已全部分配完毕。

④ 其余单位组合中费用最少者为 F_3—S_1，需求是 0.4 千台。可把 F_3 的 0.4 千台分配给 S_1。这时，S_1 得到满足，F_3 的存货还剩 0.05 千台。

⑤ 其余单位组合中费用最少者为 F_3—S_4，S_4 的需求还有 0.05 千台未满足，可把 F_3 尚剩存货 0.05 千台分配给 S_4。此时，S_4 的需求已全部满足。

至此，所有销售市场都得到满足，所有仓储货物分拨完毕。如表 6-7 所示。

表 6-7 配送中心设在 F_3 的储运总费用   万元

项目	S_1	S_2	S_3	S_4	年配送量/千台
F_1	6.5	4.5	0.7③3.5	4.5	0.7
F_2	8.3	6.8	5.3	0.55②3.3	0.55
F_3	0.4④3.5	0.8①2.5	3.7	0.05⑤8.5	1.25
年销售量/千台	0.4	0.8	0.7	0.6	2.5

这样可得配送中心设于 F_3 处的总费用 $TC(F_3) = 0.4 \times 3.5 + 0.8 \times 2.5 + 0.7 \times 3.5 + 0.55 \times 3.3 + 0.05 \times 8.5 = 8.09$ 万元。

如果配送中心设于 F_4 处，用同样的解法，过程如表 6-8 所示，得到 F_4

的总费用 $TC(F_4)$ 为 12.16 万元。比较而言选 F_3 储运总费用最低，应选 F_3 为配送中心地点。

表 6-8　配送中心设在 F_4 的储运总费用　　　　　　　　　　　万元

项目	S_1	S_2	S_3	S_4	年配送量/千台
F_1	6.5	4.5	0.7②3.5	4.5	0.7
F_2	8.3	6.8	5.3	0.55 ①3.3	0.55
F_4	0.4③5.4	0.8④6.6	9.6	0.05⑤9.1	1.25
年销售量/千台	0.4	0.8	0.7	0.6	2.5

6.2.2　基于综合因素的评价方法

设施选址时除了要考虑诸多成本因素，还要考虑许多难以用货币和成本来衡量的非成本因素。当非成本因素在选址中占有重要地位时，就要用综合因素的评价方法，常用的有以下两种方法。

（1）分级加权评分法

此方法适合于比较各种非经济性因素，由于各种因素的重要程度不同，需要采取加权方法，并按以下步骤实施：

① 针对场址选择的基本要求和特点列出要考虑的各种因素。

② 按照各因素相对重要程度，分别规定各因素相应的权重。通过征询专家意见或其他方法来决定各因素的权重。

③ 对各因素分级定分，即将每个因素由优到劣分成不同等级，如最佳、较好、一般、最差，并相应规定各等级的分数为 4、3、2、1 等。

④ 将每个因素中各方案的排队等级系数乘以该因素的相应权重，最后比较各方案所得总分，总分数最高者为入选方案。

【例 6-5】 对某一设施的选址有 K、L、M、N 四种方案，影响选址的主要因素有位置、面积、运输条件等 8 项，并设每个因素在方案中的排队等级为 A、E、I、O 和 U 五个等级。现设定：A＝4 分，E＝3 分，I＝2 分，O＝1 分，U＝0 分。

各原始数据及评分结果如表 6-9 所示。

比较各方案所得总分，总分数最高者 L 为入选方案。

（2）因次分析法

这是一种将各候选方案的成本因素和非成本因素同时加权并加以比较的方

法，其实施步骤如下：

表 6-9   各原始数据及评分结果

序号	考虑因素	权重数	各方案的等级及分数			
			K	L	M	N
1	位置	8	A/32	A/32	I/16	I/16
2	面积	6	A/24	A/24	U/0	A/24
3	地形	3	E/9	A/12	I/6	E/9
4	地质条件	10	A/40	E/30	I/20	U/0
5	运输条件	5	E/15	I/10	I/10	A/20
6	原材料供应	2	I/4	E/6	A/8	O/2
7	公用设施条件	7	E/21	E/21	E/21	E/21
8	扩建可能性	9	I/18	A/36	I/18	E/27
	合计		163	171	99	119

① 研究要考虑的各种因素，从中确定哪些因素是必要的。如某一选址无法满足一项必要因素，应将其删除。如饮料厂必须依赖水源，就不能考虑一个缺乏水源的选址。确定必要因素的目的是将不适宜的选址排除在外。

② 将各种必要因素分为客观因素（成本因素）和主观因素（非成本因素）两大类。客观因素能用货币来评价，主观因素是定性的，不能用货币表示。同时要决定主观因素和客观因素的比重，用以反映主观因素与客观因素的相对重要性。如主观因素和客观因素同样重要，则比重均为 0.5。即 $X=$ 主观因素的比重值，$1-X=$ 客观因素的比重值，$0 \leqslant X \leqslant 1$。如 X 接近 1，主观因素比客观因素更重要；若 X 接近 0，则客观因素更重要。X 值可通过征询专家意见决定。

③ 确定客观量度值。对每一可行选址可以找到一个客观量度值 OM_i，此值大小受选址的各项成本的影响。其计算式可表示为：

$$OM_i = \left(C_i \sum_{i=1}^{N} \frac{1}{C_i} \right)^{-1} \tag{6-11}$$

式中 i 项选址方案总成本 C_i 为各项成本 C_{ij} 之和，即：

$$C_i = \sum_{j=1}^{M} C_{ij} \tag{6-12}$$

式中 C_{ij}——i 项选址方案的第 j 项成本；

C_i——i 项选址方案的总成本；

OM_i——i 项选址方案的客观量度值；

M——客观因素数目；

N——选址方案数目。

若将各选址方案的客观量度值相加，总和必等于 1。

④ 确定主观评比值。各主观因素因为没有量化值作为比较，所以用强迫选择法衡量各选址优劣。强迫选择法是将每一选址方案和其他选址方案分别做出成对的比较。令较佳的比重值为 1，较差的比重值则为 0。此后，根据各选址方案所得到的比重与总比重的比值来计算该选址的主观评比值 S_{ik}。用公式表示则为：

$$S_{ik} = \frac{W_{ik}}{\sum_{i=1}^{N} W_{ik}} \tag{6-13}$$

式中 S_{ik}——i 项选址方案对 k 因素的主观评比值；

W_{ik}——i 项选址方案 k 因素占的比重；

$\sum_{i=1}^{N} W_{ik}$——k 因素的总比重值。

主观评比值为一量化的比较值。可以利用此数值来比较各选址方案优劣。此数值的变化范围在 0 到 1 之间，接近 1 时，则代表该选址方案比其他选址方案优越。

⑤ 确定主观量度值。主观因素常常不止一个，同时各主观因素间的重要性也各不相同。所以我们首先对各主观因素配上一个重要性指数 I_k。I_k 的分配方法可用步骤④中所述的强迫选择法来确定，然后以每个因素的主观评比值与该因素的重要性指数 I_k 相乘，分别计算每一选址方案的主观量度值 SM_i。可用式(6-14) 表示：

$$SM_i = \sum_{k=1}^{M} I_k S_{ik} \tag{6-14}$$

式中 I_k——主观因素的重要性指数；

S_{ik}——i 项选址方案对于 k 因素的主观评比值；

M——主观因素的数目。

⑥ 确定位置量度值。位置量度值 LM_i 为选址方案的整体评估值，其计算式为：

$$LM_i = XSM_i + (1-X)OM_i \qquad (6-15)$$

式中　X——主观比重值；

$(1-X)$——客观比重值；

　　SM_i——i 选址的主观量度值；

　　OM_i——i 选址的客观量度值。

位置量度值最大者为最佳选址方案。

【例 6-6】筹建一农产品流通加工厂，可供选择的候选厂址有 D、E、F 三处，因地址不同各厂加工成本亦有区别，各厂址每年费用如表 6-10 所示。此外，为决定厂址还考虑了一些重要的非成本因素，如当地竞争能力、气候变化和周围环境是否适合农产品流通加工等。对于竞争能力而言，F 地最强，D、E 两地相平；就气候来说，D 比 E 好，F 地最好；至于环境，E 地最优，其次为 F 地、D 地。如果各主观因素的重要性指数 a、b、c 依次为 0.6、0.3 和 0.1，要求用因次分析法评定最佳厂址在何处。

表 6-10　各候选厂址每年生产成本费用

成本因素	成本/千元		
	D	E	F
工资	250	230	248
运输费用	181	203	190
租金	75	83	91
其他费用	17	9	22
C_i	523	525	551

解：首先计算 D、E、F 三处的位置量度值，然后比较，计算过程如下：

① 客观量度值 OM_i 的计算。

根据式(6-11)可计算出各候选厂址的客观量度值 OM_i：

$OM_D = 0.3395$

$OM_E = 0.3382$

$OM_F = 0.3223$

② 主观量度值 SM_i 的计算。

根据三个不同的主观因素，D、E、F 三处的主观评比值 S_{ik} 如下：

a. 竞争能力比较（$F > D = E$）：

两两相比

厂址	F	E	D	比重	S_{ia}
D	0	0		0	0
E	0		0	0	0
F		1	1	2	1

总比重值：2。

b. 气候（$F>D>E$）：

两两相比

厂址	F	E	D	比重	S_{ib}
D	0	1		1	0.33
E	0		0	0	0
F		1	1	2	0.67

总比重值：3。

c. 环境（$E>F>D$）：

两两相比

厂址	F	E	D	比重	S_{ic}
D	0	0		0	0
E	1		1	2	0.67
F		0	1	1	0.33

总比重值：3。

根据各主观因素的重要性指数 I_k 和各选址位置的主观评比值 S_{ik}，可以计算每一可行位置的主观量度值 SM_i。

现将各主观因素作评比总结，各候选厂址评比值如表6-11所示。

表6-11 各候选厂址评比值 S_{ik}

因素k		D	E	F	重要性指数I_k
a	S_{ia}	0	0	1	0.6
b	S_{ib}	0.33	0	0.67	0.3
c	S_{ic}	0	0.67	0.33	0.1

计算可得：

$SM_D = 0 \times 0.6 + 0.33 \times 0.3 + 0 \times 0.1 = 0.099$

$SM_E = 0 \times 0.6 + 0 \times 0.3 + 0.67 \times 0.1 = 0.067$

$SM_F = 1 \times 0.6 + 0.67 \times 0.3 + 0.33 \times 0.1 = 0.834$

③ 位置量度值的计算。

假设两者同等重要，故主观比重值 $X = 0.5$。

根据式(6-15)，可计算出：

$LM_D = 0.5 \times 0.099 + 0.5 \times 0.3395 = 0.21925$

$LM_E = 0.5 \times 0.067 + 0.5 \times 0.3382 = 0.2026$

$LM_F = 0.5 \times 0.834 + 0.5 \times 0.3223 = 0.57815$

④ 决策。

根据各位置量度值 LM_i 的大小，F 厂址所得位置量度值在三个候选地址中最高，故选 F 作为建厂厂址。

6.3 物流设施布置设计

6.3.1 物流设施布置设计概述

（1）物流设施规划与设计的定义

设施规划与设计是针对企业中的生产或服务系统的生产或转换活动，从投入到产出的全部过程中，将人员、物料及所需的相关设备设施等，做出最有效的组合与安排，并与其他相关设施协调，以期获得安全、高效与经济的操作，满足企业经营需求，同时能对企业长期的组织功能和发展产生更积极的影响和效益。

传统设施规划与设计的问题以生产系统为主要课题，而生产系统则以制造工厂的规划问题最为复杂，也最具代表性。

（2）物流设施规划与设计的含义

由于各经济领域的企业性质不同，其设施的功能均不一样，但只要是从事商品生产或流通，设施就与物流活动有关联，就存在其设施物流运行系统的优化问题。因此，物流系统规划与设计的理念与内涵就包括在各设施规划与设计之中。

从物流系统规划设计与各经济领域设施的相关性来看，我们可以将与物流活动密切相关的一般设施以及物流活动专用的设施的规划与设计都近似地看成是物流设施规划与设计。

（3）不同领域物流设施规划与设计的内涵

生产制造领域、商贸领域和专门的物流领域都有物流活动，也就是说各行各业都存在自己的物流系统，但由于各经济领域企业主体功能不一样，其所属物流系统的地位与作用也就不一样，自然其物流设施规划与设计的内涵与目标就有差异。

在一般生产或服务系统设施规划与设计中，尽管也追求物流系统优化，但因设施的基本功能是生产、营销或其他服务，物流只是支持体系，物流合理化只是设施规划与设计必须考虑的内容。

在专门的物流领域，如物流中心、配送中心、仓库等，由于物流作业活动是设施的主体活动或业务，因此在规划设计时其地位完全不一样。其物流活动合理化是规划的重点，并要求其他相关作业或服务设施与物流活动相协调，通过一个高效率的物流运作系统的建立，期望能有效地服务于生产与营销，促进企业战略目标的实现。

6.3.2　系统布置设计（流程）模式

依照缪瑟提出的系统布置设计（Systematie Layout Planning，SLP）思想，系统布置设计程序一般经过下列步骤，如图 6-2 所示。

（1）准备原始资料

在系统布置设计开始时，首先必须明确给出原始资料——基本要素，同时也需要对作业单位的划分情况进行分析，通过分解与合并，得到最佳的作业单位划分状况。所有这些均作为系统布置设计的原始资料。传统 SLP 法的设计基于 P（产品）、Q（产量）、R（工艺过程）、S（辅助部门）、T（时间），改进的动线型 SLP 法主要依赖于 E（接受的订单）、I（种类）、Q（数量）、R（流程）、S（辅助部门和物流服务水平）、T（时间安排）、C（成本）。

（2）物流分析与作业单位相互关系分析

针对物流中心、配送中心，物流分析是布置设计中最重要的方面。另针对某些以生产流程为主的工厂，物料移动是工艺过程的主要部分时，如一般的机械制造厂，物流分析是布置设计中最重要的方面；对某些辅助服务部门或某些物流量小的工厂来说，各作业单位之间的相互关系（非物流联系）对布置设计

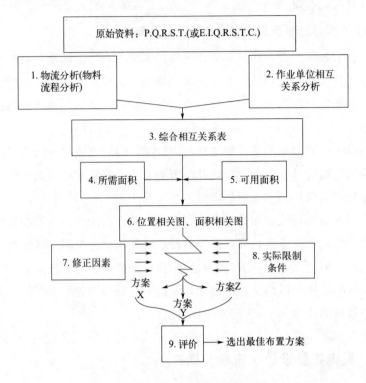

图 6-2　SLP 程序模式图

就显得更重要了；介于上述两者之间的情况，则需要综合考虑作业单位之间物流与非物流相互关系。

作业单位间的物流分析的结果，可以用物流强度等级及物流相关表来表示；作业单位非物流的相互关系可以用量化的关系密级及相互关系表来表示。在需要综合考虑作业单位间物流与非物流的相互关系时，可以采用简单加权的方法将物流相关表及作业单位间相互关系表综合成综合相互关系表。

（3）绘制作业单位位置相关图

根据物流相关表与作业单位间相互关系表，考虑每对作业单位间相互关系等级的高或低，决定两作业单位相对位置的远或近，得出各作业单位之间的相对位置关系，有些资料上也称之为拓扑关系。这时并未考虑各作业单位具体的占地面积，从而得到的仅是作业单位相对位置，称为位置相关图。

（4）作业单位占地面积计算

各作业单位所需占地面积与设备、人员、通道及辅助装置等有关，计算出的面积应与可用面积相适应。

（5）绘制作业单位面积相关图

把各作业单位占地面积附加到作业单位位置相关图上，就形成了作业单位面积相关图。

（6）修正

作业单位面积相关图只是一个原始布置图，还需要根据其他因素进行调整与修正。此时需要考虑的修正因素包括物品搬运方式、操作方式、储存周期等，同时还需要考虑实际限制条件如成本、安全和职工倾向等方面是否允许。

考虑了各种修正因素与实际限制条件以后，对面积相关图进行调整，得出数个有价值的可行设施布置方案。

（7）方案评价与择优

针对前面得到的数个方案，需要进行技术、费用及其他因素评价，通过对各方案比较评价，选出或修正设计方案，得到布置方案图。

依照上述说明可以看出，系统布置设计（SLP）是一种采用严密的系统分析手段及规范的系统设计步骤的布置设计方法，具有很强的实践性。在总体规划阶段的设施总体区位布置和详细规划设计阶段的各作业区域的设备布置中均可采用系统布置设计程序。

6.3.3　物流分析的技术工具

物流分析是设施布置的关键也是前提。通过物流分析可以使设施布局更合理。物流分析包括确定物料移动的顺序和移动量两个方面。物流分析的基本原则是做到两个最小和两个避免，即经过距离和发生的物流成本最小，避免迂回和避免十字交叉。

通过物流分析将帮助我们正确地排列和布置机器设备、工作站和各部门，同时也改进了设施物流过程。常用的物流分析的工具与方法有工艺流程图、多产品工艺过程图和从至表等。

（1）工艺流程图

在大量生产中，产品品种很少，用标准符号绘制必要的工艺流程图能直观地反映出工厂生产的详细情况。对工艺流程图的绘制，美国机械工程师学会（ASME）对有关物料操作制订了一套标准符号，如表 6-12 所示。

表 6-12　ASME 物料操作标准符号

符号	名称	说明
○	操作	表示工艺过程中主要步骤,操作中要对物料作物理或化学改变
□	检查	表示对物料品质或数量的检查
→	运输	表示物料由一处移向另一处
D	停留	表示在事件顺序中的等待,如工序间的在制品积压
▽	储存	表示受控制的储存,如保持生产连续性的库存

此时,进行物流分析时,只需在工艺流程图上注明各道工序之间的物流量,就可以清楚地表现出工厂生产过程中的物料搬运情况。如图 6-3 所示。

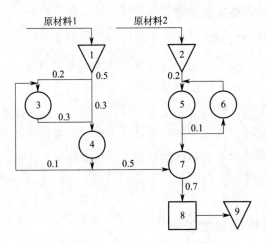

图 6-3　工艺流程图示例

(2)多产品工艺过程图

在品种多且批量较大的情况下,将各种产品的生产工艺流程汇总在一张图上,就形成了多产品工艺过程图,在这张图上各产品工艺路线并列绘出。多产品工艺过程图可以直观反映物流路径。

(3)从至表

当产品或零件数量很多且移动量很大时,可以采用从至表进行分析。从至表通常用一个矩阵表来表示建筑物之间、部门之间或机器设备之间的物流强度。

从至表左边为"从"(From)边,从上到下按作业顺序排列,上边为

"至"（To）边，从左到右按作业顺序排列；行、列相交的方格中记录从起始作业单位到终止作业单位的各种物料搬运量的总和。当物料沿着作业单位顺序正向移动时，即没有物流倒流现象，从至表中只有上三角有数据。当存在物流倒流现象时，倒流物流量出现在从至表的下三角方阵中，如表 6-13 所示。

表 6-13　从至表

从至	A	B	C	D	E	和
A		1	18	7.5		26.5
B			1	31	7.5	39.5
C		1			19	20
D		25.5			31	56.5
E				19		19
						总计:161.5

（4）物流相关表

在采用 SLP 法进行工厂布置时，通过划分等级的方法来研究物流状况。在此基础上，引入物流相关表，以简洁明了的形式表示总体物流状况。

由于直接分析大量物流数据比较困难且没有必要，SLP 中将物流强度转化成五个等级，分别用符号 A、E、I、O、U 来表示，其物流强度逐渐减小，对应着超高物流强度、特高物流强度、较大物流强度、一般物流强度和可忽略搬运五种物流强度。作业单位对（或称为物流路线）的物流强度等级应按物流路线比例或承担的物流量比例来确定，可参考表 6-14 来划分。

表 6-14　物流强度等级比例划分表

物流强度等级	符号	物流路线比例/%	承担的物流量比例/%
超高物流强度	A	10	40
特高物流强度	E	20	30
较大物流强度	I	30	20
一般物流强度	O	40	10
可忽略搬运	U		

为了能够简明地表示所有作业单位之间的物流相互关系，仿照从至表结构构造一种作业单位之间物流相互关系表，在行与列的交叉方格中填入行作业单位和列作业单位的物流强度等级。因为行作业单位与列作业单位排列顺序相

同，所以得到的是右上三角矩阵表格与左下三角矩阵表格对称的方阵表格，除去多余的左下三角矩阵表格，将右上三角矩阵表格变形，就得到了 SLP 中的物流相关表。物流相关表示例如表 6-15 所示。

表 6-15　作业单位物流相关表

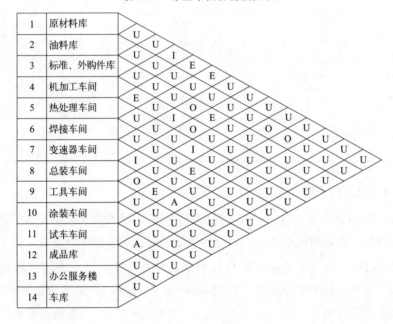

6.3.4　作业单位相互关系分析

影响作业单位之间关系的因素很多，对于布置设计，物流分析并不是唯一的依据，所以在进行布置设计时，不仅要进行物流分析，有时还要进行作业单位间的非物流分析。

通过单位之间活动的频繁程度可以说明单位之间关系是密切或者疏远。这种对单位之间密切程度的分析称为作业单位相互关系分析。对任何两个区域的相互关系进行评价，所划分出来的作业单位间的关系密切程度等级，如表 6-16 所示。

表 6-16　作业单位相互关系等级及划分比例

符号	含义	比例
A	绝对重要	2%～5%
E	特别重要	3%～10%

续表

符号	含义	比例
I	重要	5%～15%
O	一般	10%～25%
U	不重要	45%～80%
X	不希望靠近	

此外还要用一种理由代码来说明作业单位相互关系等级确定的理由，如表6-17 所示。

表 6-17　作业单位相互关系等级确定理由

理由代码	1	2	3	4	5	6	7	8
理由	用同一场地或站台	物流	服务	方便	库存控制	联系	零件流动	清洁

下面研究作业单位相互关系表的制法，表的形式如表 6-18 所示。表的左方为需要进行设施布置的各作业单位，表右方的每个菱形框表示左方相对应的两个作业单位之间的关系。菱形框上半部为密切程度代码，下半部为理由代码。

表 6-18　作业单位非物流相互关系表

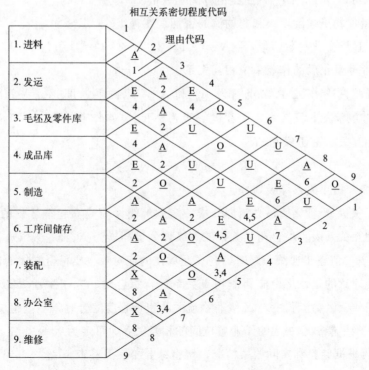

6.3.5 物流-作业单位相互关系综合分析

作业单位相互关系表完成以后，要综合考虑物流与非物流关系。在系统化设施布置中，必须将作业单位间的物流关系和非物流关系进行综合，综合后的相互关系即称为综合相互关系。

常用的一种综合相互关系法，是通过以下步骤进行平面布置的：

① 通过物流分析，在物流合理化的基础上求得各作业单位间的物流量及其相互关系。

② 确定各作业单位间非物流关系相互影响因素及等级，作出作业单位相互关系表。

③ 确定物流和非物流相互关系的相对重要性。

通常这一相对重要性比值 $m:n$ 不应超过 $1:3$ ~ $3:1$。如比值大于 $3:1$，意味着物流关系占主要地位，设施布置只要考虑物流就可以；当比值小于 $1:3$ 时，说明物流的影响很小，设施布置只要考虑非物流相互关系即可。现实情况下按照物流和非物流相互关系的相对重要性，将比值 $m:n$ 取为 $3:1$，$2:1$，$1:1$，$1:2$，$1:3$，此比值称为加权值。

④ 量化物流强度等级和非物流的密切程度等级。

通常这些量化的数值取为：A＝4，E＝3，I＝2，O＝1，U＝0，X＝−1。

⑤ 计算量化后的作业单位相互关系。

设任意两个作业单位分别为 A_i 和 A_j，其物流强度相互关系等级为 MR_{ij}，非物流的相互关系密切程度等级为 NR_{ij}，则作业单位 A_i 和 A_j 之间的综合相互关系密切程度 CR_{ij} 为：

$$CR_{ij} = mMR_{ij} + nNR_{ij}$$

⑥ 综合相互关系等级划分。

CR_{ij} 是一个量化值，必须划分成一定的等级才能建立起符号化的作业单位综合相互关系表。综合相互关系的等级划分也同样为 A、E、I、O、U、X，各级间 CR_{ij} 值逐步递减，同时，各作业单位的配对数也要符合常规的比例。

需要注意的是，将物流和非物流关系进行综合时，应该注意 X 级关系的处理，任何一级物流强度与 X 级非物流关系密切程度综合时，不应超过 O 级。对于某些绝不能靠在一起的作业单位间的相互关系，可定为 X 级。

⑦ 再根据经验和实际约束情况，调整综合相互关系表。

⑧ 绘制作业单位位置相关图。

6.3.6　面积相关图

在明确各相关的作业单位以及各单位之间的物流和非物流相互关系以后，就可以按一定的规则和方法设计出各种平面布置方案。

缪瑟提出的线性图法是绘制平面布置图最常用的方法。将各作业单位按已确定的物流和非物流相互关系以及所需面积比例布置它们的相对位置，并用不同的线型和距离表示它们之间的关系。其中，用四条平行线段来表示两设施间的 A 级关系，用三条平行线段表示两设施间的 E 级关系，两条平行线段表示 I 级关系，一条表示 O 级关系，U 级关系不表示，用折线表示 X 关系。

对作业单位的布置要遵循两点原则：①从各作业单位间相互关系密切程度出发，相关程度高的区域在布置时应尽量紧邻或接近，而相关程度低的区域则不宜接近；②把各等级进行量化，综合接近程度分值越高的作业单位，越应该处于中心位置，而分值越低的越靠近边缘位置。

将各作业单位的占地面积与其建筑物空间几何形状结合到作业单位位置相关图上，就得到了作业单位面积相关图。

【例 6-7】现以某物流中心布局为例说明综合相互关系等级划分及面积相关图绘制过程。已知某物流中心各作业部门的物流相关表见表 6-19、非物流作业单位相关表见表 6-20，物流与非物流相互关系相对重要性的比值 $m:n=2:1$，物流与非物流相关密切程度等级值为 A=4，E=3，I=2，O=1，U=0，X=−1，综合相互关系等级划分标准见表 6-21，试建立作业单位综合相关表，并绘制各功能作业区域位置与面积相关图。

表 6-19　物流中心各功能区物流相关表

项目	收发区	理货区	加工区	保管区	拣选区
收发区		A	I	U	U
理货区			I	A	U
加工区				E	E
保管区					A
拣选区					

表 6-20　非物流作业单位相关表及作业单位面积

项目	收发区	理货区	加工区	保管区	拣选区	面积/m²
收发区		A	U	U	E	200
理货区			O	I	O	200
加工区				E	U	400
保管区					U	600
拣选区						400

表 6-21　综合相互关系等级划分标准

关系等级	总分	等级符号	作业单位对比例/%
绝对必要靠近	11～12	A	1-10
特别重要靠近	9～10	E	2-20
重要	6～8	I	3-30
一般	3～5	O	5-40
不重要	0～2	U	50-80
不希望靠近		X	0-10

解： ① 划分综合相互关系等级，如表 6-22 所示。

表 6-22　作业单位综合相互关系

序号	作业单位对		关系密切程度				综合相互关系	
	部门	部门	物流关系（权值:2）		非物流关系（权值:1）			
			等级	分值	等级	分值	分值	等级
1	收发区	理货区	A	4	A	4	12	A
2	收发区	加工区	I	2	U	0	4	O
3	收发区	保管区	U	0	U	0	0	U
4	收发区	拣选区	U	0	E	3	3	O
5	理货区	加工区	I	2	O	1	5	O
6	理货区	保管区	A	4	I	2	10	E
7	理货区	拣选区	U	0	O	1	1	U
8	加工区	保管区	E	3	E	3	9	E
9	加工区	拣选区	E	3	U	0	6	I
10	保管区	拣选区	A	4	U	0	8	I

② 依作业单位综合相互关系计算，得综合相关表与综合接近程度排序表，如表 6-23、表 6-24 所示。

表 6-23 作业单位综合相关表

项目	收发区	理货区	加工区	保管区	拣选区	面积/m²
收发区		A	O	U	O	200
理货区			O	E	U	200
加工区				E	I	400
保管区					I	600
拣选区						400

表 6-24 作业单位综合接近程度排序表

项目	收发区	理货区	加工区	保管区	拣选区	面积/m²
收发区		A/4	O/1	U/0	O/1	200
理货区	A/4		O/1	E/3	U/0	200
加工区	O/1	O/1		E/3	I/2	400
保管区	U/0	E/3	E/3		I/2	600
拣选区	O/1	U/0	I/2	I/2		400
Σ	6	8	7	8	5	
排序	4	1	3	2	5	

③ 根据作业单位综合接近程度排序表所确定的等级分值顺序与关系等级，绘制作业单位位置相关图，如图 6-4 所示。

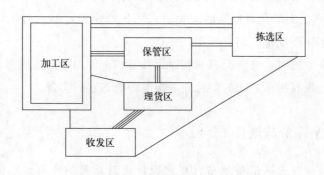

图 6-4 作业单位位置相关图

④ 根据已知面积绘制作业单位面积相关图，如图 6-5 所示。

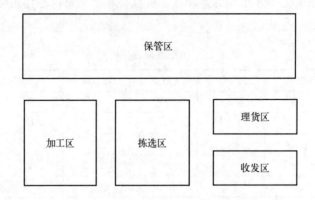

图 6-5 作业单位面积相关图

6.3.7 修正与拟订方案

要使面积相关图成为合格的方案，还需要考虑实际条件的限制，进行调整和修正。在实际规划中，修正因素主要包括以下几方面。

① 物流对象搬运。物流作业单位面积相关图反映的只是物流作业单位之间的直线距离，由于道路位置、建筑物的规范形式的限制，实际搬运并不总能按照直线距离进行。

② 建筑特点。如建筑面积、柱网、高度、地面负荷等。

③ 公用及辅助部门设置。要考虑公共管线、维修部门所需要的面积，包括机器设备、自动化控制设备、通道等的用地面积。

④ 绿化布置。绿化布置虽然会相对占用生产面积，但它对工厂的作业环境、员工的工作环境都有调节作用。

此外，在布置时，常常会有一些对设计有约束作用的修正因素，如原有建筑的不合理、现有搬运方法的柔性差等限制理想布置的实现。

6.3.8 方案评价与选择

方案的评价与选择是系统布置程序设计极其重要的环节。最优的布置方案，才能确保设计的成功，这是选择最优方案的重要活动，即择优活动。采用专业的评价方法对各备选方案进行评价择优，并对每个评价因素进行量化，得分最多的布置方案就是最佳布置方案。

方案的评价与选择方法很多，如费用比较法、加权因素法、AHP 法等。这里主要讲加权因素法，其基本思想是把布置方案的各影响因素，不论是定性的还是定量的，都划分出等级，并给每一等级都赋予一个分值来表示该因素对布置方案的影响程度。同时根据不同因素对布置方案取舍的影响程度设立加权值，以此来计算布置方案的评分值，评定方案的优劣。

首先，依据某一因素与其他因素的相对重要性，来确定该因素的加权值。具体是把最重要的因素确定下来，然后给定该因素的加权值，一般为 10。然后将其他各因素与该因素比较，确定适当的加权值。各因素的加权值通常是采用集体评定后求平均值的方式确定。评价结果一般划分成评价等级。评价等级的划分可以参考 SLP 的方式，划分为 A、E、I、O、U 五级，每个等级的含义及评价分值如表 6-25 所示。

表 6-25　等级含义及评价分值

等级	符号	含义	评价分值
优	A	近于完美	4
良	E	特别好	3
中	I	达到主要效果	2
尚可	O	效果一般	1
差	U	效果欠佳	0

其次，将各因素的评价等级分值与加权值相乘并求和后，即得该方案的总分。当某方案的得分高于其他方案 20%，即可确定为最优方案。

实例如表 6-26 所示。

表 6-26　方案评价实例

评价因素	权重	方案		
		①	②	③
服务方便性	10	U/0	I/20	E/30
可控制性	6	O/6	A/24	E/18
扩充性	5	O/5	I/10	O/5
投资成本	8	U/0	E/24	I/16
弹性	7	A/28	O/7	E/21
搬运经济性	10	O/10	I/20	E/30
总计		49	105	120

注：A＝4 优；E＝3 良；I＝2 中；O＝1 尚可；U＝0 差。

6.4 计算机辅助设施布置设计

6.4.1 计算机辅助设施布置设计概述

传统的布置分析很大程度上依赖设计者经验的积淀与整合。设施规划与设计是一项复杂的工作，要考虑众多的复杂因素。这些因素不但有定量的因素，还有很多定性的因素；不但要考虑工艺因素，还要考虑建筑物的限制、生产系统的效率要求，遵循有关的政策、法规。同时，随着生产系统规模越来越大，布置设计考虑的因素日趋复杂，多重技术与经济问题不断交织，设计者的经验和能力越来越不能完全胜任新的需求。随着计算机技术和定量分析技术的推出，计算机辅助设施布置设计是必然的发展方向。

所谓计算机辅助设施布置设计（Computer Aided Facilities Design，CAFD），是指在设施规划的过程中充分利用计算机辅助设计相关技术及软件来完成布置建模、运行分析、动画展示及其系统优化。基本过程如选址分析及计算、设施布置及参数选择、系统修改等都可利用计算机来完成。利用计算机辅助进行设施布置设计不但能大大改善和加速布置设计的过程及其进程，而且因人机交互和计算机绘图等的应用，可以迅速生成多种布置方案及其图案，以启发设计者的思路，且输出结果直观优美，因此正在越来越多地得到应用。

计算机辅助设施布置设计的适用范围包括：①对设施设计的各个方面进行研究；②对物料搬运系统中的各个方案进行评价和选择；③规划环境、设施布置和系统运作分析及其优化等。

6.4.2 计算机辅助设施布置的相关模型

建立设施布置的数学模型是计算机辅助设施布置的核心内容。起初，人们根据假设情况（如：设备之间的流量是已知的固定数量；布置问题在计划展望期内看作静态问题；布置的目标仅仅是物流费用最小；等等）建立了第一类模型，即理想的块状布置模型。然而，这些假设越来越不符合现实要求。

为寻求改进，人们做了许多工作。一方面，根据现实问题发展了许多扩展模型即第二类模型：如实际布置是多目标优化问题且目标间可能相互矛盾时，构造了多种多目标决策布置模型；由于企业经营发展、需求波动以及生产混合的动态特性，设备之间的流量随着阶段的不同而发生变化，当变化可预测时，可发展为动态布置模型；当产品混合、机器故障、周期性的波动和需求不确定时，发展了随机布置模型、鲁棒性及柔性布置模型。

另一方面，由于目前构造通用的布置模型存在困难，又针对特定类型的系统场景不断开发更具体、实用的第三类模型，如机器布置模型、单元布置模型等。

设施布置问题经常被看成是优化问题，最优或满意的设施布置在满足一些约束条件时可通过优化某些性能指标得到。就模型而言，起初设施布置问题通常建模为二次分派（QAP）模型，然后发展为混合整数规划（MIP）模型，但这些模型的缺点是优化目标单一且不易处理固定设施问题。近年来，为更准确地反映真实情况，将其建模为多约束多目标等扩展模型的研究急剧增加。

实际的设施布置除了最小物料搬运费用这一主要目标外，还有作业单位相互关系密切程度、有效的面积利用率、柔性、安全、雇员满意度等其他重要目标，其中有的目标之间会有冲突和矛盾。非线性目标规划（Nonlinear Goal Programming，NLGP）是一种为求解具有矛盾的非线性目标和非线性约束问题而发展起来的数学规划技术。澳大利亚的拉瑞就成功地将其建模为 NLGP 模型，其研究成果表明 NLGP 模型能够更真实完整地反映管理者的设计要求，并能提供丰富的满意方案以供决策。

6.4.3　计算机辅助设施布置的相关算法

计算机辅助设施布置的算法众多，按求解结果可以分为最优算法和次优算法。最优算法是通过一定的算法搜索，得到唯一的最优解。次优算法是通过一定的运算法则搜索域，得到的是近似最优解的较优解。当设施布置中的作业单位增加到一定数量后，采用最优算法求解将变得十分困难。

计算机辅助设施布置的算法按照构造的方式又可以分为两大类：构造型和改进型。构造型是从无到有，通过计算机软件进行优化，生成一个布置图，然后运用特定的评价系统对生成的布置图进行评价；改进型则是对已有布置的改进，寻找一种更好的布置图，它的评价标准主要是物料搬运总成本最少为优。

针对计算机辅助设施布置，出现了很多具有代表性的算法，如：ALDEP、CORELAP、CRAFT 等。

① 自动布置设计程序（Automated Layout Design Program，ALDEP）是基于凑合法的布置设计算法。其工作原理是按照物流系统作业单位之间的密切

程度等级进行平面布置。

ALDEP 是一个构造程序，等于从一张空白的设计纸开始，从众多的候选作业单位中，随机挑选一个作业单位到空白的设计图中，然后根据最密切的关系再选取下一个作业单位。这个过程持续到所有高密切程度的作业单位摆放完毕。然后再选择密切程度稍差的作业单位进行摆放，直到应该摆放的所有作业单位都摆放完毕为止。

② 计算机化关系布置规划（Computerized Relationship Layout Planning，CORELAP）是 1967 年提出的一种构造算法。此算法以作业单位之间的相关图为基础，布置的目标是实现作业单位之间最大关系密切程度，实质就是 SLP 的计算机计算形式。

根据作业单位关系等级的权重赋值，如 A＝4、E＝3、I＝2、O＝1、U＝0、X＝－1。对每一个作业单位所有的关系值求和，得到作业单位总密切程度等级 TCR（Total Closeness Rating）。选择 TCR 最大的部门作为最先进入布置的作业单位。若最大的 TCR 值有多个，取面积最大的，若还有相同的，任取一个。第二个进入的作业单位选择与第一个有 A 级关系的，再依次选 E 级、I 级等，如果在同一关系级中有多个作业单位，选择作业单位 TCR 值最大的。

③ 定量布置程序法（Computerized Relative Allocation of Facilities Technique，CRAFT）是 Buffa 等人于 1964 年提出的一个以各作业单位之间物料搬运总成本逐步减少为优化原则的程序。此算法以从至表为基础，用物料搬运总成本作为评价标准。所以有人说 CRAFT 为定量布置程序，而 CORELAP 为定性布置程序。

CRAFT 通过对现有的各作业单位的平面布置，将某两个作业单位相互交换位置，这两个作业单位必须是相邻的作业单位或者是两个作业单位的面积相等。计算交换后的物料搬运总成本，并进行比较，取总成本最少的布置为优化方案。再考虑其他限制条件，选择一个可行的优化方案。

在计算总成本时，它要求各作业单位之间的"距离"乘以各自的单位距离运输成本，得到每一作业单位对的搬运费用，最后的乘积全部加起来。这里的"距离"不是一般的直线距离，而是先要确定各作业单位的矩心，它们的距离是以矩心的直角距离来计算的。

这些算法的主要缺陷是，在达到满意方案前的选择过程中未充分考虑其他的方案，并且它们对初始布置敏感，导致最终布置未必最优。CORELAP 是典型的单条搜索轨道，很容易陷入局部最优解。CRAFT 方法最终方案要依赖于初始方案，只有足够多的初始方案才能得到足够全的最终布置方案以供选择。对于 ALDEP，虽然可以通过改变区域宽度，进而得到多种布置方案，但是只能在一定程度上避免局部最优。

近年来，人工智能技术的迅猛发展为设施布置提供了功能强大的各种新算法。由于设施布置是典型的 NP 问题，而人工智能技术是能够在有效时间内寻求满意解的可行算法，它们应用快速并行处理，可以同时得到多个解，丰富了备选方案，并且它们允许代价更高的解出现，从而可以跳出局部最优解，解决对初始布局敏感的问题。如禁忌搜索（Tabu Search，TS）、模拟退火法（Simulated Annealing，SA）、遗传算法（Genetic Algorithm，GA）等获得广泛应用。

6.4.4 计算机辅助设施布置的相关软件

目前计算机辅助设施布置的相关软件主要分为两类。一类是纯粹进行设施规划与设计的软件，如 Factory CAD、Factory PLAN、STORM 和 SPIRAL 等，可以方便用来进行计算机辅助设施规划与设计。另一类是在规划设计的基础之上还包括仿真和性能分析的系统，如 Factory Flow、eM-plant、Witness、ProModel、Flexsim 等。20 世纪末到 21 世纪初，FMS 出现了"数字化工厂"的概念，Delmia、CIMS、JIT 等 Solution 和 e-M-Power 之类的数字化工厂软件，不仅能完成设施规划设计和仿真评价，而且还包括制造规划、控制和供应链等功能，能与企业的产品数据管理（PDM）和企业资源计划（ERP）相连接。

（1） Flexsim

Flexsim（图 6-6）是美国 Flexsim 公司开发的三维物流仿真软件，能应用于系统建模、仿真以及实现业务流程可视化。Flexsim 中的对象参数可以表示基本上所有存在的实物对象，如机器装备、操作人员、传送带、叉车、仓库、集装箱等，同时数据信息可以用 Flexsim 丰富的模型库表示出来。对象、视窗、图形用户界面、菜单列表、对象参数等都是非常直观的。由于 Flexsim 的对象是开放的，所以这些对象可以在不同的用户、库和模型之间进行交换，再结合对象的高度可自定义性，可以大大提高建模的速度。Flexsim 的用户性和可移植性扩展了对象和模型的生命周期。

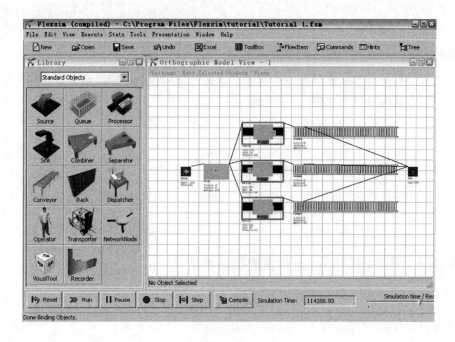

图 6-6　Flexsim

（2）Witness

Witness（图 6-7）是由英国 Lanner 开发的系统建模仿真软件平台。可以用于离散事件系统的仿真，同时又可以用于连续流体（如液压、化工、水力）系统的仿真。广泛应用于生产和物流系统运营管理与优化、流程改进、工厂物流模拟与规划、供应链建模与优化等。Witness 提供了大量的描述系统的模型元素，如生产线上的加工中心、传送设备、缓冲存储装置等，以及逻辑控制元素，如流程的倒班机制、事件发生的时间序列、统计分布等，可以方便地使用这些模型元素建立工业系统的运行逻辑描述。通过其内置的仿真引擎，快速地进行模型运行仿真，测评设计方案。

（3）Arena

Arena（图 6-8）是美国 Rockwell Automation 旗下的一款离散事件仿真软件，它通过仿真实验，协助决策者进行系统优化和改进。可以建立高度仿真的系统模型，并容纳真实系统中的随机性和可变性，从而再现复杂系统的真实状态。另外，软件提供的模拟动画，可以直观地展示系统的动态变化和数据波

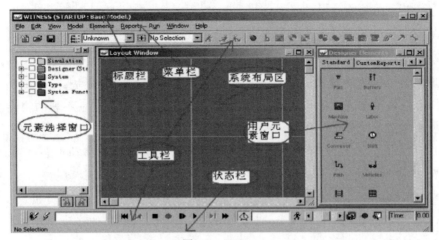

图 6-7　Witness

动，使决策者能够更好地理解系统的动态特性。最终，决策者可以在仿真实验的基础上做出合理判断，为真实系统提出优化方案，实现减少浪费、提高效率，达到科学管理和精益制造的目标。在物流中的主要运用有：①在生产过程中，进行设备布置，实现工件加工轨迹的可视化仿真等；②在生产管理中，进行生产计划、库存管理、生产控制和产品市场的预测和分析等；③在生产价值分析方面，可进行生产系统经济性、风险性分析，从而改进生产、降低成本或辅助企业投资决策；④可实现企业流程再造可视化仿真优化，实现敏捷供应链管理的可视化仿真决策等。

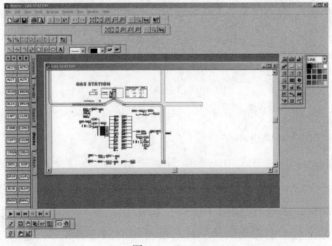

图 6-8　Arena

（4） AutoMod

AutoMod 是由布鲁克斯公司（Brooks）开发，是基于 AutoMod 模拟语言的仿真软件。适用于建立物料处理、物流和配送系统的仿真模型。具有 3D 虚拟现实动画、互动建模、统计分析等功能。主要包括三大模块：AutoMod、AutoStat 和 AutoView。AutoMod 模块（图 6-9）提供给用户一系列的物流系统模块来仿真现实世界中的物流自动化系统，主要包括输送机模块（辊道、链式）、自动化存取系统（立体仓库、堆垛机）、基于路径的移动设备（AGV 等）、起重机模块等。AutoStat 模块为仿真项目提供增强的统计分析工具，由用户定义测量和实验的标准，自动在 AutoMod 的模块上执行统计分析。AutoView 可以允许用户通过 AutoMod 模块定义场景和摄像机的移动，产生高质量的 AVI 格式的动画。

图 6-9　AutoMod 模块

（5） Plant Simulation

Plant Simulation（图 6-10）是一款面向对象的集成建模物流仿真优化软件，是西门子 PLM 产品全生命周期解决方案中的一个不可或缺的组成部分。

Plant Simulation 广泛应用于生产、物流、工程等行业，它可以优化物流系统以及业务过程中的布局结构、材料的补给时间或者频率，还有工站与工站之间的控制策略，能够帮助企业做出可靠的决策，避免时间和成本上的浪费，

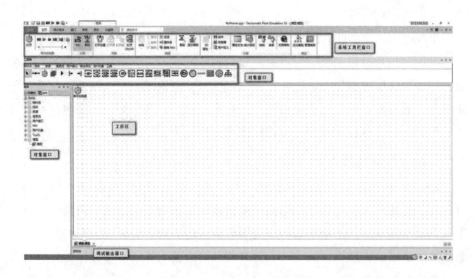

图 6-10 Plant Simulation

并且能够优化投资，节约成本，从而加快新产品上市时间，提高企业整体生产竞争力。

在工厂内部能够对生产系统中的生产设备、生产线、生产过程等进行建模、仿真和优化，从而辅助企业在集成环境下，优化投资、验证产能、分析订单、优化生产计划，特别是在扩建产线或者扩建厂房时能够非常直观地展现，提前识别可能存在的问题并进行优化和改进。

Plant Simulation 提供了丰富的类库和分析工具对象，面向对象的建模方式，搭建虚拟物流系统时只需要拖拽和连线即可；同时，为了更加直观地查看仿真过程，提高可视化的质量，提供 2D 和 3D 显示模式且支持用户自定义。建模方式支持层次化建模，可以通过自上而下或自下而上的方式，建立不同精细程度的子模型，通过层状框架结构，虚拟模型资源对象更加便于查看和管理，更加灵活地应对分布式和本地化的复杂的生产系统。

Plant Simulation 提供了多种综合分析工具，例如物流效率分析、瓶颈分析、桑基图分析、甘特图分析等，并且以柱状图、饼状图、单线图等方式直观地展现；也提供了强大的分析优化工具，包括试验管理器、遗传算法、神经网络算法等，同时也为三维数据报告报表提供了数据接口。它能够对装配工厂、配送中心等进行仿真分析，优化物流系统，提高设备设施的利用率及生产能力。

（6） ShowFlow

ShowFlow 是来自英国的仿真软件，可为制造业和物流业提供建模、仿真、动画和统计分析工具，可以提供生产系统的生产量，确定瓶颈位置，估测提前期和报告资源利用率，还可以被用来支持投资决定，校验制造系统设计的合理性，通过对不同的制造策略进行仿真实验来找出最优解。主要包括系统建模、仿真、统计分析、动画和文档输出等模块。

（7） RaLC（乐龙）

RaLC（乐龙）软件是上海乐龙人工智能软件有限公司提供的。它是面向对象的，物流配送中心所使用的基本搬运器械设备即对象物体，包括各种传送带、自动立体仓库、平板车等，以及工作人员的装卸、分拣、叉车搬运等，全部以按钮的形式摆放在工具栏上，而且可以对对象物体的配置进行设计，对各类对象物体的形状和规格建模也十分直观。

（8） SIMAnimation

SIMAnimation 是美国 3i 公司设计开发的集成化物流仿真软件，其基于图像的仿真语言，用以简化仿真模型的建立。不同于其他的仿真系统，它可以处理系统物理元素和逻辑元素。SIMAnimation 具有多方面特点：①建模能力强，具有精确性较高的建模功能；②在仿真软件开发和终端用户使用方面，具有较高的灵活性；③参数化建模是 SIMAnimation 较之其他软件的独特优势，它可以通过多元非线性参数设置，建立精确度较高的三维实体；④SIMAnimation 仿真运行结束后可根据统计数据生成仿真报告，仿真报告以表格、直方图、饼状图等形式表示，显示了各个物流设备的利用率、空闲率、阻塞率等数据。用户可根据仿真报告提供的数据对物流系统的优缺点进行判断，做出科学决策。

（9） Class warehouse

Class warehouse（图 6-11）是来自英国的仓库物流仿真软件，一种专门用于仓库设计的仿真软件。其在虚拟的计算机环境中进行设计、改进和测试复杂的仓库解决方案。能够帮助企业评估产品的产量、人员的组织以及设备情况，来量化成本、效率以及服务水平。Class warehouse 所解决的实际问题范围很广，从对新建仓库的设计、评估，到对已有仓库的某个具体生产工艺的改进，再到如何在改变供应链和客户需求时保证成本、服务和效率三者间的平衡和优化。

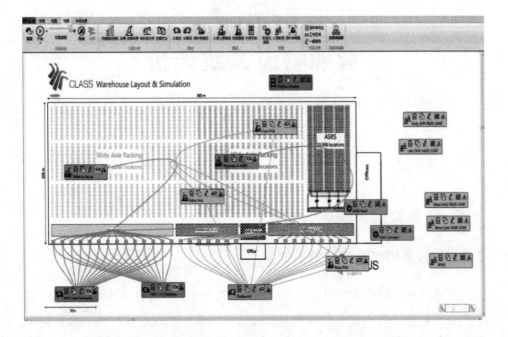

图 6-11　Class warehouse

第 7 章

智能物流系统评价

7.1 智能物流系统评价概述

7.1.1 智能物流系统评价的定义

所谓评价，就是依据明确的目标来测定对象系统的属性，并将这种属性变为客观定量的计值或者主观效用的行为过程。这一过程一般包括三个关键步骤：一是明确评价的目的；二是建立评价指标体系；三是选择评价方法并建立评价模型。

所谓系统评价，就是根据系统确定的目的，在系统调查和系统可行性研究的基础上，主要从技术、经济、环境和社会等方面，就各种系统设计方案能够满足需要的程度与为之消耗和占用的各种资源进行评审，并选择出技术上先进、经济上合理、实施上可行的最优或最满意的方案。系统评价对系统设计提供的各种可行方案，从技术、经济、环境和社会等角度予以综合考查，全面权衡利弊，从而为系统决策提供科学依据。

由于物流系统目标往往不是唯一的，这些众多的系统目标集成在一起就构成了物流系统的目标体系。而众多物流系统的可行方案可能在实现物流系统目标上都有着各自的优越性，因此很难确定哪个方案是最优方案。特别是对于像智能物流系统这样的外延模糊的复杂系统更是如此。因为对于复杂的智能物流系统来说，"最优"这个词的含义并不十分明确，而且评价某个智能物流系统方案是否为"最优"的尺度（标准）也是随着时间而变化和发展的。因此，智能物流系统评价在物流系统工程中是一个非常重要的问题，同时也是一项非常困难的工作。

7.1.2　智能物流系统评价的对象

　　智能物流系统评价不仅要在实施之前对智能物流系统方案进行评价，还要对实施过程中的方案进行跟踪评价，对实施完成后的智能物流系统进行回顾评价，对已投入运行的智能物流系统进行运行现状评价。

　　在实施之前，对各智能物流系统方案进行评价就是对智能物流系统方案实施后可能产生的后果和影响进行评价，对后果和影响产生的可能性进行评价以及对各方面后果和影响及其可能性进行综合评价。智能物流系统付诸实施后，为了及时发现问题，必要时应采取措施使智能物流系统方案进一步完善，进行调整和控制，还需要经常对实施过程和结果进行跟踪评价。另外，为了总结经验、吸取教训，发现新现象、新规律，改进以后新智能物流系统的规划、设计和实施，有必要在智能物流系统方案实施阶段结束后进行回顾评价。有些智能物流系统在使用多年后，为了更新改造智能物流系统而收集有关数据，也需要进行评价。对智能物流系统运行现状的评价，在经常性和工作量方面不低于对新智能物流系统的评价。

7.1.3　智能物流系统评价的目的

　　对智能物流系统进行综合评价，是为了从总体上寻求智能物流系统的薄弱环节，明确智能物流系统的改善方向。因此智能物流系统评价的目的主要有以下两个方面：

　　第一，在明确智能物流系统目标的基础上，提出技术上可行、财务上有利的多种方案之后，要按照预定的评价指标体系，详细评价这些方案的优劣，从中选出一个可以付诸实施的优选方案。智能物流系统评价工作的好坏将决定智能物流系统决策的正确程度。

　　第二，智能物流系统建立后，定期的评价也是必不可少的。通过对智能物流系统的评价，可以判断智能物流系统方案是否达到了预定的各项性能指标，环境的变化对系统提出了哪些新的要求，能否在满足特定条件下实现智能物流系统的预定目的，以及系统如何改进等。通过评价可以便于理解问题的结果，把握改善的方向，寻求主要的改善点。

7.1.4　智能物流系统的评价标准

一个智能物流系统的优劣，可以从以下几个方面来进行评价：

① 系统应该有明确的目标。如果是多层次的系统，应该还有总目标和分目标，而且总目标和分目标要协调一致。

② 系统的内部结构要合理。只有合理的结构才能从根本上保证系统目标的实现。

③ 系统应该具备实现系统目标所必需的各项功能。

④ 系统的工作效率要高。要能用最少的人力、物力、财力和时间来实现系统目标。

⑤ 系统应该具有稳定性。即使受到外部因素的干扰，系统也能保持和恢复稳定的状态。

⑥ 系统应该具有适应外部环境变化的能力。在外部环境发生改变时，系统能够调节自身结构和功能，以适应环境的变化。

7.2　智能物流系统评价的程序

系统评价的质量影响着系统决策的正确性，为了使系统的评价更加有效，首先，必须保证评价的客观性，为此必须保证评价资料的全面性和可靠性，保证评价人员具有普遍的代表性。其次，要保证系统方案具有可比性和一致性。另外，系统评价的重要依据是评价指标的数值，因此，评价指标的确定是系统评价的一项重要内容。

系统评价的步骤是有效进行智能物流系统评价的保证。智能物流系统的评价一般要遵循以下步骤，如图 7-1 所示。

（1）评价系统分析

评价系统分析阶段主要包括分析评价系统的目标、界定评价系统的范围、明确系统评价的时期等。智能物流系统评价的目标总的来说是更好地决策，但具体而言，可以是使智能物流系统结构或技术参数最优，或者是为预测和决策提供参考信息，或者是对复杂问题的分析与综合。系统的范围主要是指评价对象涉及哪些领域、哪些部门，以便在评价中充分考虑各部门的利益，并尽可能吸收各方面人员参与评价。系统评价的时期一般会涉及物流系统初期评价、物

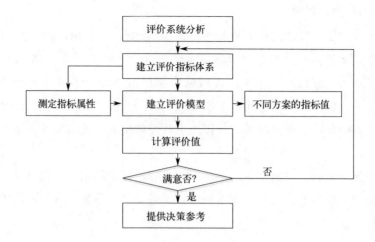

图 7-1　智能物流系统评价的一般步骤

流系统中期评价、物流系统终期评价、物流系统跟踪评价等。

（2）建立评价指标体系

指标是衡量系统总体目的的具体标志，对于所评价的系统，必须建立能够对照和衡量各个方案的统一尺度，即评价指标体系。指标体系由评价目标与实际情况共同确定，是在大量的资料调查与分析的基础上确定的。建立智能物流系统的评价指标体系必须科学地、客观地考虑各种因素，注意全面性和可测量性，并遵循尽可能简明、避免重复等原则。

（3）建立评价模型

智能物流系统评价指标体系确定后，要通过系统评价模型来描述和测量智能物流系统的指标值。

系统评价模型是使评价指标定量化的一种数学模型。不同问题使用的评价模型可能不同，同一个评价问题也可以使用不同的评价模型，因此，对选用什么样的评价模型本身也必须做出评价，一般应选能更好地达到评价目的的评价模型或其他更适宜的评价模型。

评价模型本身是多属性、多目标的。尤其当评价目的在于形成统一意见或进行群决策时，在确定评价模型时会产生不同的看法。因此在对系统评价之前，应该在有关人员之间进行充分的无拘束的讨论，否则难以获得有效的评价。

（4）计算评价值

在这一阶段，可通过物流系统评价模型的运行，计算评价对象的指标值。这里，不仅要计算各个指标（如功能、经济效益、社会效益等方面）的评价值，而且还要把它们综合起来，得到综合评价值。由于评价一个智能物流系统，涉及经营管理、技术性能、市场反应、时间效率、经济效益、社会效益等很多方面，因此，这个过程要充分体现出从整体出发，统筹兼顾、全面衡量的思想。

得到评价值后，应通过专家咨询等方式对该评价结果进行分析和判断。如果认为该评价结果不合理，则应重新对评价系统进行分析，然后逐阶段找出问题，进行修正。

（5）提供决策参考

当评价者得到较为合理的智能物流系统评价值后，便可撰写报告，提交给决策者进行决策。如果此时发现评价仍存在较大问题，一般应重新进行明确智能物流系统评价问题等工作。决策者进行决策并实施方案后，应收集实施效果等信息，进行事后评价，以便及时总结经验教训，加以改进。

7.3 智能物流系统评价体系的构建

7.3.1 智能物流系统评价指标的选择

对某一具体的智能物流系统，由于评价主体的立场、观点、环境等不同，对价值的评定也会有所不同。即使对同一个评价主体，同一评价对象的价值也会随着时间的推移而发生改变。评价对象的价值并不是系统本身所固有的，而是评价对象及其所处环境的相互关系规定的属性，不应该有价值的绝对尺度。因此，在进行智能物流系统评价时采用多种尺度进行相互比较是必不可少的。这种尺度就是评价指标。既然指标是衡量系统总体目的的具体标志，而系统目的/目标一般是多层次的，相应地，用于评价这种目的/目标的指标也不止一个，也应该是具有层次结构的一个体系，这就是系统的评价指标体系。

由于智能物流系统的构成要素中既有定性因素又有定量因素，所以，智能物流系统评价的指标体系中既有定性的指标，也有定量的指标，应根据评价的目的和物流系统特点，认真确定评价指标体系。这是智能物流系统评价的一项重要工作。

从系统的观点来看，系统的评价指标体系是由若干个单项评价指标组成的有机整体。它应反映出评价目的和要求，并尽量做到全面、合理、科学、实用。为此，在建立智能物流系统综合评价的指标体系时，应选择有代表性的物流系统特征值指标，以便从总体上反映智能物流系统的现状，发现存在的主要问题，明确改善方向。

由于物流系统的结构互不相同，所执行的物流服务功能也有很大的差别，物流系统的目的也千差万别，因此，物流系统的评价对象、评价标准、考虑的指标因素、使用的方法以及评价过程都会是多种多样、互不相同的。一般来说，物流系统的评价指标具备下面三个必要条件：

① 可查性。任何指标都应该是相对稳定的，可以通过一定的途径、一定的方法观察得到。物流系统是极其错综复杂的，并不是所有的指标都可以轻易地得到。并且，在物流系统中，由于自身管理和核算基础工作的薄弱，也会导致许多重要的指标无法把握。这种易变、无法把握的指标都不能列入评价指标体系。

② 可比性。不同方案间的同一项指标应该是可比的，这样指标才具有代表性。指标的可比性还包括在不同的时间、不同的范围进行的比较。

③ 定量性。评价指标应该是可以进行量化描述的，只有定量的指标才能进行分析评价。定量性也是为了适应建立模型进行数学处理的需要。当然，在物流系统的评价指标中，也不可避免地会有一些定性指标。对于缺乏数据的指标，要么弃之不用，改用其他相关可计量的指标；要么利用专家意见，进行软数据的硬化。

由于物流系统的复杂性和差别性，不同的系统有不同的评价指标。同一系统在不同的条件和评价目的下往往也有不同的评价指标。一般而言，一个物流系统大多包含着政治、经济、技术和生态环境等诸方面的因素，为了使物流系统评价过程条理化，必须建立一个评价指标体系。在进行物流系统评价指标体系的选择时，应该注意以下几个问题：

① 由于物流系统评价的因素很多，所以在选择评价指标时，要根据实际情况，选择那些主要的、能够反映物流系统或物流系统设计方案优劣的因素来进行评价。

② 评价因素的主次之分因物流系统而异，对于不同的物流系统，一些因素的主次地位可能是不同的，如某一评价因素对一个物流系统来说是主要的，

而对另一个物流系统来说可能就是次要的。

③ 物流系统评价因素确定之后，就要把这些因素量化成评价指标体系，并使用统一的标准尺度。

④ 所确定的指标体系必须将物流系统内相互制约的复杂因素之间的关系层次化、条理化，并能够区分它们各自对评价结果的影响程度。

7.3.2　智能物流系统评价指标体系确立的原则

因为智能物流系统本身的复杂性，其评价指标体系的制定存在一定的困难。一般来说，指标范围越宽，指标数量越多，则方案之间的差异越明显，越有利于判断和评价，但是确定指标的大类和指标的重要程度也就越困难。因此在确定指标体系时不仅要考虑指标体系能否全面而客观地反映系统评价目标的要求，同时也需要考虑指标体系的确定是否有利于指标重要性、层次性等的判断与完成数据处理和建模。具体来说，要遵循以下几条原则：

（1）系统性原则

指标体系应能全面地反映被评价对象的各个方面情况，还要善于从中抓住主要因素，使评价指标既能反映系统的直接效果，又能反映系统的间接效果，以保证综合评价的全面性和可信度。

（2）可测性原则

每项评价指标的含义应该明确，数据资料收集方便，计算简单，易于操作。

（3）层次性原则

评价指标体系要有层次性，这样，才能为衡量系统方案的效果和确定评价指标的权重提供方便。

（4）简易性原则

评价指标体系的制定，要言简意明，避免烦琐，一定要使指标间尽量相互独立、互不重复，避免冗余。例如企业费用和投资费用、折旧费用和成本，在使用中的交叉处必须明确划分和规定。

（5）可比性原则

评价指标的选择要保持同趋势化，以保证可比性。

（6）定性与定量相结合

物流系统的综合评价，既包括技术经济方面的指标，又包括服务水平、社会环境等方面的指标，前者易于定量化测度，但后者却很难用定量化的指标衡量，如安全性、快速反应、顾客满意度等。要使得评价更具有客观性，就必须坚持定量指标与定性指标相结合的原则。

7.3.3　智能物流系统的一般评价指标

智能物流系统的一般评价指标体系可以从稳定性、技术性、经济性、速度性、社会性和安全性六个方面进行考虑。

（1）稳定性指标

智能物流系统的稳定性是系统充分发挥其职能，完成服务项目的有效保证。对稳定性的评价可以用物流系统参与主体的稳定性和物流运营人员流动率两个指标来反映，两个指标分别反映了物流运营主体及其参与人员的稳定性。

（2）技术性指标

这是指智能物流系统的技术及主要性能指标，例如智能物流设施设备的性能、寿命、可靠性和安全性，智能物流系统的柔性等。

（3）经济性指标

智能物流系统的经济性主要是指系统的服务质量水平和物流成本之间的关系，包括物流系统方案成本（有时还应考虑物流系统生命周期的总成本）分析、财务评价、国民经济评价、区域经济影响分析等。由于物流系统是为整个经济大系统服务的，它的效益有经济方面的，更有社会方面的；即使是经济效益也有企业内部效益和外部效益之分，而且外部效益会远远超过系统内部效益，例如，良好的物流系统不仅给企业自身带来明显的经济效益，还会给供应链上的其他企业带来经济效益，进而对促进区域经济的发展起到重要作用。

（4）速度性指标

速度对于智能物流系统来说是非常重要的。它的评价指标可以是资金周转率、配送及时率、服务响应时间、平均收发货时间等。

（5）社会性指标

社会性指标包括社会福利、社会节约、对所在区域与国家经济发展所做贡献、污染程度与生态环境的影响等指标。环保是现代产业的一项基本要求，它的评价指标主要包括原材料废品回收率、产成品回收率、废弃包装物的回收率以及单位距离耗油量等。

（6）安全性指标

物流中的货物必须保证安全性，保证安全运输和安全储存，主要的评价指标包括运输货损货差率、仓储货损货差率、安全防护措施等。

对于宏观层面的智能物流系统规划，政策性指标不可或缺。政策性指标，一般包括政府的方针、政策、法律与法规和区域经济发展的规划与要求等。

7.4 智能物流系统评价的常用技术

目前智能物流系统评价可以采用的方法很多，下面主要介绍几种比较常用的评价方法。

7.4.1 关联矩阵法

关联矩阵法是一种常用的系统综合评价技术，它主要是用矩阵形式来表示各替代方案的有关评价指标及其重要程度与方案关于具体指标的价值评定量之间的关系。

关联矩阵法的特点是：该方法使得人们容易接受对复杂系统问题的评价思维过程数学化，通过将多目标问题分解成两指标的重要度对比，使评价过程简化、清晰。

关联矩阵法应用过程中，引入了权重概念，以对各评价指标在总体评价中的作用进行区别对待。因此，确定各评价指标的权重 W_i，以及根据评价主体给定的评价指标的评价尺度，确定方案关于评价指标的价值评定量 V_{ij} 成为应用关联矩阵法的关键。

设 $A_1, A_2, \cdots, A_m$ 是某评价对象的 m 个替代方案；$X_1, X_2, \cdots, X_n$ 是评价替代方案的 n 个评价指标；$W_1, W_2, \cdots, W_n$ 是 n 个评价指标的权重；$V_{i1}, V_{i2}, \cdots, V_{in}$ 是第 i 个替代方案 $A_i(i=1,2,\cdots,m)$ 关于 X_j 指标$(j=1,2,\cdots,n)$ 的价值评定量。则相应的关联矩阵表，如表 7-1 所示。

表 7-1　关联矩阵表

替代方案	X_1	X_2	...	X_j	...	X_n	V_i（加权和）
	W_1	W_2	...	W_j	...	W_n	
A_1	V_{11}	V_{12}	...	V_{1j}	...	V_{1n}	$V_1 = W_1 V_{11} + W_2 V_{12} + \cdots + W_n V_{1n}$
A_2	V_{21}	V_{22}		V_{2j}		V_{2n}	$V_2 = W_1 V_{21} + W_2 V_{22} + \cdots + W_n V_{2n}$
$\vdots$	$\vdots$	$\vdots$		$\vdots$		$\vdots$	$\vdots$
A_m	V_{m1}	V_{m2}	...	V_{mj}	...	V_{mn}	$V_m = W_1 V_{m1} + W_2 V_{m2} + \cdots + W_n V_{mn}$

物流系统规划属于多目标规划问题，其评价指标也非唯一，而且衡量各指标的尺度不一定均是货币单位，在许多情况下是不相同的。针对此问题，可采用以下方法处理：根据具体的物流评价系统，确定其评价指标体系及相应的权重，然后计算评价系统各个替代方案的综合评价值，即求出各评价指标价值的加权和。

下面结合智能物流系统中信息系统的方案选择来探讨关联矩阵法的应用与求解过程。

（1）逐对比较法

逐对比较法是评定评价指标权重的简便方法之一。其基本做法是：对各替代方案的评价指标进行逐对比较，对相对重要的指标赋予较高的得分，因此可得到各评价指标的权重 W_j。再根据评价主体给定的评价尺度，对各替代方案在不同评价指标下一一进行评价，得到相应的评价值，进而求加权和得到综合评价值。

【例 7-1】 对某智能物流系统为选择开发信息系统所制定的三种方案进行综合评价。这三种方案分别为：

A_1：自行开发新的信息系统；

A_2：从专业软件服务商处直接引进新的信息系统；

A_3：在原有信息系统的基础上开发新的信息系统。

根据软件专家与物流专家的讨论结果，确定其评价指标有 5 项，分别为：系统可靠性、系统功能完备性、系统可维护性、系统人机友好性和投资费用。针对上述三种方案，专家预测与评估其效果的结论，如表 7-2 所示。

表 7-2　专家预测与评估结论

替代方案	评价指标				
	系统可靠性	系统功能完备性	系统可维护性	系统人机友好性	投资费用/百万元
A_1	5	6	5	好	4.5
A_2	8	10	10	一般	10
A_3	3	4	2	好	3

应用逐对比较法，整个评价计算过程如下：

① 计算各评价指标的权重。对所有评价指标进行两指标间重要程度的判定。判定为更重要的指标得 1 分，相对应的另一个指标即为相对不重要指标得 0 分。例如，此例中系统可靠性与系统功能完备性相比，前者更为重要，得 1 分，后者得 0 分。以此类推，将各评价指标的得分相加，归一化后即可得到各指标的权重。结果如表 7-3 所示。

表 7-3　评价指标权重计算表

评价指标	判定次数										得分	权重
	1	2	3	4	5	6	7	8	9	10		
系统可靠性	1	1	1	1							4	0.4
系统功能完备性	0				1	1	1				3	0.3
系统可维护性		0			0			1	0		1	0.1
系统人机友好性			0			0		0		0	0	0.0
投资费用				0			0		1	1	2	0.2
合计	1	1	1	1	1	1	1	1	1	1	10	1.0

② 确定价值评定量。按照由评价主体所设定的得分基准，确定各评价指标的价值评定量，以便方案在不同指标下的实施结果能统一度量。得分基准如表 7-4 所示。

表 7-4　得分基准例表

评价指标	得分				
	5	4	3	2	1
系统可靠性	8 及以上	6～7	4～5	2～3	1 及以下
系统功能完备性	8 及以上	6～7	4～5	2～3	1 及以下
系统可维护性	8 及以上	6～7	4～5	2～3	1 及以下
系统人机友好性	很好	好	一般	差	很差
投资费用	0～2	2.1～4	4.1～6	6.1～8	8.1 及以上

③ 评价结果。根据表 7-2 及表 7-3 得到各方案各自评价指标的得分，如 A_1 的系统可靠性评价值是 5，而此值在表 7-4 中的得分区间为 4～5，所以其得分为 3，其他值均类似。结合表 7-4，对各替代方案的综合评价如下：

方案 A_1：$V_1 = 0.4 \times 3 + 0.3 \times 4 + 0.1 \times 3 + 0.2 \times 3 = 3.3$

方案 A_2：$V_2 = 0.4 \times 5 + 0.3 \times 5 + 0.1 \times 5 + 0.2 \times 1 = 4.2$

方案 A_3：$V_3 = 0.4 \times 2 + 0.3 \times 3 + 0.1 \times 2 + 0.2 \times 4 = 2.7$

以上计算可用关联矩阵来表示，如表 7-5 所示。

表 7-5　关联矩阵表

替代方案	系统可靠性	系统功能完备性	系统可维护性	系统人机友好性	投资费用/百万元	V_i
	0.4	0.3	0.1	0.0	0.2	
A_1	3	4	3	4	3	3.3
A_2	5	5	5	3	1	4.2
A_3	2	3	2	4	4	2.7

由表 7-5 可知 $V_2 > V_1 > V_3$，故选择第二种方案，即从专业软件服务商处直接引进新的信息系统。

（2）　Klee（A. 古林）法

当对各评价项目间的重要性可以进行定量估计时，A．古林（A. J. Klee）法比逐对比较法更为完善。它是确定指标权重和方案价值评定量的基本方法。下面基于例 7-1 来介绍 Klee 法的计算步骤。

1）确定评价指标的权重

① 确定评价指标的重要度。

将评价指标以任意顺序排列起来后，从下至上对相邻的评价指标进行评价，并用数值表示其重要度 R_j。

② 对重要度进行基准化处理。

以最后一个评价指标为基准，令其 K_j 值为 1，进行基准化。即按从下到上的顺序乘以上一个评价指标的 R_j 值，从而求得该评价指标的 K_j 值。

③ 归一化处理。

对 K_j 进行归一化处理（使列合计值为 1），即将 K_j 列的数值相加，分别除以各行的 K 值，所得结果即为各评价指标的权重 W_j。

本例的权重计算值如表 7-6 所示。

表 7-6　评价指标的权重

评价指标	R_j	K_j	W_j
系统可靠性	3	18	0.580
系统功能完备性	3	6	0.194
系统可维护性	0.5	2	0.065

评价指标	R_j	K_j	W_j
投资费用	4	4	0.129
系统人机友好性	—	1	0.032
合计		31	1.000

2）用各个评价指标对替代方案进行评价

① 把评价方案以任意顺序排列起来。

② 计算方案 A_i 在指标 X_j 下的重要度 R_{ij}，方法是将替代方案的预计结果以比例计算出来，如表 7-7 中的 $R_{11}=\dfrac{X_{11}}{X_{21}}=\dfrac{5}{8}=0.625$。

表 7-7 各方案在评价指标下的权重

评价指标	方案	R_{ij}	K_{ij}	V_{ij}
系统可靠性	A_1	0.625	1.667	0.313
	A_2	2.667	2.667	0.500
	A_3	—	1.000	0.187
	合计		5.334	1.000
系统功能完备性	A_1	0.60	1.50	0.300
	A_2	2.50	2.50	0.500
	A_3	—	1.00	0.200
	合计		5.00	1.000
系统可维护性	A_1	0.5	2.50	0.295
	A_2	5.0	5.00	0.625
	A_3	—	1.00	0.118
	合计		8.50	1.000
系统人机友好性	A_1	1.333	1.000	0.364
	A_2	0.750	0.750	0.272
	A_3	—	1.000	0.364
	合计		2.750	1.000
投资费用	A_1	2.222	0.666	0.339
	A_2	0.300	0.300	0.153
	A_3	—	1.000	0.508
	合计		1.966	1.000

③ 把 K_{ij} 列中对应每个指标的最下面一个值设为 1，接着进行基准化。即按从下到上的顺序乘以 R_{ij} 的值，从而求出各个 K_{ij} 值。

④ 把 K_{ij} 归一化（使列合计值为 1），即为权 V_{ij}。

3）综合评价

计算各替代方案的综合评价得分 V_i，进行综合评价，确定最优方案。

$$V_i = \sum_j V_{ij} W_j$$

表 7-8　综合评价表

替代方案	系统可靠性	系统功能完备性	系统可维护性	系统人机友好性	投资费用/百万元	V_i
	0.580	0.194	0.065	0.032	0.129	
A_1	0.313	0.3	0.295	0.364	0.339	0.419
A_2	0.5	0.5	0.625	0.272	0.153	0.456
A_3	0.187	0.2	0.118	0.364	0.508	0.336

由表 7-8 可知，$V_2 > V_1 > V_3$，故选择第二种方案，即从专业软件服务商处直接引进新的信息系统。

7.4.2　模糊综合评价法

模糊综合评价法是一种以模糊数学为理论基础的分析方法。该综合评价法根据模糊数学的隶属度理论把定性评价转化为定量评价，即用模糊数学对受到多种因素制约的事物或对象做出一个总体的评价。它具有结果清晰、系统性强的特点，能较好地解决模糊的、难以量化的问题，适合各种非确定性问题的解决。

模糊综合评价的基本原理：首先确定评价对象的因素（指标）集合评价（等级）集，再分别确定各因素的权重及它们的隶属度向量，获得模糊关系矩阵，最后把模糊关系矩阵与因素的权向量进行模糊运算并进行归一化，获得模糊综合评价结果。其特点在于对各对象进行逐个评判，对评价对象有唯一的评价值，不受评价对象所处对象集合的影响。

（1）模糊综合评价法的数学模型和步骤

1）确定评价对象的因素论域

对某一事物进行评价，若评价因素为 m 个，分别记为 $u_1, u_2, u_3, \cdots, u_m$，则这 m 个评价因素便构成了一个评价因素的有限集合 $U = \{u_1, u_2, u_3, \cdots, u_m\}$。

例如，对某物流信息共享平台服务质量进行评价。假如可以从经济性 u_1、智能性 u_2、可靠性 u_3、专业性 u_4、及时性 u_5 等方面进行综合评价，则评价因素集合即为 $U=\{u_1,u_2,u_3,u_4,u_5\}$。

2）确定评语等级论域

若根据实际需要将评语划分为 n 个等级，分别记为 $v_1,v_2,v_3,\cdots,v_n$，则这 n 个评语便构成了一个评语的有限集合 $V=\{v_1,v_2,v_3,\cdots,v_n\}$。

例如，上述物流信息共享平台服务质量的评价结果区分为"很好 v_1，好 v_2，一般 v_3，差 v_4" 4个等级，则其评语集合便为 $V=\{v_1,v_2,v_3,v_4\}$。

3）进行单因素评价，建立模糊关系矩阵

若单独从一个因素出发进行评价，以确定评价对象对评价集合 V 的隶属度，称为单因素模糊评价。在构造等级模糊子集后，要逐一对评价对象从每个因素 $u_i(i=1,2,\cdots,m)$ 上进行量化，即确定从单因素来看评价对象对各等级模糊子集的隶属度，进而得到模糊关系矩阵：

$$\boldsymbol{R}=\begin{bmatrix} r_{11} & r_{12} & \cdots & r_{1n} \\ r_{21} & r_{22} & \cdots & r_{2n} \\ \cdots & \cdots & & \cdots \\ r_{m1} & r_{m2} & \cdots & r_{mn} \end{bmatrix}$$

其中，$r_{ij}(i=1,2,\cdots,m;j=1,2,\cdots,n)$ 表示某评价对象从因素 u_i 来看对 v_j 等级模糊子集的隶属度。

在确定隶属关系时，通常由专家或与评价问题相关的专业人员依据评判等级对评价对象进行打分，然后统计打分结果，求得各评价等级所占比例。

4）确定评价因素的权向量

为了反映各因素的重要程度，对各因素 U 应分配一个相应的权数 $a_i(i=1,2,\cdots,m)$，通常要求满足 $a_i\geqslant0$，$\sum a_i=1$。由各权重组成的模糊集 A 即为权重集。

常见的权重确定方法有层次分析法、德尔菲法、加权平均法、专家估计法等。

5）多因素模糊评价

利用合适的合成算子将 A 与模糊关系矩阵 $\boldsymbol{R}$ 合成得到各评价对象的模糊综合评价结果向量 $\boldsymbol{B}$。

模糊综合评价的模型为：

$$B=AR=(a_1,a_2,\cdots,a_m)\begin{bmatrix} r_{11} & r_{12} & \cdots & r_{1n} \\ r_{21} & r_{22} & \cdots & r_{2n} \\ \cdots & \cdots & & \cdots \\ r_{m1} & r_{m2} & \cdots & r_{mn} \end{bmatrix}=(b_1,b_2,\cdots,b_n)$$

其中 $b_j(j=1,2,\cdots,n)$ 是由 A 与 R 的第 j 列运算得到，表示评价对象从整体上看对 v_j 等级模糊子集的隶属度。

常用的模糊合成算子有如下两种：

$M(\wedge,\vee)$ 算子：

$$b_j=\bigvee_{i=1}^{m}(a_i\wedge r_{ij})=\max_{1\leqslant i\leqslant m}\{\min(a_i,r_{ij})\},j=1,2,\cdots,n$$

$M(.,\vee)$ 算子：

$$b_j=\bigvee_{i=1}^{m}(a_i\wedge r_{ij})=\max_{1\leqslant i\leqslant m}\{a_i,r_{ij}\},j=1,2,\cdots,n$$

6）对模糊综合评价结果进行分析

模糊综合评价的结果是评价对象对各等级模糊子集的隶属度，一般是一个模糊向量，而非一个点值。对多个评价对象进行比较并排序，需计算每个评价对象的综合分值，按大小排序，按序择优。将综合评价结果 B 转换为综合分值，可按其大小进行排序，从而挑选出最优者。

处理模糊综合评价向量通常采用最大隶属度原则。若模糊综合评价结果向量 $B=(b_1,b_2,\cdots,b_n)$ 中的 $b_r=\max_{1\leqslant j\leqslant n}\{b_j\}$，则评价对象总体上隶属于第 r 等级，即为最大隶属度原则。

（2）模糊综合评价法在物流规划中的应用实例

【例 7-2】 某物流企业需要购买智能装卸设备，现有 3 种设备可供选择。设备的相关评价因素如表 7-9 所示。现要从中选出合适的设备作为采购的对象。

表 7-9　备选设备基本情况

设备	因素		
	技术水平	成功概率/%	经济效益/万元
甲	高	70	100
乙	较高	100	200
丙	一般	100	20

① 设因素集合 $U=\{$技术水平，成功概率，经济效益$\}$。

② 为了简化运算，设定其评价集合为 $V=\{$大，中，小$\}$，或 $V=\{$高，中，低$\}$。

③ 确定权重集合。在专家们讨论、统一认识后，得出权重集 $A=[0.2,0.3,0.5]$。

④ 专家评价的结果如表 7-10 所示。

表 7-10　专家评价结果

设备	技术水平			成功概率			经济效益		
	高	中	低	大	中	小	高	中	低
甲	0.7	0.2	0.1	0.1	0.2	0.7	0.3	0.6	0.1
乙	0.3	0.6	0.1	1.0	0	0	0.7	0.3	0
丙	0.1	0.4	0.5	1.0	0	0	0.1	0.3	0.6

⑤ 建立单因素评价矩阵：

$$\boldsymbol{R}_{甲}=\begin{bmatrix}0.7&0.2&0.1\\0.1&0.2&0.7\\0.3&0.6&0.1\end{bmatrix},\boldsymbol{R}_{乙}=\begin{bmatrix}0.3&0.6&0.1\\1&0&0\\0.7&0.3&0\end{bmatrix},\boldsymbol{R}_{丙}=\begin{bmatrix}0.1&0.4&0.5\\1&0&0\\0.1&0.3&0.6\end{bmatrix}。$$

⑥ 进行综合评价：

$$\boldsymbol{B}_{甲}=A\boldsymbol{R}_{甲}=[0.2,0.3,0.5]\begin{bmatrix}0.7&0.2&0.1\\0.1&0.2&0.7\\0.3&0.6&0.1\end{bmatrix}=[0.3,0.5,0.3]$$

类似地有：

$$\boldsymbol{B}_{乙}=A\boldsymbol{R}_{乙},\boldsymbol{B}_{丙}=A\boldsymbol{R}_{丙}。$$

⑦ 归一化处理：

$$\boldsymbol{B}_{甲}'=\left[\frac{0.3}{0.3+0.5+0.3},\frac{0.5}{0.3+0.5+0.3},\frac{0.3}{0.3+0.5+0.3}\right]=[0.27,0.46,0.27]$$

同理可以得到：

$$\boldsymbol{B}_{乙}'=[0.56,0.33,0.11],\boldsymbol{B}_{丙}'=[0.27,0.27,0.46]。$$

根据最大隶属度原则进行决策。对于甲设备而言，$\max(0.27,0.46,0.27)=0.46$；对于乙设备而言，$\max(0.56,0.33,0.11)=0.56$；对于丙设备而言，$\max(0.27,0.27,0.46)=0.46$。由此可知，乙设备更为优秀，是首选的对象。

7.4.3　层次分析法

（1）层次分析法原理

层次分析法（Analytical Hierarchy Process，简称 AHP）是美国匹兹堡大学教授 T. L. Saaty 于 20 世纪 70 年代提出的一种系统分析方法。AHP 是一种能将定性分析与定量分析相结合的系统分析方法。AHP 是分析多目标、多准则的复杂大系统的有力工具，它具有思路清晰、方法简便、适用面广、系统性强等特点，便于普及推广，可成为人们工作和生活中思考问题、解决问题的一种方法。将 AHP 引入决策，是决策科学化的一大进步，它最适于解决那些难以完全用定量方法进行分析的决策问题，因此，它是复杂的社会经济系统实现科学决策的有力工具。

AHP 的基本思想是先按问题要求建立起一个描述系统功能或特征的内部独立的阶梯层次结构，通过两两比较因素（或目标、准则、方案）的相对重要性，给出相应的比例标度，构成某要素对下一层相关元素的判断矩阵，以给出相关元素对上层某要素的相对重要序列。

（2）层次分析法一般步骤

AHP 就是将半定性、半定量问题转化为定量问题的行之有效的方法，它可以使人们的思维过程层次化。逐层比较多种关联因素，为分析、决策、预测或控制事物的发展提供定量的依据。AHP 方法的一般步骤为：

1）建立层次结构模型

利用 AHP 进行系统分析，首先要把问题层次化。根据问题的性质和要达到的总目标，将问题分解为不同的组成因素，并按照因素间的相互关联影响以及隶属关系，将因素按不同层次聚集组合，形成一个多层次的分析结构模型。如图 7-2 所示。

其中，最高层是目标层，表示解决问题的目的，即应用 AHP 所要达到的总目标。中间层，表示采用某种措施和政策来实现预定目标所涉及的中间环节，一般又分为策略层、约束层、准则层等。最底层是方案层，表示要选用的解决问题的各种方案、策略与措施。

2）构造判断矩阵

判断矩阵是层次分析法的计算基础，判断矩阵元素的值反映了人们对各因素相对重要性的认识，也直接影响决策的效果。判断矩阵表示对上一层某因素而

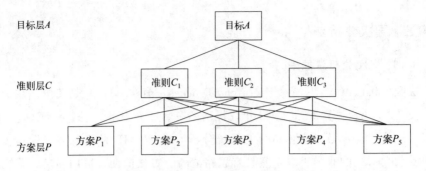

图 7-2　阶梯层次结构模型

言，本层次与之有关的各因素之间的相对重要性。假设 A 层次中因素 A_k 与下一层次中因素 B_1，B_2，$\cdots$，B_n 有联系，则我们构造的判断矩阵如表 7-11 所示。

表 7-11　判断矩阵

A_k	B_1	B_2	$\cdots$	B_n
B_1	b_{11}	b_{12}	$\cdots$	b_{1n}
B_2	b_{21}	b_{22}	$\cdots$	b_{2n}
$\vdots$	$\vdots$	$\vdots$		$\vdots$
B_n	b_{n1}	b_{n2}	$\cdots$	b_{nn}

其中，b_{ij} 是对于 A_k 而言，B_i 与 B_j 的相对重要性的数值表示，通常 b_{ij} 取 1，2，3，$\cdots$，9 及它们的倒数，其含义如表 7-12 所示。

表 7-12　判断标度矩阵及其含义

标度	含义
1	表示两个因素相比,具有同样重要性
3	表示两个因素相比,一个比另一个稍微重要
5	表示两个因素相比,一个比另一个明显重要
7	表示两个因素相比,一个比另一个强烈重要
9	表示两个因素相比,一个比另一个极端重要
2,4,6,8	表示上述两相邻判断的中值
倒数	若因素 i 与 j 比较得 b_{ij},则因素 j 与 i 比较得 $b_{ji}=1/b_{ij}$

显然，任何一个判断矩阵都应满足：

$$b_{ii}=1, b_{ij}=\frac{1}{b_{ji}}(i,j=1,2,\cdots,n)$$

因此，对于 n 阶判断矩阵，我们仅需要对 $n(n-1)/2$ 个矩阵元素给出数值。

3) 层次单排序及其一致性检验

所谓单排序是指本层各因素对上层某一因素的重要性次序。它由判断矩阵的特征向量表示。例如，判断矩阵 A 的特征问题 $AW = \lambda_{\max} W$ 的解 W，经归一化后即为同一层次相应因素对于上一层某因素相对重要性的排序权值，这一过程就称为层次单排序。

在层次分析法中，判断矩阵特征根与特征向量的求法有几何平均法和规范列平均法两种。

① 几何平均法。

a. 计算判断矩阵每一行元素的乘积 M_i：

$$M_i = \prod_{j=1}^{n} b_{ij}, i = 1, 2, 3, \cdots, n$$

b. 计算 M_i 的 n 次方根 $\overline{W}_i$

$$\overline{W}_i = \sqrt[n]{M_i}$$

c. 对向量 $\overline{W} = [\overline{W}_1, \overline{W}_2, \cdots, \overline{W}_n]^{\mathrm{T}}$ 做规范化处理：

$$W_i = \frac{\overline{W}_i}{\sum\limits_{i=1}^{n} \overline{W}_i}$$

则 $W = [W_1, W_2, \cdots, W_n]^{\mathrm{T}}$ 即为所求的特征向量。

d. 计算判断矩阵的最大特征根：

$$\lambda_{\max} = \sum_{i=1}^{n} \frac{(AW)_i}{n W_i}$$

式中的 $(AW)_i$，表示向量 AW 的第 i 个元素。

② 规范列平均法。

a. 对判断矩阵每一列规范化：

$$\bar{a}_{ij} = \frac{a_{ij}}{\sum\limits_{k=1}^{n} a_{kj}}$$

b. 求规范列平均值：

$$W_i = \frac{1}{n} \sum_{i=1}^{n} \bar{a}_{ij}$$

则 $W = [W_1, W_2, \cdots, W_n]^{\mathrm{T}}$ 为所求的特征向量。

c. 计算判断矩阵的最大特征根：

$$\lambda_{\max} = \frac{1}{n} \sum_{j=1}^{n} \frac{(AW)_i}{W_i}$$

为保证层次单排序的可信性，需要对判断矩阵一致性进行检验，亦即要计算随机一致性比率：

$$CR = \frac{\lambda_{\max} - n}{RI(n-1)}$$

式中，$\lambda_{\max}$ 为判断矩阵的最大特征根；n 是判断矩阵的阶数；RI 为平均随机一致性指标，可查表 7-13 得知。

表 7-13 平均随机一致性指标 *RI* 值

判断矩阵阶数	1	2	3	4	5	6	7	8	9	10
RI	0	0	0.58	0.9	1.12	1.24	1.32	1.41	1.45	1.49

只有 $CR < 0.1$ 时，层次单排序的结果才认为是满意的，否则需要调整判断矩阵元素的取值，直到具有满意的一致性为止。

4）层次总排序

计算同一层次所有因素对最高层（总目标）相对重要性的排序权值，称为层次总排序。层次总排序需要从上到下逐次顺序进行，对于最高层下面的第二层，其层次单排序即为总排序。

假定上一层所有的因素 A_1，A_2，$\cdots$，A_m 的总排序已完成，得到的权值分别为 a_1，a_2，$\cdots$，a_m，与 a_i 对应的本层次因素 B_1，B_2，$\cdots$，B_n 单排序的结果为：

$$b_1^i, b_2^i, \cdots, b_n^i$$

这里，若 B_j 与 A_i 无关，则 $b_j^i = 0$，层次总排序结果如表 7-14 所示。

表 7-14 层次总排序

层次 A	A_1	A_2	$\cdots$	A_m	B 层次的总排序
	a_1	a_2	$\cdots$	a_m	
B_1	b_1^1	b_1^2	$\cdots$	b_1^m	$\sum\limits_{i=1}^{m} a_i b_1^i$
B_2	b_2^1	b_2^2	$\cdots$	b_2^m	$\sum\limits_{i=1}^{m} a_i b_2^i$
$\cdots$	$\cdots$	$\cdots$	$\cdots$	$\cdots$	$\cdots$
B_n	b_n^1	b_n^2	$\cdots$	b_n^m	$\sum\limits_{i=1}^{m} a_i b_n^i$

显然 $\sum_{j=1}^{n}\sum_{i=1}^{m}a_i b_j^i = 1$，即层次总排序仍然是归一化向量。

5）层次总排序的一致性检验

为评价层次总排序的计算结果的一致性如何，需要计算与单排序类似的检验量。与层次单排序的一致性检验一样，这一步骤也是从高到低逐层进行的。CI 为层次总排序一致性指标，RI 为层次总排序平均随机一致性指标，CR 为层次总排序随机一致性指标。

它们的表达式分别为：

$$CI = \sum_{i=1}^{m} a_i CI_i$$

式中，CI_i 为与 a_i 对应的 B 层次中判断矩阵的一致性指标，$CI_i = \dfrac{\lambda_{\max} - n}{n-1}$。

$$RI = \sum_{i=1}^{m} a_i RI_i$$

式中，RI_i 为与 a_i 对应的 B 层次中判断矩阵的平均随机一致性指标。

$$CR = \frac{CI}{RI}$$

只有当 $CR < 0.1$ 时，认为层次总排序结果具有满意的一致性，否则需要重新调整判断矩阵的元素取值。

（3）层次分析法在智能物流服务供应商评价中的应用

【例 7-3】某企业需要选择智能物流服务供应商提供智能物流服务方案，在选择智能物流服务供应商时需要从实力指标、价格指标、经验指标、服务指标和公共声誉等五个角度进行评价，考虑应用层次分析法对 3 个不同的智能物流服务供应商进行综合分析评价和排序，从中选出能实现总目标的最优智能物流服务供应商。

将选择智能物流服务供应商这个决策问题分为三层：第一层的总目标 A，即选择最佳的智能物流服务供应商；第二层子目标是五个选用准则，即实力指标 C_1、价格指标 C_2、经验指标 C_3、服务指标 C_4 和公共声誉 C_5；备选的三个智能物流服务供应商分别为 P_1，P_2，P_3。选择智能物流服务供应商的阶梯层次结构模型如图 7-3 所示。

1）构造判断矩阵

根据图 7-3 所示的结构模型，将图中各因素两两进行判断与比较，构造判

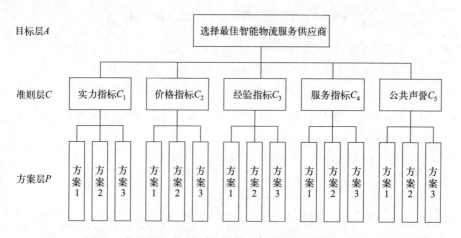

图 7-3 选择智能物流服务供应商的阶梯层次结构模型

断矩阵：判断矩阵 A-C（即相对于总目标，判断准则层各因素相对重要性）
如表 7-15 所示；判断矩阵 C_1-P（相对实力指标，各方案的相对重要性比较）
如表 7-16 所示；判断矩阵 C_2-P（相对价格指标，各方案的相对重要性比较）
如表 7-17 所示；判断矩阵 C_3-P（相对经验指标，各方案的相对重要性比较）
如表 7-18 所示；判断矩阵 C_4-P（相对服务指标，各方案的相对重要性比较）
如表 7-19 所示；判断矩阵 C_5-P（相对公共声誉，各方案的相对重要性比较）
如表 7-20 所示。

表 7-15　判断矩阵 A-C

A	C_1	C_2	C_3	C_4	C_5
C_1	1	1/6	1/3	1/5	1/2
C_2	6	1	4	2	5
C_3	3	1/4	1	1/3	2
C_4	5	1/2	2	1	3
C_5	2	1/5	1/3	1/3	1

表 7-16　判断矩阵 C_1-P

C_1	P_1	P_2	P_3
P_1	1	5	7
P_2	1/5	1	3
P_3	1/7	1/3	1

表 7-17　判断矩阵 C_2-P

C_2	P_1	P_2	P_3
P_1	1	3	5
P_2	1/3	1	3
P_3	1/5	1/3	1

表 7-18　判断矩阵 C_3-P

C_3	P_1	P_2	P_3
P_1	1	2	6
P_2	1/2	1	5
P_3	1/6	1/5	1

表 7-19　判断矩阵 C_4-P

C_4	P_1	P_2	P_3
P_1	1	1/2	3
P_2	2	1	3
P_3	1/3	1/3	1

表 7-20　判断矩阵 C_5-P

C_5	P_1	P_2	P_3
P_1	1	3	5
P_2	1/3	1	2
P_3	1/5	1/2	1

2）计算各判断矩阵的层次单排序及一致性检验指标

判断矩阵 A-C 的特征根、特征向量与一致性检验结果分别为：

$$\boldsymbol{W} = \begin{bmatrix} 0.055 \\ 0.462 \\ 0.136 \\ 0.262 \\ 0.085 \end{bmatrix}, \lambda_{\max} = 4.947, CI = -0.0133, RI = 1.120, CR = -0.012$$

判断矩阵 C_1-P 的特征根、特征向量与一致性检验结果分别为：

$$\boldsymbol{W} = \begin{bmatrix} 0.731 \\ 0.188 \\ 0.081 \end{bmatrix}, \lambda_{\max} = 3.065, CI = 0.032, RI = 0.580, CR = 0.056$$

判断矩阵 C_2-P 的特征根、特征向量与一致性检验结果分别为：

$$W = \begin{bmatrix} 0.637 \\ 0.258 \\ 0.105 \end{bmatrix}, \lambda_{max} = 3.038, CI = 0.019, RI = 0.580, CR = 0.033$$

判断矩阵 C_3-P 的特征根、特征向量与一致性检验结果分别为：

$$W = \begin{bmatrix} 0.577 \\ 0.342 \\ 0.081 \end{bmatrix}, \lambda_{max} = 3.029, CI = 0.014, RI = 0.580, CR = 0.025$$

判断矩阵 C_4-P 的特征根、特征向量与一致性检验结果分别为：

$$W = \begin{bmatrix} 0.332 \\ 0.528 \\ 0.140 \end{bmatrix}, \lambda_{max} = 3.054, CI = 0.027, RI = 0.580, CR = 0.046$$

判断矩阵 C_5-P 的特征根、特征向量与一致性检验结果分别为：

$$W = \begin{bmatrix} 0.648 \\ 0.230 \\ 0.122 \end{bmatrix}, \lambda_{max} = 3.004, CI = 0.002, RI = 0.580, CR = 0.003$$

3）层次总排序

各方案相对于总目标的层次总排序，如表 7-21 所示。

表 7-21　各方案层次总排序的计算

层次 C 对层次 A 排序 层次 P 对层次 C 排序	C_1 5 0.055	C_2 1 0.462	C_3 3 0.136	C_4 2 0.262	C_5 4 0.085	P 层次总排序权值 W	序号
P_1	0.731	0.637	0.577	0.332	0.648	0.555	1
P_2	0.188	0.258	0.342	0.528	0.230	0.334	2
P_3	0.081	0.105	0.081	0.140	0.122	0.111	3

$$CR_{总} = \frac{\sum\limits_{j=1}^{n} b_j CI_j}{\sum\limits_{j=1}^{n} b_j RI_j}$$

$$= \frac{0.055 \times 0.032 + 0.462 \times 0.019 + 0.136 \times 0.014 + 0.262 \times 0.027 + 0.085 \times 0.002}{(0.055 + 0.462 + 0.136 + 0.262 + 0.085) \times 1.12}$$

$$= 0.018$$

由于 0.018＜0.1，层次总排序具有满意的一致性。

4）结论

由表 7-21 可以看出，在层次单排序与层次总排序结果具有满意的一致性下，待决策方案的优劣排序为 $P_1 > P_2 > P_3$。由此判定，综合考虑实力、价格、经验、服务和公共声誉五个准则，通过对备选的三个智能物流服务供应商的综合评价，最终建议企业选择智能物流服务供应商 P_1 作为合作伙伴。

第8章

智能物流应用案例

8.1 智能物流在电商企业中的应用

8.1.1 京东物流概述

京东集团 2007 年开始自建物流，2017 年 4 月 25 日正式成立京东物流集团。京东物流是中国领先的技术驱动的供应链解决方案及物流服务商，以"技术驱动，引领全球高效流通和可持续发展"为使命，致力于成为全球最值得信赖的供应链基础设施服务商。

京东物流建立了包含仓储网络、综合运输网络、最后一公里配送网络、大件网络、冷链物流网络及跨境物流网络在内的高度协同的六大网络，具备数字化、广泛和灵活的特点。服务范围覆盖了中国几乎所有地区，不仅建立了中国电商与消费者之间的信赖关系，还通过 211 限时达等时效产品和上门服务，重新定义了物流服务标准。截至 2022 年 6 月 30 日，京东物流运营超 1400 个仓库，包含京东物流管理的云仓面积在内，京东物流仓储总面积约 2600 万平方米。同时，在全球运营近 90 个保税仓库、直邮仓库和海外仓库，总管理面积近 90 万平方米。

京东物流的服务产品主要包括仓配服务、快递快运服务、大件服务、冷链服务、跨境服务等，其一体化业务模式能够一站式满足所有客户供应链需求，帮助客户优化存货管理、减少运营成本、高效地重新分配内部资源，使客户专注其核心业务。目前，京东物流为超过 30 万个企业客户提供服务，针对快消、服装、家电家具、3C、汽车、生鲜等多个行业的差异化需求，形成了一体化供应链解决方案。

京东物流始终重视技术创新在企业发展中的重要作用。基于 5G、人工智能、大数据、云计算及物联网等底层技术，京东物流正在持续提升自身在自动化、数字化及智能决策方面的能力，不仅通过自动搬运机器人、分拣机器人、智能快递车、无人机等，在仓储、运输、分拣及配送等环节大大提升效率，还自主研发了仓储、运输及订单管理系统等，支持客户供应链的全面数字化，通过专有算法，在销售预测、商品配送规划及供应链网络优化等领域实现决策。凭借这些专有技术，京东物流已经构建了一套全面的智能物流系统，实现服务自动化、运营数字化及决策智能化。截至 2022 年 6 月 30 日，京东物流已申请的专利和软件许可超 7000 项，其中与自动化和无人技术相关的专利数量超过 4000 项。

京东物流构建了协同共生的供应链网络，中国及全球各行业合作伙伴参与其中。2017 年，京东物流创新推出云仓模式，将自身的管理系统、规划能力、运营标准、行业经验等用于第三方仓库，通过优化本地仓库资源，有效增加闲置仓库的利用率，让中小物流企业也能充分利用京东物流的技术、标准和品牌，提升自身的服务能力。截至 2022 年 6 月 30 日，云仓生态平台合作云仓的数量已超过 1700 个。

8.1.2 京东智能物流信息系统

京东智能物流在大数据、物联网、云计算、机器人、AR/VR、区块链等新技术的基础上，研发了一系列智能信息系统。

（1）京东配送信息系统"青龙"

① 实现流程。青龙系统的核心要素包括：仓库、分拣中心、配送站、配送员。其实现流程如下：仓库负责根据客户订单安排生产，包括面单打印、拣货、发票打印、打包等；仓库生产完毕后，将订单包裹交接给分拣中心，分拣中心收到订单包裹后进行分拣、装箱、发货、发车，最终将包裹发往对应的配送站；配送站进行收货、验货交接后，将包裹分配到不同的配送员，再由配送员负责配送到客户手中。在整个配送网络中，物流、信息流与资金流的快速流转，实现了货物的及时送达、货款的及时收回、信息的准确传递。

② 预分拣子系统。预分拣是承接用户下单到仓储生产的重要环节，其准确性对运送效率的提升至关重要。青龙系统在预分拣中采用了深度神经网络、机器学习、搜索引擎、地图区域划分、信息抽取与知识挖掘等技术，并利用大数据对地址库、关键字库、特殊配置库、GIS 地图库等数据进行分析并使用，

使订单能够自动分拣，且保证 7×24 小时的服务。

③ 其他核心子系统。

终端系统：终端系统包括 PDA 一体机、可穿戴式的数据采集器、配送员 APP、自提柜系统等，用来完成"最后一公里"物流配送业务的操作、记录、校验、指导、监控等内容，极大提高了配送员的作业效率。

运单系统：运单系统既能记录运单的收货地址等基本信息，又能接收来自接货系统、PDA 系统的操作记录，实现订单全程跟踪。同时，运单系统对外提供状态、支付方式等查询功能，供结算系统等外部系统调用。

质控平台：质控平台针对业务系统操作过程中发生的物流损失等异常信息进行现场汇报收集，由质控人员进行定责。质控平台保证了对配送异常的及时跟踪，同时为降低损耗提供质量保证。

GIS 系统：青龙将 GIS 系统分为企业应用和个人应用两个部分。企业方面，利用 GIS 系统可以进行站点规划、车辆调度、GIS 预分拣、北斗应用、配送员路径优化、配送监控、GIS 单量统计等功能。个人方面，能够获得 LBS 服务、订单全程可视化、预测送货时间、用户自提、基于 GIS 的 O2O 服务、物联网等诸多有价值的物流服务。

（2）京东物流仓储系统"玄武"

京东物流仓储系统，即 WMS 玄武系统。从 2009 年开始启动 1.0 开发，到 2016 年规划集多种自动化物流设备于一体的智慧物流仓储 5.0 系统，京东打造了一套兼容并蓄、融会贯通的电商仓储物流信息系统——玄武系统。借助玄武系统，京东对仓储生产的验收、上架、拣货、复核、打包、内配、盘点、移库、补货等环节进行管理。

玄武系统从入库开始就对商品进行全流程的跟踪，通过精细化管理不断优化每一个作业环节。在货物流动环节，玄武系统通过视觉识别、条码识别、自动码垛设备、搬运机器人、AGV、AS/RS、货架穿梭机、自动包装、复核打包设备等实现了从入库到出库全流程的自动化。在库存管理环节，系统对商品库存进行动态管理。当商品库存低于安全库存时，系统会进行补货；当商品出库率明显下降，系统会暂停补货，并将商品移至高架区域，将底部区域留给进出库更频繁的商品品类。

京东玄武系统，以大数据处理技术为基础，利用软件系统把人和设备更好地结合起来，让人和设备能够发挥各自的优势，达到系统最佳的状态，服务于物流仓储、配送，降低物流成本，提高物流效率。

（3）京东大运输系统"赤兔"

京东大运输系统，即 TMS（运输管理系统，Transportation Management System）赤兔系统，是基于运输作业流程的一套物流信息管理系统。其运输业务在供应链体系中，将仓库、分拣、终端等各节点连接，从而将所有节点业务串联互通并运转起来，实现运输服务统一化、数据采集智能化、操作流程标准化和跟踪监控透明化，形成完整的物流供应链体系。

赤兔系统实现了京东运输业务的信息化管理，形成了公司级完整统一的运输管理平台。赤兔系统将运输运营、车辆调度、地图监控等业务统一管理，实现运输运营数据分析、运营调度管理智能化，从而满足仓储、配送业务的运输运营要求。同时，系统也会提供运输运营开放服务，形成专业的社会化运输共享平台。最终实现京东车辆和社会化车辆、京东内部和社会货源的资源共享大融合。

（4）大件物流调度系统

为了解决海量订单及需求的复杂性，京东研发了由"仓储、配送、安维、售后"四大板块构成的"大件物流调度系统"，来充当整个大件物流系统的大脑。通过三层调度、三级数据处理器，负责计算出派送问题的最佳解决方案。

（5）大数据分析系统

京东通过大数据分析系统实现智能补货，进行智能分仓备货，并进行智能仓库选址。未来京东将继续加大技术创新的投入，依托 SaaS 化的信息系统，通过组件化的业务应用和智能算法服务，实现动态、实时调度，并致力于成为国内零售基础设施服务商，向全社会提供高效率、低成本、高智能的智慧供应链解决方案。

8.1.3　京东智能仓储系统

（1）天狼系统

天狼系统（图 8-1）是京东自主研发的密集存储系统，可以解决目前仓储物流行业存储能力不足、出入库效率不高等痛点，并解决仓储占地及人力问题。该系统主要由水平搬运的穿梭车、垂直搬运的提升机和兼具拣货、盘点功能的工作站等硬件设备及仓储管理系统 WMS、控制系统 WCS 和监控系统 3D

SCADA 等软件系统组成。各设备协同作业，满足高存储密度和高出入库流量要求，实现自动化"货到人"拣选。

京东物流不断优化天狼系统，进行了两次版本迭代升级，第三代天狼系统应运而生。第三代天狼系统的行走速度和加速度都达到国内领先水平。穿梭车行走速度 4m/s，加速度 $2m/s^2$；提升机升降速度 5m/s，加速度 $7m/s^2$；工作站自动供箱，效率达 600 箱每小时，拣货效率提升 3～5 倍。在设备运行精度及识别精度方面，穿梭车定位精度 ±3mm，提升机定位精度 ±1mm，拣货准确率可达 99.99%。同时，穿梭车采用超薄车身，减少占用空间；提升机超高立柱可达 20m，单位面积存储密度提升 3 倍以上。通过提升拣货效率和存储密度，更好地服务外部客户。

图 8-1　天狼系统

（2）地狼系统

地狼系统（图 8-2）是一种典型的搬运式"货到人"拣选系统，地狼 AGV（自动物流机器人）根据系统自动规划的送货路径，在二维码引导下行驶，工作人员只需在工作台领取相应任务，等待"地狼"搬运货架过来，再进行相应操作即可。"地狼"最高承重 500kg，速度可达到 2m/s，依靠遍布地面的一个个二维码规划、引导路径，再依靠自带的传感器避免碰撞，保证了"地狼"搬运货架时可以来回穿梭，互不干扰。"地狼"大大提高了仓库作业效率，减轻了操作人员的作业强度，分拣效率较传统模式提高了两三倍。

图 8-2　地狼系统

8.1.4　京东无人仓

无人仓指的是货物从入库、上架、拣选、补货，到包装、检验、出库等物流作业流程全部实现无人化操作，是高度自动化、智能化的仓库。

京东 2009 年开始筹划打造"亚洲一号"（图 8-3），2014 年 10 月 20 日首座"亚洲一号"在上海市开始运营。"亚洲一号"是亚洲地区电商仓储领域建设面积最大、智能化程度最高的现代化物流中心之一。

图 8-3　"亚洲一号"

2017年10月，京东物流首个全流程无人仓正式亮相，这是全球首个正式落成并规模化投入使用的全流程无人的物流中心。该物流中心主体由收货、存储、订单拣选、包装四个作业系统组成，存储系统由8组穿梭车立库系统组成，可同时存储商品6万箱。

截至2021年底，全国已经建立了43座"亚洲一号"的智能仓库。目前，所有亚洲一号单体仓库的订单日均处理能力在10万以上，广州、武汉、昆山等地的智能仓库的日处理能力在百万量级。未来五年，京东物流还将在全国30多个核心城市陆续建造"亚洲一号"，实现对全国的全面辐射。

在京东无人仓的整个流程中，从"货到人"到码垛、供包、分拣，再到集包转运，应用了多种不同功能和特性的机器人，而这些机器人不仅能够依据系统指令处理订单，还可以完成自动避让、路径优化等工作。京东机器人分拣中心见图8-4。

图8-4　京东机器人分拣中心

京东无人仓实现了"作业无人化""运营数字化""决策智能化"，对整个物流领域而言都具有重要意义。

（1）作业无人化

在作业无人化方面，无人仓无论是单项核心指标，还是设备的稳定性、各种设备的分工协作都能达到极致化的水平。京东无人仓创造了多个单项指标的行业纪录。其单日分拣能力达到 20 万单，同时，无人仓使用了自动立体式存储、3D 视觉识别、自动包装、人工智能、物联网等各种前沿技术，兼容并蓄，实现了各种设备、机器、系统之间的高效协同。

（2）运营数字化

在运营数字化方面，无人仓需要具备自感知等能力。运营过程中，与面单、包装物、条码有关的数据信息要靠系统采集和感知，出现异常要自己能够判断。比如，在无人仓的大型分拣区，300 个"小红人"（图 8-5）并然有序地进行取货、扫码、运输、投货。依靠视觉识别和智能导航技术，"小红人"能以最优线路完成商品的拣选，出现常规故障时，"小红人"能在 30 秒内自动修复。

图 8-5　京东"小红人"

（3）决策智能化

在决策智能化方面，无人仓能够实现成本、效率、体验的最优，可以大幅度地减轻工人的劳动强度，且效率是传统仓库的 10 倍。而且仓储作为整个供应链体系的核心环节，无人仓的智能化在于能够驱动上下游的协同决策，及时响应，进而形成整个社会的、全供应链的共同协同、共同智能化，最终实现全社会的物流成本、效率、体验的最优。

京东物流无人仓能够满足业务全局发展需要，具有最大智能化、自主决策的能力，核心是给仓库配置大脑、眼睛、胳膊、腿，智能核心是监控与决策算法的优化。

8.2　智能物流在汽车制造企业中的应用

8.2.1　吉利汽车的物流智能化转型概述

吉利汽车集团（以下简称"吉利汽车"）是中国自主品牌领军企业，旗下拥有吉利品牌、领克品牌和几何品牌，并拥有宝腾汽车49.9%的股份及全部经营管理权，以及豪华跑车品牌路特斯51%的股份。

吉利汽车卓越成绩的背后离不开吉利以"提高质量、提升效率、降低成本"为目标实施的一系列智能物流探索："货到人"、线边无人配送、视觉收货、智能装载、自动装卸等智能物流场景被广泛构建，西安"黑灯工厂"、长兴5G+数字化工厂、春晓KD智能物流车间等多座数字化工厂、智能车间落地运营，自主研发的OTWB一体化物流信息平台上线应用……吉利汽车正在以中国速度实现物流数智化转型。

对于汽车企业来说，智能制造与智能物流发展向来是齐头并进、相辅相成的，吉利汽车也不例外。在智能制造方面，吉利建立了国际级专业型工业互联网平台Geega（图8-6），平台通过构建集资源能效、安全可信、数据智能、智能物联于一体的数字化基座，为企业数字化转型提供自主研发、安全可控、系统可行的全链路解决方案。用户可以直接参与设计，通过平台下单，实现零距离交互。在C2M柔性定制解决方案下，企业还能够快速响应市场需求、缩短产品研发上市周期、优化供应链资源配置、降低企业管理运营成本、提升多品种小批量柔性生产能力，持续提升产品交付质量。此外，Geega还打破了传统工厂相互孤立、隔绝的局面，实现工厂全要素互联互通，使制造过程数字化、生产过程可视化、管控信息化，缩短产品制造周期，为企业稳定盈利提供了强有力的支撑和保障。目前，Geega已服务数十家集团企业，在吉利汽车15个业务应用场景中落地验证。平台实施投产后生产效率将提高22%，真正实现了"源于制造，反哺制造"的生态循环。

在智能物流方面，吉利汽车以仓网统筹为基础，以信息化平台及智能设备为两大产品战略思路，建设智慧物流体系。吉利汽车物流中心于2019年1月正式成立，智慧物流部于2021年4月正式组建。在汲取物流发展先进企业的经验基础上，规划完成了全国10+19仓点布局，目前已经展开仓点部署；与此同时，不断尝试和应用各类智能物流技术和手段，加速试点应用与复制推

图 8-6　吉利工业互联网平台 Geega

广，形成了多样化的智能物流场景：春晓 KD 车间投入使用了"货到人"AGV，同时建立了 KDMS 系统，是 KD 行业首例信息化系统与智能设备全方位结合，重新定义 KD 行业发展方向；已经建立的 OTWB 一体化物流信息平台，实现了任意销售订单向物流订单的转化及物流全链路可视。吉利全球智慧整车及备件物流中心见图 8-7。

图 8-7　吉利全球智慧整车及备件物流中心

8.2.2 吉利汽车的多样化智能物流场景

吉利汽车在全国有 18 个整车工厂、8 个动力基地，还有一些座椅工厂，电池、电控、电机三电工厂，以及其他零部件工厂，分布在长三角、京津冀、川渝以及华南等地，同时在全国还拥有近 30 个仓储/物流中心。近年来，吉利汽车在先试点再推广的探索路径下构建了很多先进适用的智能物流场景，这些项目多数已经在吉利汽车工厂、仓储中心、物流中心落地运营。

（1）"货到人"

"货到人"智能物流项目（图 8-8）已经在吉利汽车部分工厂正式落地。在汽车工厂超市区，拣料人员多，走动时产生大量非增值动作，吉利汽车利用 AGV 实现了自动化物流收发存，提高了运营效率。超市区的物料种类繁多，可通过 IWMS 系统软件融合吉利 GLES 实现数据互通，做到实时反馈，智能运维，让生产运营管理水平进一步提升。库区设置为动态库存，减少大量重复性规划工作，让物料存储更柔性、敏捷化。"货到人" IWMS 系统及吉利 GLES 系统建立接口，以二维码承载和传递物料信息，在服务器高速运算逻辑下，大幅提升物料入库、出库效率。利用二维码导航技术，"货到人"区域出入库准确率 100%，上线后实现整体效率水平提升 20% 以上。

图 8-8 "货到人"智能物流项目

（2）线边无人配送

吉利汽车应用 AGV 实现了线边无人配送（图 8-9），且可实现无灯作业，大大提升了线边配送效率与质量，同时还降低了能耗。

AGV 自动化配送实现系统软件数据联通，打通上下游业务信息流，线边物料信息直接回传到拣货叉车司机终端，由 AGV 将空器具返回至代发点，并将拣配完成的满托零配件送至线边。系统复杂的调度算法可为机器人选择最优配送路线，降低产线停线风险，通过系统校验功能，可避免错漏配情况发生，降低作业强度，同时让配送质量大幅度提升。

图 8-9　线边无人配送

（3）视觉收货

在入厂物流环节，应用视觉收货门（图 8-10）替代传统人工静态逐箱扫描收货，实现动态一站式收货，同时对到货状态进行拍照留存，并与 IWMS 系统和 GLES 系统实时串联，不仅提升了入厂物流收货效率，更是保证了收货 100％准确率。

（4）智能装载

在吉利汽车零部件包装与装车作业环节，应用智能装载系统自动生成装载方案。零部件装载率直接关系到物流成本，传统模式下都是人工根据"大不压

图 8-10 视觉收货门

小、重不压轻"等原则来核算料箱内零部件的摆放，以及制定最终装车方案，大量的人工经过核算也未必能达到装载率最优、效率最高；而智能装载软件能够自动计算并生成最优装载方案，装载率、应用效率和可视化均得到大幅提升。

（5）自动装卸

2021年，吉利汽车开始试点研究自动装卸作业，在研究过程中发现汽车行业的自动装卸有两种较为主流的方式：第一种是应用无人叉车进行装卸作业，但无人叉车装卸效率和速度远低于人工，在汽车行业并不十分适用；第二种是通过运输车辆的车厢改造，实现整车托盘一次性装卸，但这种方式对零部件的包装、托盘尺寸标准化都有比较高的要求，也会一定程度上影响车辆装载效率。在充分考虑对比之后，吉利汽车决定持续探索应用第二种自动装卸方式，同时考虑到装载效率和远近距离下的相对因素，吉利汽车决定在短途运输车辆中优先试点推行。

8.2.3 春晓 KD 智慧车间内的智能物流体系建设

吉利汽车有散装零部件出口海外业务（KD业务），这些零部件需要在国内进行翻包作业。考虑到产量提升、降低车间工作强度等迫切需求，2019年吉利汽车综合财力、人力、物力，引进智能设备方案，自主开发系统，开启了对春晓KD车间的智能化、数字化改造。

（1）智能物流设备应用

车间内采用智能AGV拣选物料，打破了传统人工拣配物料的方式，实现从"人找货"到"货到人"（图 8-11）的模式创新，解决了传统模式的找货难、找货时间长、货物盘点复杂难题，做到了生产的过程监控，账务 100％ 的准确率。除了 AGV"货到人"拣选场景外，车间内也应用了大量智能穿戴设备，智能穿戴设备可以实时采集人员作业效率、机器行驶路径等系列数据，通过数据采集与分析，不断提高人员作业效率，优化机器行驶路径。

图 8-11　"货到人"出库拣选作业

（2）数字化物流系统

① 自主开发的 KDMS 执行系统。

原来的作业环节中，从任务下发到进度的管控，再到缺件还有补货记录，都是手工完成的。对此，吉利汽车自主开发 KDMS 执行系统（图 8-12），实现了春晓 KD 车间所有执行环节的智能记录和自动管控。

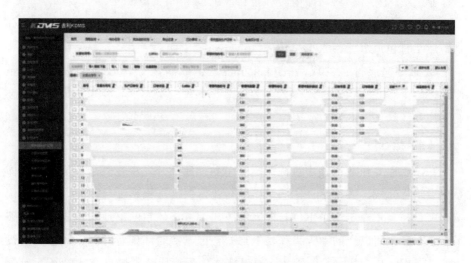

图 8-12　KDMS 执行系统

② 物流运作监控系统。

通过 RCS 监控客户端，对无人仓内 AGV 运作状态进行实时监控，从而形成实时动态仿真，系统具备无人仓内效率统计等数据中台信息，可实现智能监控和优化、信息业务智联、数据化，将事后分析升级为事中监控和事前预警。

③ 物流运营系统。

物流运营系统可提供自动化指标检测和告警、批量集中部署配置、软件版本管理、高效日志分析等功能，帮助用户及时发现和解决问题，提升交付和运维效率，为业务平台提供有力的后台保障。共包含 7 大模块：首页、告警处理、状态监控、系统维护、日志分析、知识库和系统管理。它们分别承担着不同的职能，帮助用户更高效快捷地监测软件和处理问题。

（3）作业流程

通过智能硬件与数字化物流系统的结合应用，春晓 KD 车间实现了全流程智能化作业，核心作业流程如下：

① 由 KDMS 系统向 SAP 下发要货计划，SAP 向供应商下发看板，供应商根据看板送货到 KD 车间，收货班组先用叉车将物料卸下，放置在 AGV 料架上，再使用 GLES 系统 PDA 扫描看板收货，通过 GLES 与 IWMS 信息传递，调动 AGV 将物料从接驳区搬运至暂存区。

② KDMS 系统发布作业任务，IWMS 与 RCS 根据物料库存信息与 KDMS内作业工位信息将物料从库内转移至相应工位。

③ 经过翻包作业，PDA 扫描组托后的物料成品触发无人叉车和 AGV 分别转运至打包流水线与人工打包区。

④ 最终完成打包的成品托由叉车转运至成品区等待发运，信息同步至KDMS。

作业场景见图 8-13。

（4）运行效果

在以上主要作业流程中，除第三环节功能还在开发中，其余环节的物流体系建设均已完成。春晓 KD 车间是 KD 行业首例信息化系统与智能设备全方位结合项目，其重新定义了 KD 行业发展方向。这一体系的落地与运营完全打破了春晓 KD 车间以往的"人力作坊"形式：原本接驳区到暂存区、暂存区到线边的叉车搬运作业由 AGV 代替；通过智能化系统代替人脑，实现现场运营管

图 8-13　作业人员根据 KDMS 系统界面指示完成包装作业

控,任务的下发、进度的管控、缺件与补货的记录由手工完成改为 KDMS 系统实现;最后通过 KDMS 系统与 GLES 系统、IWMS 系统、RCS 系统联动 AGV 实现线边自动配送及任务出库等复杂度较高的作业。

春晓 KD 车间产能由最初的 120 台套每天已提高至 180 台套每天,有效提高现场作业效率,简化现场管理难度,实现降本增效的最终目的。待全部环节改造完成后,预计产能可达到 240 台套每天。

8.2.4　OTWB 一体化物流信息平台

在多工厂、多仓储/物流中心、多零部件供应商,以及多 4S 店的布局下,如何将采购订单、生产订单转化为物流订单?物流订单如何整合运输与配送才能在保障效率的条件下优化物流成本?物流订单信息又如何传递给零部件供应商、工厂?物流订单执行到哪个环节了?订单在途信息又该如何更新?中转仓库内部收货、存储、发货到了哪个环节?何时能送达主机厂?运输与配送过程中哪条路线最优?想要整合工厂端、运输端,以及整个售后备件上千家 4S 店的订单需求并非易事,而将所有物流订单进行整合并统筹仓配作业,还要在此基础上实时掌握所有零部件在产前、仓储、生产、运输以及售后的全链条信息无疑是让难度再次升级。

2021 年,吉利自主研发的 OTWB 一体化物流信息平台(图 8-14)落地应用,这一平台在覆盖吉利汽车所有整车及零部件工厂、售后备件厂,以及上千家 4S 店的订单需求,并且细化到物流运输、仓储、分拣、包装、配送等环节基础上，将物流订单整合并统筹下发到对应的运输、仓储、配送等系统，最后与结算系统联通，形成了闭环，让吉利汽车所有零部件和整车的信息流与实物流合一，做到对每一个个体产品、零部件在生产的全流程中可以实时监控和管理，如事前预测、事中操作和事后追踪。

图 8-14　吉利自主研发的 OTWB 一体化物流信息平台

8.3　智能物流在钢铁企业中的应用

8.3.1　沙钢集团大物流智能调度系统概述

在整个钢铁流程中，炼铁工序成本约占钢铁成本的 70%，原料费用约占铁水成本的 50%。因此，铁前系统庞大的物流保供能力对钢铁企业的生产和质量稳定以及企业的竞争力影响巨大。

江苏沙钢集团有限公司（以下简称沙钢）目前的炼铁产能约 2000 万吨，对应的烧结产能约 3000 万吨、球团产能 240 万吨，对应的原辅材料码头 11 个，一次料场 7 个，4 个烧结混匀料场分别对应着 9 台烧结机；焦化产能 540 万吨，建有 64 个储配一体的炼焦煤筒仓，储量约 64 万吨；另外还有 20 个喷吹煤筒仓，储量约 9 万吨；外购焦炭筒仓 16 个，储量约 8 万吨。铁前生产线肩负着稳定企业生产以及成本压降的巨大挑战，物流保供及调度协作难度巨大。因此，物流保供衔接稳定是促进炼铁生产质量稳定的重要保证。特别是做好在市场波动大、压降库存情况下的稳定保供，对庞大的物流调度系统提出了巨大挑战。

沙钢物流调度面对的料场多、产线多，各料场供应的炼铁产能差距大，用料结构差异大。因此，需要根据不同的产能需求设定不同的库存报警阈值。仅靠人工跟踪测算推演各料场各物料几天后的库存，以及追溯相对紧张物料的码头在卸量、待卸量、调运在途量、外港库存量等信息，判断能否满足现在的配用计划，是否需要采购，必须在何时采购到位，等等，工作量相当繁重，稍有疏忽，生产上就可能需要应急调整，对生产质量的稳定造成影响。同时，码头靠泊计划的编制由于各料场物料的库存告急情况较普遍，所以在卸货中途移泊频次也较多，这样一方面影响码头作业效率，另一方面又导致料场告急情况多。在外轮直靠管理上，没有与相关料场的用料结构充分统筹考虑，忽视了增加直靠船只节约的运输费用。各生产系统的用料结构与成本分析，以及质量跟踪，主要靠阶段性统计分析，贴近市场的把控难度大。而且为了确保生产供应，全口径库存总量很难下降，资金占用量相对较大，在市场下行情况下，潜亏相对较大。

鉴于此，沙钢开发应用了大物流智能调度系统。该系统能够全面掌控物流各环节动态，发挥智能调度的优势，确保铁前原燃料连续稳定供应，提高经营管理效率，为沙钢创造了可观的经济效益，加快沙钢的"智能化"步伐，大幅提升创新能力，助力沙钢建设智能工厂和高质量发展。

8.3.2　大物流智能调度系统的核心业务流程

沙钢大物流智能调度系统的核心业务流程，如图 8-15 所示。

以烧结混匀配料为例。在某料场的一个混匀料堆用完，准备换混匀料堆时，先对混匀配比进行审批，如果对应料场的各需求矿种的库存，可以满足配比执行一个混匀料堆的物料量时，执行配比混匀作业。

如果某矿种的库存不能满足配比执行一个混匀料堆的物料量时，生成某矿种低库存预警。往前道追溯某矿种的码头待卸量，若待卸量充足，则码头安排靠泊，卸货入库，执行配比混匀；若待卸量不足，则产生预警。往前道追溯某矿种是否安排有调运，如果有在途量，人工协调催促跟踪，安排靠泊，卸货保供。如果需要安排调运，再往前道追溯某矿种的外港库存，若库存量不足，则

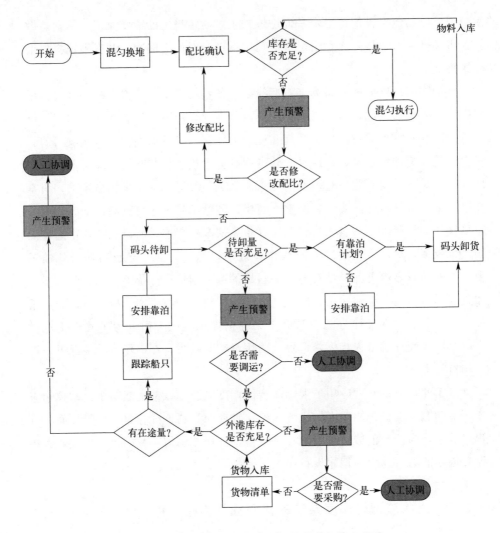

图 8-15　沙钢大物流智能调度系统的核心业务流程

预警采购。若库存量充足，则检查有无在途船舶：如果没有在途量，预警安排船舶装运；如果有在途量，则跟踪在途船只，及时安排靠泊卸货。

8.3.3　大物流智能调度系统主体功能

　　大物流智能调度系统包含混匀配料、矿计划与实绩、铁矿性价比、外轮直靠、炉料结构、入库质量跟踪、卸货量跟踪、等泊分析、外港库存和码头跟踪十大主体功能（如图 8-16 所示）。

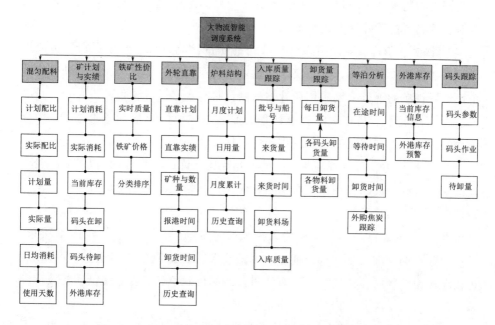

图 8-16　大物流智能调度系统主体功能

① 混匀配料。以执行月度用料计划为目标，跟踪实际消耗量与计划量的差距，跟踪各料场的当前库存、码头在卸、码头待卸、调运在途、外港库存等，对各料场的物料衔接跟踪分析，督促计划执行。通过系统建立预估模型，根据各物料的日均消耗量及预消耗时间，计算物料是否能保证生产需要，对于接近边界或超出边界的物料及时分等级进行预警和提示。

② 矿计划与实绩。涉及物料品种、计划量、当前累计消耗量、日均消耗量、预计待消耗量、当前库存量、码头待卸量、外港库存量等，对不能满足预计待消耗量的节点进行预警提示，保供促进生产稳定。具体处理过程如下：

a. 根据日均消耗量及输入的估算日期，计算预计待消耗量。

b. 根据预计到港时间及输入的估算日期，计算预计到港量。

c. 根据预计待消耗量，判断当前库存是否满足需求，否则显红报警，再根据累计码头待卸量判断是否满足需求，否则显红，以此类推，直到下一节点的累计量满足预计待消耗量。

d. 根据 MES 物料最大库存阈值，判断当前物料供应量是否过多，对接近或超过阈值（达 90％以上）的数据进行显灰报警。

e. 在跟踪过程中部分物料后续供货无法满足现有需求时，可通过替换为其它同类型物料的手段进行处理。操作人员在系统中进行物料替换操作,系统则对新增物料的跟踪情况进行显示。

③ 铁矿性价比。系统可以链接公司的质量检验系统,并根据需要生成近几批铁矿的质量平均值,掌握实时质量,结合市场价,即可分析当期铁矿的性价比,对铁矿的现货采购和用矿计划的制订具有动态指导价值。

④ 外轮直靠。可以跟踪直靠计划的船名、矿种与数量、报港时间、等待天数、卸货开工与完工时间并提供历史查询等。

⑤ 炉料结构。可以查询各车间的计划配比及炼铁厂合计的当月累计配比。按槽下计量秤计量的日用量,跟踪当日配比执行情况;按槽上的计量秤的累计量,作为成本核算用量。

⑥ 入库质量跟踪。包括矿粉入库质量、熔剂入库质量、煤焦入库质量,质量跟踪查询明细。生产部门通过入库信息及入厂检测的物料质量情况跟踪,可以在使用该物料生产过程中,有针对性地进行调整和管控,降低质量波动影响,促进铁前系统的生产和质量稳定。

⑦ 卸货量跟踪。汇总每日卸货总量,包括铁矿类、煤焦类、熔剂类。可查询单日各码头卸货量、单日各物料卸货量等。

⑧ 等泊分析。包括明细查询和各物料在途时间、等待时间、卸货时间的加权平均值,以及外购焦炭每日待卸量。

⑨ 外港库存。各矿种的库存量和可调运量,点开可查询每种矿在各港口的存量。

⑩ 码头跟踪。汇总了当日码头作业明细情况。

8.3.4 大物流智能调度系统的集成

开发的沙钢大物流智能调度系统(图 8-17)以计划用料结构为目标,预定合理库存,通过靠泊、物流调运、采购保供业务倒推、预警提示等,满足生产用料,并对各原料场内库存、码头在卸及待卸、外港库存、已采购量等情况,做到明晰化,通过对系统的整体规划设计,可以对全口径物料的实时库存情况通过数据直观明了地展示,掌握每种物料的实时情况并及时预警,指导实际物流的规划与动作,实现对原料物流过程的全方位智能调度与管控。同时强化辅助运输的能力,通过提供物料在途或在港卸船的整体进度数据,提高工作效率,降低运营成本。

图 8-17　大物流智能调度系统

系统自动收集来自沙钢原辅材料检化验管理系统、MES、物流、ERP 等系统或人工维护的业务数据，对数据进行有效的整合，展示不同维度的数据分析报表，提供给业务人员，业务人员根据实际动态调整并优化各环节计划的分析数据。

对于各料场的烧结混匀用矿，根据预设定的混匀配料方案，分级设置安全库存预警线，按黄-橙-红三级预警管理。根据原料的不同要求，分别进行设置。预警的内容包括厂间库存、外港库存或有效库存的最小库存、最大库存。根据设置的预警要求，自动判断预警等级进行库存预警。

通过码头作业情况与日卸货量跟踪，可以发现日卸货量低于日消耗量的情况，便于生产上及时排查分析影响因素，督促提高卸货量，避免出现断料或库存紧张情况，促进生产质量稳定。通过炉料结构跟踪，既可以了解各高炉对计划炉料比例的当日执行情况，也可以掌握各高炉用料结构的累计情况，便于成本对比分析，及时决策。

外轮直靠船只数提高，可以减少铁矿卸到外港再装运回厂的运输费用，直靠计划与执行情况跟踪，可以清晰掌握后续到货情况，及时做好相关配比计划，也可以直观分析外轮直靠船只数，测算节省的倒运费用。

8.3.5　大物流智能调度系统的优势和效果

大物流智能调度系统自上线试运行以来，在运行机制、成本控制、过程跟踪等方面充分发挥了智能调度的优势，创造了可观的经济效益，助推沙钢加快数智化转型步伐，大幅提升创新能力，助力沙钢建设智能工厂。

（1）智能调度优势

① 运行机制优势

大物流智能调度系统可以根据生产配比，预测一二周后的各物料的库存情况，系统预警并超前谋划。各级管理人员可以通过系统提前了解外轮到货计划，编制用矿计划时充分考虑直靠情况，提前优化安排外轮直靠品种，在满足生产质量需求前提下，尽可能增加外轮直靠船只数，减少倒运以节约运输费用；可以提前优化调整配料计划、调运计划或采购计划；对各矿种的市场价和指数价下的性价比，可以实时动态展示，对现货市场分析以及采购时机把握有现实指导意义；生产上对性价比相对较好的矿种可以酌情及时提高配比计划，尽可能降低生产用矿成本。

② 成本控制优势

大物流智能调度系统运行前，为了保证生产不断料，必须要有充足的库存，而高库存的资金额度大，生产成本贴近市场的难度也大，潜亏风险比较大。

大物流智能调度系统运行后，可以及时分析各矿种的性价比，掌握各矿种的外港库存，生产部门和采购部门通过沟通，在合适的时机适量采购，再由船舶调运和码头卸货部门及时调给计划的料场。对于现货采购的铁矿，基本上可以实现 10 天左右用于生产，降低了经营所需的流动资金额。

③ 过程跟踪优势

通过大物流智能调度系统，各烧结混匀矿配比的执行情况、各高炉的炉料结构的当日执行情况以及月度执行情况即时累计，便于生产跟踪及成本分析，督促执行与管控，抓好过程促结果。实时显示厂内各料场的各类物料库存，便于公司高层及时掌握生产与消耗实绩，并根据市场及外围变化及时决策，掌控好不同时期重点物料增减库及总体平衡的把控。

（2）经济效益

铁前大物流智能调度系统建成后，优化了调度与管理，加强了业务协作，促进了生产质量稳定，创造了可观的经济效益。

① 优化调度与管理，节约资金占用。

铁矿石原料的全口径矿石库存大约 450 万吨，资金额约 40 亿，通过系统的辅助可以了解当前的库存分布情况和预测将来的库存情况，更好地帮助各业务间进行供需协调平衡，增加库存管理的可控度，在保障生产供应的前提下减少库存量，降低库存成本，起到降本增效的作用。以保障供应为前提，在相同钢铁产量与服务水平下，如果全口径库存年平均降低 3.0% 左右，则可以节约资金占用 1.0 亿元左右。

② 优化业务协作，降低运输成本。

由于运力的紧张和港口的拥堵，业务运作的不协调会引发高额的滞期费用，提高中转成本。现在每年沙钢有 2500 多万吨的矿石需要中转，中转费用大约 10 亿元。通过系统明晰化查询与跟踪，相关业务部门及时沟通，使业务运作更为顺畅，从而降低周转成本。通过增加外轮直靠量，并减少滞期以及周转靠泊衔接，初步估计每年可以节约资金约 1.5 亿元。

③ 促进生产质量稳定。

大物流智能调度系统可以优化物流衔接，持续保供，促进烧结混匀配料稳定，进而促进烧结生产质量稳定。统计发现沙钢大高炉对应的混匀矿，一个混匀配料方案，2020 年平均使用 8.7 天，2021 年一季度平均使用 29 天，混匀矿质量稳定性提高，有效促进了烧结生产和质量稳定。由于烧结矿占高炉炼铁炉料结构的 75% 左右，烧结矿质量的稳定，有效促进了高炉炼铁炉料的稳定和炉况的稳定，使得炼铁产能提高、燃料消耗下降，年增效约 1 亿元。

8.4　智能物流在烟草企业中的应用

8.4.1　宁波卷烟厂卷烟制丝生产智能物流系统概述

目前我国烟草行业的竞争越来越激烈，为满足市场需要，不同要求的订单生产已成为常态化，从而对卷烟工厂的物流水平也提出了新挑战。尤其突出的是，从卷烟制造的整个工艺流程来看，半成品烟丝仍采用柜式存储，势必会对分组加工的工艺升级产生诸多限制；成品与半成品箱式储丝分开独立布置运行会导致设备的重复投资，烟箱等周转单元重复投入，烟丝降级、残烟丝流转等需要在两个系统中进行人工搬运等问题。

浙江中烟工业有限责任公司宁波卷烟厂以提升自身管理水平和提高产品质量目标，以打造工业 4.0、"中国制造 2025" 智慧卷烟工厂为导向，围绕专业化卷烟工厂柔性生产、自动化搬运、存储、掺配、多规格包装等卷烟生产工艺需求，提出了烟包智能排序出库、烟丝箱式存储与自动化掺配配方的工艺解决方案，实现了"半成品""成品"烟丝两库打通与分离自动切换、烟丝箱自动分区管理与自动化物流调度配送，为箱式存储工艺提供一种新的模式，填补了国内外该领域技术空白。对行业工艺提升发展与提升企业核心竞争力，具有重要辐射意义。

宁波卷烟厂制丝生产智能物流系统如图 8-18 所示。

图 8-18　宁波卷烟厂制丝生产智能物流系统

8.4.2　系统工艺流程研究与设计

该系统涵盖了卷烟生产整个过程中的生产物流、存储物流、工艺物流、包装物流和回收物流等各个方面，突破了生产、存储及运输等各个方面的传统流程设计模式，利用现代化物流技术和装备，对各环节工艺模式进行整合，增强了系统的扩展性。系统能够适应成品与半成品烟丝精细化分组加工、精细化配方、顺序投料、柔性生产、批次管理、按订单生产、质量跟踪、均匀掺兑、废品剔出、信息跟踪不断线、提前警示、配方无限替换等需求。

（1）系统范围

该系统主要包含：半成品烟丝装箱（含梗丝、膨丝、A/B/C 三线叶丝装箱）区、半成品烟丝掺配区、成品烟丝装箱区、成品烟丝喂丝区、回用烟丝装箱区、余料烟箱回库区、半成品和成品烟丝高架库进出库区、EMS 小车输送系统和外购再生烟丝进库区等作业区。

（2）系统功能要求

① 烟箱进出库加去盖设备须具备以下功能：烟箱进库可采用机械手自动加盖，出库可采用机械手自动去盖功能；烟箱进出库也可不采用去盖功能，以上功能由烟箱进出库 WMS 与 WCS 系统定义自动选择。

② 烟箱倒料后具备自动清除余料和清洁功能，每个箱子都必须清洁。

③ 按"先进先出""出库优先"等原则进行出库作业，并可按要求指定货位进出库。

④ 在接受一个批次生产指令时，系统对于不能满足生产要求的库存发出预警信息。

⑤ 实现全过程信息采集、跟踪。

⑥ 系统设计时考虑外运烟丝的装箱、暂存及进出输送。

⑦ 消防配合要求：由于消防采用预作用喷淋灭火系统、空气采样早期烟雾探测系统，所以货架设计过程中须考虑留出消防系统设备安装的空间。

⑧ 环境温湿度范围：温度（26±2）℃，相对湿度（58±5）%。

⑨ 考虑货位管理功能，能够对货位进行多状态管理。

⑩ 考虑 RFID 检测及实托盘剔除环节。

⑪ 系统设计还扩展了以下需求：❶按掺配和喂丝配方比例、装箱重量等信息确定库存分布；❷可按版本号（在授权情况下，WMS 具有定义货物的功能）装箱入库；❸库位管理采用不定期的休闲时段堆垛机提前补货（即实现不定期整仓功能）；❹余料烟箱优先出库；❺具备虚拟进出库功能；❻烟箱出库前、翻箱掺配前、喂丝前对烟箱品牌具有 RFID 再确认功能；❼库区任何一个烟箱都具有品牌更改与降级修改（在 ID CODE 特别授权下）功能，对于降级的烟箱在 WMS 数据库更改数据后，应具有根据 WMS 指令自动将烟箱 RFID 电子标签信息重写的功能；❽具备某些指定烟箱只能装某种牌号烟丝的功能；❾具备成品烟丝降为掺配烟丝使用的功能；❿系统应具有 EMS 小车数量、EMS 小车接送货站台等增减的功能。

⑫ 高架库的每个烟箱需要有自动锁定功能（烟箱不可以出库但可以在库内流转），当烟箱进库时自动锁定，拿到质检合格报告后才可以解锁，同时要

求有手动锁定和解锁的功能；高架库的每个货位也需要有手动锁定功能，即锁定的货位不能进出库。

⑬ 库存信息能够关联显示，当操作人员需要查询某个牌号的物料时，点击该牌号，库内所有该牌号的货位全部显示。

⑭ 具有对某一版本号的货物拒绝入库功能。

⑮ 对于监控系统，要求实时跟踪货物信息，并且在监控画面中可以查询到货物的信息。若货物在某个位置信息丢失，需要有人工写入、修改信息的功能。

⑯ 系统中，凡是人工处理站台都放置 WMS/WCS 工作终端。

（3）烟丝箱式存储

目前箱式和柜式两种储丝方式在国内外烟草行业的卷烟生产过程中共同存在，各有其优缺点，然而采用自动化箱式储丝方式优势明显。近年来，国内烟厂如上海卷烟厂、昆明卷烟厂、曲靖卷烟厂、杭州卷烟厂等都采用了烟丝箱式存储技术。根据自动化物流技术装备发展特点，以及国内外卷烟厂最新实践，该系统采用烟丝箱式存储方式。

（4）成品与半成品烟丝箱式存储一体化

烟丝箱式存储一体化，包含了成品与半成品烟丝库之间的信息一体化，即烟箱以及托盘信息、物料信息、设备状态信息的一体化；也包含了设备的一体化，即可以实现两库设备的互通及共用。在信息和设备的一体化的基础上，最终实现两库的一体化，即"一体化设计、逻辑分离，一库多用、互通共享"，参见图 8-19。

基于不同库的工艺需求，两库软件系统均包含 WMS（仓库管理系统）、WCS（仓库控制系统）及底层设备的控制系统；硬件系统包含货架及堆垛机、EMS、输送机、加去盖机器人、清扫机器人、AGV，以及烟箱、托盘等。

硬件层面采用 EMS 系统，可将两库硬件互联，具备设备一体化的基础；软件层面通过 WMS、WCS 及控制系统的整体架构设计，实现 WMS 及 WCS 层数据库的共享、控制系统层 PLC 间的信息传递及追踪，同时也具备了信息一体化的基础，可以实现一体化及逻辑分离的设计思路，因而从整体系统层面，具有一体化设计的可行性，实现了各项数据统一调度共用共享作业。

烟丝箱式存储一体化应用的优点：

① 提高烟丝的品质质量。传统的柜式储丝是将烟丝按照 4000kg（或

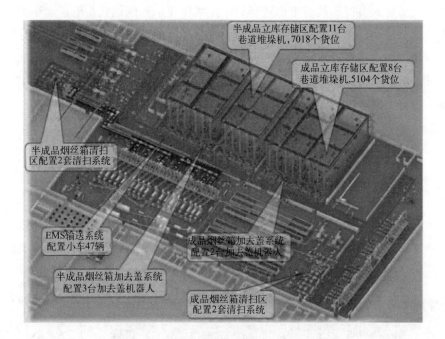

图 8-19　成品与半成品烟丝箱式存储一体化

8000kg、12000kg）的规格存储在一个柜子里，对烟丝的水分控制有一定影响；同时，由于柜子是敞开的，外界的气味或者杂物均有可能对烟丝的质量造成影响。而烟丝箱式存储是将烟丝按照每 120kg 一个存储单元存储，对烟丝的水分影响较少，同时能够减少烟丝发生串香、串味的可能性。

②　节约生产制造的场地。传统的柜式储丝采用单层存放，占地面积大，采用箱式储丝实现了高架库货位存储，能够向上延伸，节约生产制造的场地。

③　灵活调度满足市场需求。采用箱式储丝，能够灵活排产，可以满足小批量多规格的市场需求。

④　更为方便地实现信息化管理。采用 RFID 电子标签记录烟丝信息，信息化程度高，质量把控度高。

⑤　满足不断升级的工艺需求。随着卷烟生产工艺的不断升级，传统的全配方生产已经无法满足工艺需求，分组加工模式正处于探索阶段。烟丝箱式存储给分组加工的模式提供有力的信息、设备、技术保障。

（5）原料烟包入库收货单自动匹配

该系统采用了模糊对应的方式，收货人员在确认烟叶收货单有效后就确认收货，操作人员按照就近原则进行烟包上线作业，入库烟包在输送过程中，系统自动扫描烟包条码，并将扫描到的条码信息与烟叶收货单进行匹配，自动完成烟包的入库作业。匹配算法遵循时间优先原则，即先开的单据优先匹配，既保证了批次系统的物料跟踪原则，又最大限度简化了工作流程，降低了工作强度，节省了资源，提高了效率。

（6）原料烟包智能排序出库

根据制丝线柔性加工、精确加工的要求，需要原料烟包按照设定的顺序严格出库。在以往的情况下，排序越严格，烟包出库效率越低，甚至会影响生产，故绝大部分烟厂都没有做到严格的排序。在该系统中，采用了优化的巷道任务分配策略、EMS 小车接货前二次排序、EMS 小车系统智能排序、紧急补料排序等多种策略，解决了原料的严格排序的行业难题，在保证投料速度的前提下，实现了对四条生产线的同时投料。如图 8-20 所示。

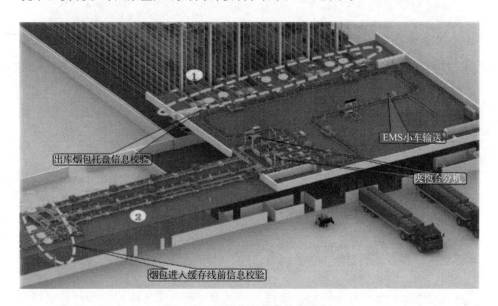

图 8-20　原料烟包智能排序出库

模式一：根据生产计划，烟包托盘从库中调出，经每个巷道出库站台上的托盘信息一级校验，合格后的由 EMS 系统按制丝线投料顺序将实托盘送至夹抱合分机，进行烟包与托盘分离。夹抱合分机自动将托盘与烟包分离，分离后的烟包经输送线送至钢平台输送线。在烟包进入每条缓存线入口处时，进行二级信息核对，正确的进入对应缓存线，不正确的通过环线调整后进入正确的缓存线。

模式二：平台缓存线上的烟包，由垂直提升机分别送至生产工房一层 3 条制丝线入口。进入制丝线前系统再次对烟包信息进行校验，合格的进入制丝线，不合格的由剔除口剔除，同时从库内紧急调用同批次、品牌的烟包进行紧急补料。

模式三：烟包托盘经每个巷道出库站台上的托盘信息校验不合格的，由 EMS 系统送至整理站台人工处理。信息识别不出来的正确烟包人工确认后继续出库供制丝线使用；出错烟包托盘由操作人员查明出错原因，同时从库内调用同批次、品牌的烟包托盘进行补充。

模式四：夹抱合分机自动将托盘与烟包分离，分离后的托盘由托盘码分机码垛成组，经条码扫描、外形检测合格后经 EMS 系统、输送系统入库存储。

（7）出库烟包智能返库

出库至缓存线前的烟包须要返库时，自动输送至夹抱合分机处。夹抱合分机自动将托盘与烟包组盘，并经托盘条码读取，将烟包信息绑定及进行外形检测。烟包实托盘经 EMS 系统、输送系统入库存储。见图 8-21。

图 8-21　出库烟包智能返库

（8）霉变烟包智能补料

在烟包开箱后，在切片时如果发现烟包霉变，需要在原位进行补料。但由于此时烟包已经开箱，人工对烟叶原料进行判别困难，因此在补料时只能反复辨别、确认，才能保证补料准确。在该项目中采用了信息全程跟踪的技术，当物流系统把烟包输送到制丝线时，这包烟的牌号、批次、顺序等信息一起传送至制丝线。制丝线实时显示当前正在切片的烟包信息，当发现有霉变时，只要在制丝线确认霉变，信息就会自动传送回物流系统，物流系统根据此信息自动补料。

8.4.3　系统仿真分析与设备的优化配置

该系统以 AutoMod 软件为平台，以项目各种参数、布局、仿真的模式、物料流程为基础，对项目进行了全系统仿真。利用 Path Mover、Conveyor、Warehouse 和 Kinematics 等多个物流设备建模子系统，建立 EMS 系统、输送机、回转输送台和自动立体仓库等物流输送设备的仿真模型，并对物料输送流程、设备控制逻辑和设备使用效率等进行仿真分析与不断改进，最终确定的设备数量与使用率参见表 8-1。

表 8-1　主要设备数量与使用率

设备	数量	使用率
CT1 加去盖机器人	3	45.1%
CT2 加去盖机器人	2	68.6%
CT1 堆垛机	11	66.8%
CT2 堆垛机	8	64.8%
CT1 EMS	24	32.0%
CT2 EMS	23	43.0%

8.4.4　应用效果

该系统实施后完全实现半成品与成品烟丝库两库打通与分离自动切换、自动分区管理，具备烟丝箱式存储与调度的一体化作业能力和库存存储与数据两库共享的目标。取得了明显的经济效益和社会效益，提高了制丝线的自动化控制水平，方便操作人员操作，烟丝库（CT1 与 CT2）有效作业率提高 15%，节约设备固定资产投资 500 万元，同时设备维护量减少，备品备件数量减少。实现生产过程历史回放、生产批次管理和质量追溯功能，提高了企业的质量管理能力和质量控制能力。

8.5　智能物流在医药企业中的应用

8.5.1　某医药企业仓储物流中心智能物流系统概述

近年来，制药企业的自动化生产水平显著提高，越来越多的制药企业投资建设新厂。在前端生产制造环节，国际新兴技术和先进设备被广泛应用，甚至可以实现无人化生产。但是，在产品装箱之后的仓储物流环节，大多数制药企业仍采用"人工搬运、叉车叉取、平库堆积"的传统手段。

为了实现更快的仓储及配送效率、更高的订单准确度及更优化的运营流程，国内某制药企业进行生产车间及仓储物流中心的智能升级，以实现医药产品"生产—包装—输送—码垛—自动入库—拣选出库—发货出库"的全流程自动化、信息化和智能化，保证产品全周期的信息化跟踪。

该项目总布局是通过输送连廊将两个车间与自动化立体仓库连接，实现成品自动化输送存储到自动化立体仓库中，完成产品全自动化入库作业。该项目在 105.4m×36m 区域，新建一座 22m（12 层）高的全新自动化立体仓库，如图 8-22 所示。

图 8-22　自动化立体仓库

立体仓库的温度控制分为常温库及阴凉库两部分，控制温度分别为 2～30℃ 及 20℃ 以下，分别有 4 个巷道和 3 个巷道。为尽量提高货位数，巷道前端设有悬臂式货架，总计可存储 12362 托盘货物。

库前区一层为外采物料入库、外来成品入库、成品出库（包含 10% 拣选出库）、外采物料出库、空托盘回库区域，可供 6 台外来车辆同时入库、出库。

库前区三层为成品入库区，自动化输送系统将车间的整箱产品送至库前码垛区域，机器人将产品码垛入库，规划 24 个码垛工位。同时设有人工操作口，可供无条码产品人工入库、外贸产品人工入库。

从车间包装工位到三层入库区的自动化输送系统，可以利用箱皮上的药品监管码实现产品品规批号的识别，其中包括口服车间 12 条生产线和粉针车间 4 条生产线。同时考虑到系统未来扩展，除正常生产外，还可以额外码垛 8 种成品。

8.5.2　智能物流工艺流程

（1）车间输送至库区

生产车间里，各生产线上的产品在装箱完成后进行自动贴码，之后由条码扫描仪读取纸箱上的箱码，读取失败或不合格者将被自动剔除到人工处理口，读码正常的纸箱则继续前行。生产线末端，各纸箱将被纸箱提升机（图 8-23）提升到空中输送，进而为工作人员留出横向行走通道。

图 8-23　纸箱提升机

（2）库前机器人码垛

车间整箱成品通过一条箱式输送线到达库前三层码垛区，经条码扫描仪读取箱码，自动分配至指定的机器人码垛工位。机器人抓取纸箱，同时系统再次读取箱码，确认产品的品规批号，机器人按系统提示将其放置于指定的空托盘上，完成码垛作业。

码垛完成的托盘自动输送到穿梭车上，穿梭车将其送至立体库入库口，转接到库内穿梭车上。库内穿梭车按照 WMS 的指令将成品托盘分配到指定的巷道口，由堆垛机叉取送入指定的货位上，完成入库作业。

（3）对外出入库流程

一层设有连续式输送系统，主要完成外采物料入库、外来成品入库、成品整托出库、成品拣选出库、外采物料出库、空托盘回库等对外出入库流程。系统规划 4 个出库口、1 个入库口，由叉车叉取作业。每个出库口上方设有 LED 条屏，显示出库托盘信息，如果是拣选作业，工人可根据条屏显示的拣选信息进行拣选作业。拣选完成后，输送机反转运行，自动输送回立体库存储。

8.5.3　关键智能物流技术

（1）1 台机器人码垛 8 个工位（品种）

2 个车间共计 16 条生产线，各生产线生产的产品品规、批次各不相同，即此系统可同时生产 16 种产品，该 16 种产品需各自码垛在不同的空托盘上，然后入库存储。

根据生产线生产节拍计算生产效率，可知成品入库量为：26 托盘每小时（690 箱每小时）。只要选取合适的机器人型号，2～3 台机器人即可满足系统的码垛需求，且有较大的剩余容量。

通过上述计算可知，该项目的码垛特点为"品种较多、节拍较低"。因此采用"3 台机器人，每台机器人码垛 8 种产品"方案，即可实现最大的性价比，此方案最大可同时码垛 24 条生产线产品，完成 1200 箱每小时码垛作业。机器人码垛见图 8-24。

（2）双工位穿梭车

机器人两侧各设有一套双工位穿梭车系统，一个工位上设有托盘拆垛机，载放 1 垛（8 个）空托盘，自动向码垛工位提供空托盘，每套穿梭车可

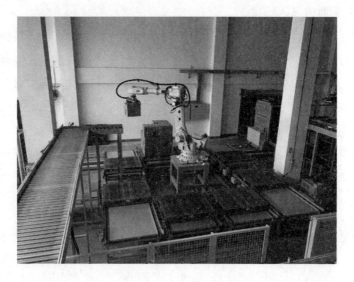

图 8-24 机器人码垛

同时负责 12 个码垛工位。同时该穿梭车另一个工位是链条输送机，可将码垛完成的整托成品送至立体库入库口，完成入库作业。穿梭车采用滑触线供电，BPS 条码带认址方式，直线运行最高速度为 120m/min。一台双工位穿梭车上的两个工位互相配合，大大节省了空托盘补给时间，提高了系统的码垛入库效率。

（3）转向轮移载机

成品纸箱通过一条输送主线连续运送到机器人码垛区域，经条码扫描仪读取箱码，识别纸箱品名批号，移载机自动将其拨出主线，分配至指定的机器人工位等待码垛，此处采用的核心设备是一种新型的纸箱移载机构。

8.5.4 智能物流系统成效

该项目已于 2017 年初投入使用，最大可同时完成产品码垛入库作业 1200 箱每小时（折合 46 托盘每小时），产品出库作业 170 托盘每小时，外来物料入库作业 130 托盘每小时，助力企业实现了生产全流程自动化、智能化，保证了产品全周期的信息化跟踪，最大程度利用了空间布局，提高了库容量，同时减少了运营投入，实现了资源的合理化配置。

8.6 智能物流在生鲜农产品供应链中的应用

8.6.1 生鲜农产品供应链智能 NFC 数据采集终端系统概述

目前中国生鲜农产品市场对初级农产品、食品加工的需求规模逐年增加，但生鲜农产品供应链基础设施薄弱、信息技术应用落后，导致生鲜农产品供应链数据采集难、信息量小，致使生鲜农产品供应链服务效率低、信息可信度差，难以满足现代市场对生鲜农产品的需求。生鲜农产品安全事件频发及消费者安全意识的提升，使得生鲜农产品供应链各环节数据采集成为关键点。生鲜农产品的时效性、空间性、易腐性等特性，致使整个供应链数据采集实时性不强，传统数据采集设备难以适应生鲜农产品供应链信息数据快速变化的需求。随着信息技术和物联网的快速发展，生鲜农产品供应链信息智能化、高速化、大数据、多通道采集成为可能。借鉴现代企业应用 RS-232/485 等接口数据采集设备进行生产实时数据通信和采集成功案例的经验，是开发生鲜农产品供应链数据采集终端的必然选择。在物联网环境下生鲜农产品供应链数据实现无线实时智能采集和传输可提高通信效率，也是实现农产品可追溯的重要基础。

借鉴近场通信技术（Near Field Communication，NFC）标签及其读写技术方法，设计了生鲜农产品供应链智能 NFC 数据采集终端系统，并将北斗系统（Bei Dou System，BDS）、全球移动通信系统（Global System for Mobile Communications，GSM）和 NFC 等单元模块进行集成，开发了智能数据采集终端。

8.6.2 数据采集终端需求分析及系统结构设计

（1）数据采集终端需求分析

生鲜农产品需在低温环境下进行生产、加工、流通和消费，因此需要生鲜农产品供应链采集终端在不同的环境下，能够准确地读取相关数据并将数据进行存储和传递。开发的生鲜农产品供应链数据采集终端主要功能是控制数据采集终端读写数据，并将读写数据传给后台管理软件模块，并能够满足用户快速变化的需求。

具体功能及特性，功能：①设置数据采集终端系统中所用的数据采集设备及相应的接口初始化等信息；②该终端系统能够准确采集被监测环节设备中的有效数据，并将读写数据传给后台软件系统进行处理；③该采集终端将终端所包含的各模块的工作信息上传给数据管理系统，上传的数据不可随意更改，确保数据的真实性。特性：①数据采集层的扩展性需要实现对生鲜农产品供应链智能终端的数据采集。为了满足不同环节数据采集的需求，生鲜农产品供应链不同环节间根据其工艺流程可设计开发不同的设备型号，当在系统中加入新的数据采集程序后，不影响系统的正常运行，该数据采集系统具有良好的扩展性。②系统可重复应用在生鲜农产品供应链多个数据采集环节中。在不同的环节，使用的智能数据采集终端不尽相同，根据智能设备的不同型号其采集管理程序不同。为了避免工作量大需要该采集系统具有良好的复用性。③数据采集正确性与连续性是生鲜农产品供应链检测和管理的关键，数据采集正确并连续是生鲜农产品供应链中各个利益主体的生命。因此系统软硬件的稳定性至关重要。该采集系统能够连续工作而未出现异常，具有良好的稳定性。④在系统测试的过程中，系统设置的采集间隔时间为 $20 \sim 60\,\mathrm{s}$ 内的任何数值，且智能采集终端能承受在不同试验环境中的要求，对采集的数据进行观测，发现数据没有任何异常。因此，该系统可根据生鲜农产品供应链各个不同环节采集数据的频率设定采集的间隔时间。

（2）数据采集系统结构设计

生鲜农产品供应链数据采集环境及过程复杂，不同作业环节差异大，这为整个生鲜农产品供应链的数据采集带来了巨大挑战。利用现代智能控件技术，设计研究生鲜农产品供应链从源头到最终消费者整个过程中各类信息数据智能采集、移动存储、多种传输方式、分类处理及控制等技术问题是重要的内容。数据采集终端设计进行定位采集，配合 BDS 模块进行地理信息采集。采集到的数据经过处理后通过 GSM 模块上传到服务器进行发布，同时将相关信息存储在 NFC 卡中。生鲜农产品供应链数据采集系统总体框架如图 8-25 所示。

8.6.3 系统核心硬件设计

生鲜农产品供应链数据采集终端系统硬件设计主要由微控制器硬件电路、BDS 硬件电路、GSM 硬件电路及 NFC 硬件电路设计组成，各模块均采用集成化供电系统。

（1）系统 CPU 硬件结构设计

系统的核心 CPU 采用飞思卡尔 MC9S12G128、16 位 64Pin LQFP 为控制

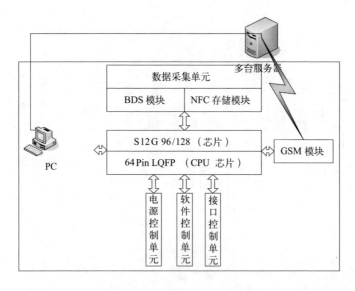

图 8-25 数据采集系统总体框架

芯片，该芯片具有低成本、低功耗、高性能、引脚数量少、电磁兼容性好等优点，适合在体积小、功耗低的数据采集终端上应用。主 CPU 通过 UART 与 GSM 模块、BDS 模块及 PC 机进行通信，并通过 SPI 接口与 NFC 芯片进行通信，当 CPU 读取 BDS 数据后，与生产、加工、流通等环节数据加密后，以短信的方式传给后台数据库，通过 RS-232 传给本地数据库，并通过 NFC 芯片将数据写入 NFC 标签。实现生鲜农产品供应链各环节数据三重备份，满足消费者、监管部门等查询验证。CPU 结构设计如图 8-26 所示。

（2） BDS 模块结构设计

BDS 系统是中国自主研发的卫星导航系统，它具有快速定位、短报文通信、精密授时等三大功能，同时在各个方面已经得到广泛应用。利用 BDS 系统所具备的独立定位与通信功能，可将生鲜农产品供应链每个操作环节的地理信息进行读取，并与操作数据一起存储，作为操作环节的加密数据。将加密的数据通过 BDS 的通信功能传到后台数据库进行存储，如当一个解读器读取一个 NFC 标签的信息时，NFC 卡内的信息就会传递给 Savant 系统。Savant 系统再利用 ONS 找到这个产品信息所存储的位置，并且将这个文件中的关于产品的信息传递过来，以备在产品追溯过程中提供有效的科学依据。因 BDS 系统覆盖的范围广、全天候、适合大范围监控，可在任何地方、任何时段进行通

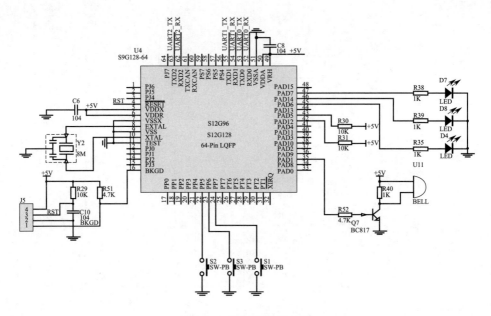

图 8-26　CPU 结构设计图

信，保证生鲜农产品供应链数据采集和传输的不间断性。利用 BDS 系统的点对点的定位功能实现生鲜农产品的高强度加密监控和管理。该终端数据采集系统借鉴 BDS 这些特征，与 NFC、GSM 模块进行集成，完全能够满足目前生鲜农产品供应链各环节数据采集的应用，实现生鲜农产品供应链的科学管理。BDS 模块设计如图 8-27 所示。

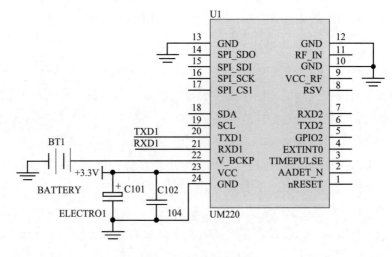

图 8-27　BDS 模块设计

（3）　GSM 模块结构设计

全球移动通信系统由 3 个分系统组成，即移动台、基站子系统、网络子系统。利用 GSM 模块与电脑或者单片机的 RS-232 串口通信的功能，将采集的数据信息存储在电脑的数据库内，同时将采集的信息保存在 NFC 模块内，通过 NFC 模块的读写功能将数据信息写入 NFC 卡内或从 NFC 卡内读取信息。具体 GSM 模块设计如图 8-28 所示。

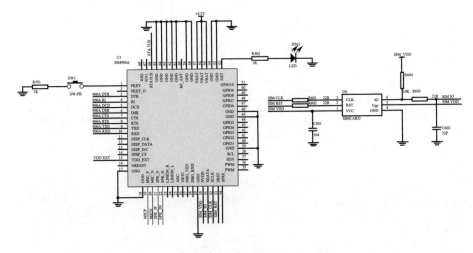

图 8-28　GSM 模块设计

（4）　NFC 模块结构设计

NFC 卡具有存储大量信息的功能，可搭载在移动设备、电子产品、PC 和智能控件上，不需要外接电源实现近场无线通信和数据传输，当数据采集点与采集设备距离超过 20 cm 时可将设备磁场感应加强，实现数据采集的目的。NFC 技术能够实现生鲜农产品供应链各环节无缝连接，并可实现移动支付功能，保证产品标签的唯一性，提高防伪能力，解决农产品供应链信息失真的问题。单片机通过 SPI 接口，将 BDS 加密数据通过 NFC 芯片 PN532 写入 NFC 标签内，为供应链下一环节提供准确的数据。NFC 模块结构如图 8-29 所示。

8.6.4　系统软件设计及输出

（1）　数据采集系统软件设计

图 8-30 是生鲜农产品供应链数据采集系统软件总体流程，主要包括后台

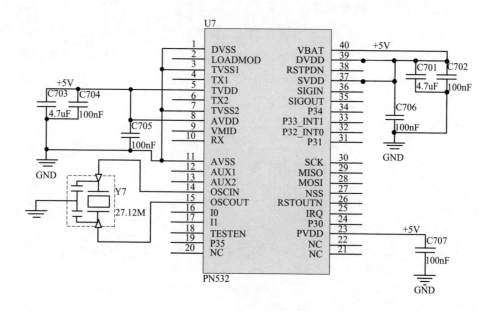

图 8-29　NFC 模块结构图

图 8-30　数据采集系统软件总体流程图

数据信息、作业环节数据输入（存储）、采集数据发送软件及数据查询软件，在数据采集软件过程中，每隔 20～60s 进行一次数据的采集与发送，根据企业采集数据或工作频率设置采集和发送时间间隔，各作业环节数据采集软件可通过读、发数据频率实现中断。系统读取的数字数据不需转换可直接进行读取和写入。当系统在离线情况下，数据采集系统终端将读取的数据存储在 NFC 模块内，该模块具有 4MB 的存储空间，可存储几千条数据信息，并可根据数据存储量的大小可适当更换 NFC 卡的存储介质。图 8-31(a)、(b)、(c) 为生产、流通及查询数据采集录入界面。

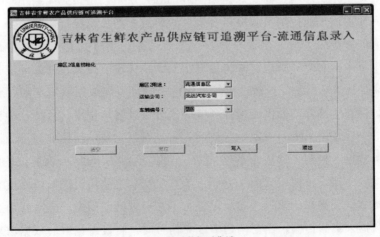

(a) 生产数据采集端

(b) 流通数据采集端

图 8-31

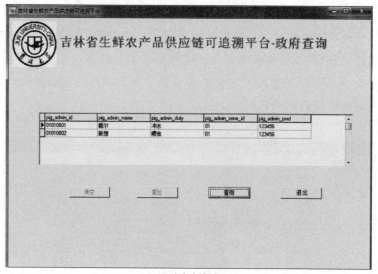

(c) 政府查询端

图 8-31 生产、流通及查询数据采集录入界面

（2）数据采集系统软件模拟输出

生鲜农产品供应链数据信息采集的主要目的在于实现农产品供应链的有效管理，同时也在于产品的有效监管和查询。该数据智能采集终端系统能够实现多目标处理，开发环境界面友好。如图 8-31(c) 所示，是该终端系统软件政府查询端界面，通过该模块，政府可有效监管生鲜农产品供应链，并依据查询结果对相应的农产品实现智能管理和监控。通过系统软件在企业试验进行的调试，实现了生鲜农产品供应链采集数据定向无线传输。试验过程的环境指标及输出结果如表 8-2 所示，虽然试验过程中的极端环境导致读取速度和存储率有所下降，但在生鲜农产品供应链各环节中这种极端环境很少，且在这种环境下农产品的一些数据采集不一定是必要的，可见对该系统应用影响较小。若必须采集相关数据，根据采集数据的特点可应用传感器技术以有线的方式加以解决。因此该终端设备使用分两个方面：①在生产线上使用无线局域网或有线局域网进行数据采集和传输；②终端设备若不在局域网范围内，应用移动通信技术进行数据采集和传输，当在偏远山区无信号时，将设备读取的数据信息进行时间戳加密，当有信号时再进行传输。图 8-32 为数据采集系统手机模拟输出端，手机软件设计及开发实现了生鲜农产品供应链各环节输入信息的便利查

询，开辟了一个采集数据输出及查询的新方法，实现产品在任何情况下有效、全面的查询，为生鲜农产品供应链追溯提供了科学的方法。

表 8-2 试验环境的环境指标及输出结果

温度/℃	读取速度变化	存储率/%
−30~30	无影响	100
−50~−30	下降 10%	100
低于−50	下降 25%	100

注：相对湿度为 60%~90%，标签污损度为 20%~100%。

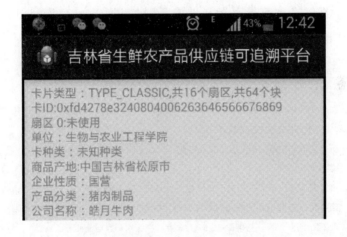

图 8-32 数据采集系统手机模拟输出端

8.6.5 系统成效

以 NFC 技术为基础，选择全球移动通信、北斗、近场通信和计算 4 个数据采集模块，结合 Delphi7.0、Eclipse 软件开发平台技术，开发了生鲜农产品供应链数据智能采集终端系统，实现了供应链各环节数据信息的智能采集和传输的软硬件设计与开发。

该系统借助物联网及无线传感网的技术优势，实现生鲜农产品供应链各环节数据的自动智能采集并进行加密，满足企业在生产过程中不断变化环境下的数据采集及存储需求。该终端在极端环境下读取速度虽然降低了 10%~25%，但存储率依然为 100%，满足生鲜农产品供应链数据采集的需要，能够实现节点企业间信息连续度，为实现生鲜农产品可追溯提供参考。

参考文献

[1] 杨昊．我国智能物流发展支撑体系构建研究[D]．厦门：华侨大学，2013．

[2] Padman. Optimization-based intelligent decision support system for logistics planning[D]. University of Texas at Austin, 1986.

[3] 入月克已．专家系统在物流管理系统中的应用[J]．世界钢铁，1993，（1）：64-67．

[4] 北冈正敏．支持物流系统的智能化方向[J]．物流技术与应用，1996，1（1）：14-15．

[5] 申金升，关伟．基于 ITS 和 EC 的智能物流系统[J]．交通运输系统工程与信息，2001，1（4）：294-298．

[6] 闻学伟，汝宜红．智能物流系统设计及应用[J]．交通运输系统工程与信息，2002，2（1）：16-19．

[7] 刘志硕．智能物流系统若干问题的探讨[J]．铁路采购与物流，2007（6）：23-24．

[8] 李书芳．物流现代化与应用物联网的关系[R]．北京：2010 中国国际智能卡与 RFID 博览会暨第八届中国（北京）RFID 与物联网国际峰会，2010．

[9] 刁宏．浅析未来的"智能物流"[J]．华北电业，2011（3）：56-57．

[10] 岳建明，袁伦渠，刘悦．推动智能物流的发展[J]．物流技术，2012，31（9）：213-215．

[11] 李海凤．"互联网＋"背景下的电商智能物流体系研究[J]．物流科技，2017（6）：85-87．

[12] 何玥．互联网＋与我国智能物流发展探究[J]．物流工程与管理，2018（6）：5-6．

[13] 张翼英，张茜，西莎，等．智能物流[M]．北京：中国水利水电出版社，2012．

[14] 赵立权．智能物流及其支撑技术[J]．情报杂志，2005（12）：49-53．

[15] 叶乾霖，樊雪梅．"十四五"时期我国智慧物流发展现状及未来趋势[J]．数字经济，2021（3）：36-41．

[16] 余娟．我国智慧物流发展趋势、存在问题和对策研究[J]．价格月刊，2019（2）：65-69．

[17] 古贞．智能物流发展现状及转型升级建议研究[J]．中国储运，2019（11）：142-144．

[18] 王帅，林坦．智慧物流发展的动因、架构和建议[J]．中国流通经济，2019（1）：35-42．

[19] 何黎明．中国智慧物流发展趋势[J]．中国流通经济，2017，31（6）：3-7．

[20] 李楠．中外智慧物流发展现状及未来趋势研究[J]．物流工程与管理，2021，43（8）：23-25．

[21] 况漠，况达．中国智慧物流产业发展创新路径分析[J]．甘肃社会科学，2019（6）：151-158．

[22] 张赫，孙家庆．智能物流[M]．北京：中国物资出版社，2011．

[23] 魏学将，王猛，张庆英，等．智慧物流概论[M]．北京：机械工业出版社，2021．

[24] 王猛，魏学将，张庆英，等．智慧物流装备与应用[M]．北京：机械工业出版社，2021．

[25] 施先亮．智慧物流与现代供应链[M]．北京：机械工业出版社，2020．

[26] 霍艳芳，齐二石．智慧物流与智慧供应链[M]．北京：清华大学出版社，2020．

[27] 王道平，沐嘉慧．数据科学与大数据技术导论[M]．北京：机械工业出版社，2021．

[28] 刘华，王海文,雷燕．物流管理基础[M]．2版．北京：清华大学出版社，2016.

[29] 哈乐群．物联网环境下农产品供应链的管理与优化［M］．长春：吉林大学出版社，2016.

[30] 邹安全．现代物流信息技术与应用[M]．武汉：华中科技大学出版社，2017.

[31] 张书源，张文杰．物流学概论[M]．2版．上海：复旦大学出版社，2015.

[32] 杨槐．无线通信技术[M]．重庆：重庆大学出版社，2015.

[33] 吴强．物流设备与技术[M]．武汉：武汉理工大学出版社，2013.

[34] 徐绍铨，张华海，杨志强，等．GPS测量原理及应用[M]．武汉：武汉大学出版社，2016.

[35] 李中伟，朱永涛．物联网中的智能感知[J]．价值工程，2011，20：124-125.

[36] 关于区块链，你想知道的都在这里．人民网[引用日期2022-03-14].

[37] 张健．区块链：定义未来金融与经济新格局[M]．北京：机械工业出版社，2016.

[38] 袁勇，王飞跃．区块链技术发展现状与展望[J]．自动化学报，2016，42（04）：481-494.

[39] 杨城，何强．智能船舶的应用与展望[J]．科技与创新，2023（02）：75-77.

[40] 许子明，田杨锋．云计算的发展历史及其应用[J]．信息记录材料，2018，19（8）：66-67.

[41] 罗晓慧．浅谈云计算的发展．电子世界，2019（8）：104.

[42] 赵斌．云计算安全风险与安全技术研究[J]．电脑知识与技术，2019，15（2）：27-28.

[43] 王雄．云计算的历史和优势[J]．计算机与网络，2019，45（2）：44.

[44] 王德铭．计算机网络云计算技术应用[J]．电脑知识与技术，2019，15（12）：274-275.

[45] 总政宣传部．网络新词语选编[M]．北京：解放军出版社，2014.

[46] IPv6规模部署进展如何．中国政府网[引用日期2019-01-24].

[47] 崔勇，吴建平．下一代互联网与IPv6过渡[M]．北京：清华大学出版社，2014.

[48] 孙旭．中国智能船舶发展的探索和实践[J]．中国船检，2021（03）：11-13.

[49] 陆悦铭．浅谈智能船舶[J]．中国海事，2019（10）：76-78.

[50] 井骁．浅析车联网技术与应用[J]．上海汽车，2019（4）：9-12.

[51] 依克热木·阿木提．解析车联网技术发展与应用前景[J]．汽车与配件，2018（32）：50-51.

[52] 韦勇凤，黄正薇．车联网产业发展现状及对策[J]．中国国情国力，2019（4）：59-61.

[53] 黄语骁．车联网网络安全技术研究[J]．电子世界，2018（19）：49-50.

[54] 刘宇，倪问尹．中国网络文化发展二十年（1994—2014）网络技术编[M]．长沙：湖南大学出版社，2014.

[55] 熊拥军．数字图书馆个性化服务研究与实践：基于新型决策支持系统[M]．北京：国防工业出版社，2012.

[56] 杨良斌．信息分析方法与实践[M]．长春：东北师范大学出版社，2017.

[57] 刘军，阎芳，杨玺．物联网与物流管控一体化[M]．北京：中国财富出版社，2017.

[58] 吴健珍，罗晓，陈剑雪．控制系统CAD与数字仿真[M]．北京：清华大学出版社，2014.

[59] 彭扬，吴承健．物流系统建模与仿真[M]．杭州：浙江大学出版社，2015.

[60] 殷非，杨勇，王体涛．智能船舶[J]．船舶工程，2021，43（08）：13.

[61] 韩泽旭．智能船舶的发展现状及趋势[J]．船舶物资与市场，2021，29（05）：3-4.

[62] 李日霞．国内智能船舶的发展与展望[J]．新型工业化，2021，11（04）：33-35，40.

［63］ 曾令慧. 城市智能地下物流系统管网布局方法研究［D］. 长沙：长沙理工大学，2017.

［64］ 徐宇. 湖南省物流需求影响因素分析［M］. 长沙：湖南大学，2007.

［65］ 侯玉梅，许良，马利军，等. 物流工程［M］. 北京：清华大学出版社，2011.

［66］ 朱耀祥，朱立强. 设施规划与物流［M］. 北京：机械工业出版社，2011.

［67］ 方庆琯，王转. 现代物流设施与规划［M］. 北京：机械工业出版社，2010.

［68］ 冯耕中. 现代物流规划理论与实践［M］. 北京：清华大学出版社，2005.

［69］ 赵川. 机械加工车间设备布局优化模型及求解算法研究［D］. 重庆：重庆大学，2010.

［70］ 陈子侠，龚剑虹. 物流仿真软件的应用现状与发展［J］. 浙江工商大学学报，2007，48（4）：29-34.

［71］ 周金平. 生产系统仿真：Plant Simulation 应用教程［M］. 北京：电子工业出版社，2011.

［72］ 任芳. 京东：朝着终级无人型仓库迈进——访京东物流首席规划师、无人仓项目负责人章根云［J］. 物流技术与应用，2018，23（10）：130-133.

［73］ 京东物流如何打造智慧物流体系［EB/OL］.（2017-05-27）. https://www.yejoin.com/wlzx/id-1432/.

［74］ 王玉. 吉利汽车的物流数智化转型实践［J］. 物流技术与应用，2022，27（03）：91-96.

［75］ 江苏沙钢集团有限公司. 大型钢企大物流智能调度管理系统的构建与实施［J］. 冶金管理，2022（06）：51-57.

［76］ 刘剑敏，方利梅，张其东，等. 卷烟制丝生产智能物流系统研究与设计［J］. 物流技术与应用，2018，23（12）：150-153.

［77］ 陈传军，朱岩，闻琦. 医药行业的智能物流系统应用［J］. 现代制造，2018（3）：52-53.

［78］ 孙旭，杨印生，刘春霞，等. 生鲜农产品供应链近场通信智能数据采集终端系统设计与开发［J］. 农业工程学报，2015，31(8)：200-206.